Qué sucede cuando oramos por nuestras familias

EVELYN CHRISTENSON

EDITORIAL
UNILIT

MIAMI, FL. 33172

Publicado por
Editorial **Unilit**
Miami, Fl. 33172
© 1995 Derechos reservados

Primera edición 1995

© 1992 por SP Publications, Inc.
Todos los derechos reservados. Ninguna parte de este libro puede ser
reproducida excepto en pasajes breves para reseña, ni puede ser guardada en un
sistema de recuperación o reproducido por medios mecánicos, fotocopiadora,
grabadora o de otras maneras, sin el permiso de los editores

Originalmente publicado en inglés con el título:
What Happens When We Pray For Our Families
por Victor Books,
Division de Scripture Press Publications Inc.

Traducido al español por: Alicia Valdés Dapena
Portada diseñada por: Ximena Urra

Citas bíblicas tomadas de Reina Valera, (RV) revisión 1960
© Sociedades Bíblicas Unidas.
Otras citas marcadas (BLA) "Biblia de las Américas"
© 1986 The Lockman Foundation.
Usadas con permiso.

Producto: 498563
ISBN 0-7899-0013-0
Impreso en Colombia
Printed in Colombia

Contenido

Prefacio
5

1. Más que nunca, nuestras familias
necesitan orar
7

2. Oración entretejida
25

3. Orando por los miembros de
la familia para Cristo
41

4. Cómo orar cuando nuestros
seres queridos sufren
59

5. Cómo orar cuando los seres queridos
nos hieren
75

6. ¿Qué nos estás enseñando, Señor?
93

7. Oraciones acariciadoras
109

8. Cuando nosotros no podemos tocar,
Dios puede
121

9. Oraciones de "entrega"
135

10. Las oraciones en los nacimientos
familiares
153

11. Orando cuando mueren
los seres queridos
171

12. Oraciones especiales para
ocasiones especiales
185

13. La razón sobrenatural
para orar
203

DEDICATORIA

A mi maravillosa familia inmediata y lejana, que recorre conmigo este camino a veces arduo pero siempre victorioso de la oración.

A Sally Hanson, la otra mitad de mi ministerio, por sus diecinueve años de incansable y humilde búsqueda de la sabiduría de Dios por el sendero inexplorado y las impresionantes puertas que El ha abierto ante nosotros.

A mi fiel cuerpo de miembros por orar incesantemente por mi familia y por mí cuando los hemos necesitado tan desesperadamente.

Pero, por encima de todo, a mi Padre celestial, quien ha llevado a cabo todas esas increíbles cosas por mi familia en respuesta a esas oraciones.

Prefacio

MI ESPOSO CRIS Y YO, celebramos nuestro quincuagésimo aniversario de matrimonio el día de San Valentín de 1992. Cuando nos casamos, la oración ya era una parte muy importante de nuestras vidas; pero cuando nos enfrentamos a las complejidades de la nueva relación matrimonial y la crianza de una familia, pronto la oración se convirtió en nuestro automático, espontáneo estilo de vida. Y durante todos estos años Dios ha contestado en muchas formas diferentes y a veces inesperadas. Pero ha respondido. Así que a través de la oración hemos disfrutado durante cincuenta años de una ayuda indescriptible, divina guía específica, maravilloso bienestar y amor impresionante —de nuestro Padre celestial— para nuestra familia aquí en la tierra.

Muchos me han preguntado cómo yo sé qué debo pedir para los miembros de mi familia. Primero, oro pidiéndole a Dios que me muestre por qué desea El que yo ore. Entonces espero que El me lo indique —mientras leo Su Palabra, la Biblia, o durante la oración— trayéndome a la mente la Escritura en que El quiere que se base mi oración por ellos. Después anoto lo que recibo, con la fecha correspondiente, lo mismo en el margen de mi Biblia que en notas que archivo. Entonces pido. Así que el proceso completo es *Dios* —de El y vuelve a El en oración. (Estos dos métodos los describo completamente en mi libro, *Cámbiame, Señor*.)

He utilizado nuestros apodos familiares en este libro, pero para mayor claridad, a continuación ofrezco una lista de los nombres de los miembros de nuestra familia en el orden en que aparecen en el retrato de la cubierta posterior:

Evelyn y Harold (Cris) Christenson.
Daniel y Nancy Thompson con sus hijas Cynthia Joy (Cindy) y Kathleen Mae (Kathy) Thompson.
Kurt y Margie Christenson con su hijo James Kurt.
Spencer (Skip) y Jan con su hijo Brett Jezreel y sus hijas Crista Alisse y Jennifer Diane (Jenna) Johnson.

Es posible que reconozcan algunas de las anécdotas que reseño, pues las he contado en libros anteriores y en conferencias. Era imposible describir adecuadamente la vida de oración de nuestra familia sin usar algunos de esos relatos en este libro. Puesto que ésta no es una obra de ficción, no podía inventar ejemplos ilustrativos.

Lo más difícil al escribir este libro ha sido escoger entre las miles de respuestas a oraciones, importantes y emocionantes, todas las cuales no pude incluir aquí por falta de espacio. Decidir cuáles excluir fue lo más duro.

Mi oración por ti mientras lees este libro es que descubras no sólo el poder impresionante de la oración en tu familia como lo hemos descubierto nosotros, sino al Dios maravilloso que contesta manifestándose desde el cielo en tu familia también. Si no lo has hecho ya, confío en que, igual que nosotros, conviertas la oración en el estilo de vida espontáneo en tu familia.

Más que nunca, nuestras familias necesitan orar

1

TODA NUESTRA FAMILIA CHRISTENSON se regocijó con nuestra hija Nancy y su esposo Dan Thompson cuando en 1981 él tomó posesión de un cargo como analista financiero en una agencia gubernamental de Estados Unidos y se fueron a trabajar en San Pablo para el banco regional de la agencia. En 1985 trasladaron a Dan para la oficina nacional en Washington, D.C. Para 1987 era obvio que se había vuelto un trabajador sumamente valioso, porque lo nombraron el empleado del año en la agencia. Y hubo oraciones de acción de gracias en nuestra familia.

Entonces, en mayo de 1988, nos llegaron noticias terribles: cuando Dan se negó a complacer a su jefe, falsificando un informe al Congreso acerca de unas irregularidades que él mismo había descubierto en los libros de la agencia, lo dejaron cesante de súbito. Y más aún, le estamparon el cuño de *Incompetente* en su expediente. Eso le impidió conseguir otro empleo financiero en otro lugar. E incluso cuando seis meses después el Consejo de Protección del Sistema de Méritos emitió un dictamen en favor de Dan, todavía no pudo conseguir otro empleo porque su anterior empleador apeló el caso... sin un límite de tiempo que forzara una conclusión del asunto.

Nuestra familia no olvidará jamás los tres años y medio durante los cuales bombardeamos el cielo con oraciones, respaldando a Dan y a Nancy a través de todas las crisis emocionales y financieras.

Más adelante les contaré acerca de las sorprendentes respuestas que Dios dio a estas oraciones. Esto sí les diré ahora: Dios es fiel en oír y responder oraciones cuando lo buscamos ansiosamente por nuestros seres queridos; tanto en relación con asuntos de trabajo, enfermedad, el nacimiento de un hijo, la muerte de un miembro de la familia o la salvación de alguien a quien amamos profundamente. Y con toda seguridad en problemas como rebelión, alcohol y drogadicción, infidelidad y divorcio.

La oración debería ser el sistema de vida espontáneo de cada familia cristiana, especialmente hoy porque la familia, tal como el mundo la conoció durante siglos, se está desintegrando ante nuestros ojos. Observen estas llamadas telefónicas y cartas que han llegado a mis manos:

- **Texas:** "Es Laura. Mi esposo supuestamente cristiano está trayendo videos pornográficos y mirándolos con nuestros dos hijos adolescentes. Contienen no sólo sexo pervertido sino violento, y yo me he convertido en el principal objetivo de su maltrato antifemenino".

- **Illinois:** "Mi padre era brillante, pero se convirtió en un alcohólico empedernido. Su vicio lo ponía tan violento que con frecuencia nuestras vidas estaban en peligro. Por último, no pudo seguir desempeñando su trabajo de administrador principal, y tuvo que conformarse con uno de encargado de edificio. Ahora mi hermana casada culpa de eso a mi madre y durante años no ha permitido que mamá vea siquiera a sus nietos".

- **Michigan:** "Nuestra hija se rebeló y huyó, llevándose a sus dos hijos con ella. No hemos sabido una palabra de ella durante dos años".

- **Minnesota:** "Mi esposo y yo establecimos un hogar cristiano el día que nos casamos. Y criamos a nuestro hijo 'como debe ser', ¡pero él se apartó! Se fue de nuestra casa, se ha convertido en drogadicto y alcohólico, ha estado varias veces en la cárcel. ¿En qué nos equivocamos?"

QUE ESTA SUCEDIENDO CON LA FAMILIA

Hoy en día muchos hijos de familia se han rebelado y haciendo alarde de ello, han vuelto la espalda a todo lo que se les enseñó en sus hogares. Algunos han roto los vínculos con sus familias y han comenzado nuevas vidas sin Dios, a menudo con drogas, sexo ilícito e incluso violencia.

Parece una moda de estos tiempos que algunos miembros de las familias traicionen y acusen a otros de pasados errores, dejando confundidos a los padres y heridos a los hermanos, en una familia cuya unidad parece destrozada más allá de cualquier arreglo.

Ya hace años que los maltratos sexuales, físicos y emocionales de los hijos han estado aumentando a un ritmo terrible, y el maltrato a las esposas es alarmantemente común, con todavía mayor número de casos de esposos abusadores que llegan a los tribunales.

Los matrimonios destrozados por la infidelidad, la separación o el divorcio se están multiplicando a una velocidad alarmante, dejando niños amargados y cónyuges exhaustos para tratar de reunir los pedazos que quedan. Muchas familias de un solo padre están luchando por sobrevivir con ingresos por debajo del nivel de pobreza, recordando con amargura días más felices de necesidades cubiertas, buenas relaciones e imagen familiar respetable.

No es inusitado encontrar a un miembro de una familia temblando solo cuando lo ha devastado una tragedia, porque nadie se preocupó... o ni siquiera se enteró. La prevaleciente ideología humanista da por resultado que los individuos sólo se ocupen de sí mismos, por lo que la mayor parte de los integrantes de nuestra sociedad e incluso de muchas de nuestras familias, han dejado de preocuparse unos por otros.

Los sucesivos desastres financieros han estirado la fe en Dios de las familias más allá de lo soportable y hecho imposible la super-vivencia.

En nuestra sociedad que envejece sin cesar, muchos ancianos se sienten sumamente abandonados por aquellos que deberían amar-los, mientras un número cada vez mayor de hijos adultos, que a su vez envejecen, se tambalean bajo la carga del cuidado constante de un padre.

Hay otros más que se mantienen agobiados por decisiones fami-liares muy complejas que necesitan tomar en medio de la creciente confusión de nuestra sociedad moderna.

Lo que estamos experimentando hoy en nuestras familias, suena aterradoramente semejante a la descripción de los últimos días en 2 Timoteo:

Porque habrá hombres amadores de sí mismos, avaros, vanagloriosos, soberbios, blasfemos, desobedientes a los padres, ingratos, impíos, sin afecto natural, implacables, calumniadores, intemperantes, crueles, aborrecedores de lo bueno, traidores, impetuosos, infatuados, amadores de los deleites más que de Dios, que tendrán apariencia de piedad, pero negarán la eficacia de ella ... están siempre aprendiendo, y nunca pueden llegar al conocimiento de la verdad.

(3:2-5,7)

¿NO HAY ESPERANZA?

¿Hay esperanza para la familia de hoy? ¿Tu familia? Sí, la hay. Aunque estos síntomas prevalecen cada vez más —incluso en las mejores familias— hay una respuesta. Y la respuesta es orar. No una oración de S.O.S. de cuando en cuando, sino un clamor automático hacia Dios en la oración de cada familia necesitada. Un estilo de vida de oración.

Nuestra nuera me dijo hace poco: "Necesito aprender a orar y no preocuparme. Tengo tendencia a planearlo todo. Pensar en las cosas y sacar mis propias conclusiones. Pero la Palabra de Dios dice que lo que obra es *la oración*".

La respuesta a la familia de hoy que se desintegra es un estilo de vida de oración espontánea. "*La oración* eficaz del justo puede mucho". (Santiago 5:16, cursivas de la autora)

LA AYUDA HUMANA NO ES SUFICIENTE

¿No ayudarían lo mismo los consejos y ayuda de un amigo? ¿No tendría mejores resultados si buscáramos ayuda profesional de expertos? No, porque el orar invita a intervenir en el problema familiar no *a cualquier persona* sino a *una cierta Persona* —un ser sobrenatural y divino para que intervenga, ayude, dirija, instruya, reprenda y resuelva los problemas... y sane las heridas.

Hoy tenemos a nuestra disposición muchos recursos que ayudan en libros, seminarios y asesoría profesional (algunos incluso son muy malos), y los buenos pueden ayudar en el importante paso de identificar los problemas familiares. Y, si se siguen los principios bíblicos, nos pueden guiar a través de muchos pasos de recuperación y reconciliación. Sin embargo, la ayuda secular humana intelectual no es suficiente por sí misma. *Unicamente Dios tiene el poder de alcanzarnos y completar el paso final de sanar a los miembros de la familia destrozada.*

La "Era de la Iluminación" está fracasando como curalotodo, porque mientras más ha aumentado el conocimiento, mayores alturas ha escalado la maldad. La reforma social a través del comunismo ateo está muerta. El materialismo en nuestras familias ha fallado en traernos la paz tan ansiosamente buscada. Estas cosas no funcionaron. ¿Por qué? Porque hay otra dimensión en nosotros que necesita ser sanada: el espíritu. *Dice el necio en su corazón: "No hay Dios"* (Salmo 14:1).

Además, la oración confía en el Dios que puede gobernar una familia sin cometer un error. Invita al Dios que conoce el resultado final desde el principio de cada situación para que tome el control de la familia.

¿Por qué debe ser la oración el estilo de vida automático y espontáneo en nuestras familias? *Porque desde los inconvenientes diarios hasta las devastadoras catástrofes familiares, la oración recluta la ayuda del omnipotente, omnipresente Dios del universo, que está dispuesto e incluso ansioso de liberar su poder divino en las vidas de los miembros de nuestras familias.* ¡Solamente Dios puede hacer eso, no los humanos!

> *Por nada estéis afanosos, sino sean conocidas vuestras peticiones delante de Dios en toda oración y ruego, con acción de gracias.*
>
> Filipenses 4:6

Mary George, una frágil mujer de Filadelfia, conocida por sus amigos como "la muchacha de oración", cuenta de la vez en que ella y sus seis hermanas y un hermano estaban esperando el desahucio, puesto que el dueño deseaba convertir su hogar en un edificio de apartamentos. Sus padres habían muerto y la casa en que vivían necesitaba urgentes reparaciones: había goteras, el calentador estaba roto y los techos se estaban cayendo.

Las condiciones de la vieja casa inspiraron a una amiga, Susie Bahner, a escribir una canción basada en la melodía "Este mundo no es mi hogar", con las estrofas y coros siguientes:

Esta casa no es nuestro hogar,
Estamos sólo existiendo aquí;
El techo se está viniendo abajo,
Y Ester está aterrada.
La cocina está llena de cosas
Que corren de un lado al otro por la noche,
Y el techo del comedor es un espectáculo.
Oh Dios, Tú sabes que todos debemos salir de aquí;
El 24 de enero vagaremos por ahí.
Sólo nos hace falta un real para abrir la puerta del frente,
¡Y ya no nos sentimos en casa en esta casona!

Sin embargo, el dueño había notificado a la familia que tenían que mudarse, pero encontrar una casa lo bastante grande para una familia de ocho, y que ellos pudieran pagar, no era fácil. Oraban y oraban por un lugar a donde ir, tanto individualmente como en familia.

Al preguntar por una casa cercana, se les contestó que se esperaba que un comprador la comprara al día siguiente. Pero más tarde la dueña llamó a la familia de niños para decirles que el comprador se había arrepentido y que ella les alquilaría la casa.

Mary recuerda: "Al día siguiente firmamos el contrato, y por toda la vecindad corrió la voz de cómo Dios había cuidado de los Georges. Inmediatamente se nos ofrecieron vecinos y amigos para ayudarnos a limpiar y reparar y hacer habitable la casa. Durante los siguientes días se escuchaba por las calles el comentario: *"¿Han oído cómo Dios cuidó de los Georges?"* ¡Oración familiar!

LA ORACION COMPROMETE A DIOS

¿Cómo una cosa tan simple como la oración puede tener tan tremendo poder en nuestras familias? Cuando nuestros hijos se han rebelado y roto los vínculos familiares, orando acudimos a Dios, quien siempre puede alcanzarlos, y lo hace, sin importar por dónde se hayan desparramado alrededor del mundo. El intervendrá en sus vidas, sin que importe lo que estén haciendo. Este es el Dios que puede alistar diez mil ángeles para protegerlos en las más peligrosas situaciones y rescatarlos en todas las crisis... *si nosotros oramos.*

Cuando ha habido una traición o una acusación hiriente de otro miembro de la familia, ¡qué maravilloso es tener la posibilidad de volvernos a nuestro Dios! El Dios que es la verdad absoluta en medio del engaño, la negación y la duplicidad de unos miembros de la familia con otros. El Dios que, a diferencia de nosotros, jamás tiene lapsos mentales ni errores al recordar. El Dios que es absolutamente imparcial, siempre ciento por ciento justo, y nunca juzga con ojos prejuiciados. Nuestro Dios que jamás es malévolo ni mezquino, como a veces somos los miembros de la familia, sino que siempre hace todo para el bien de todos los miembros de la familia. Sí, El incluso nos ayuda a perdonar cuando no podemos y nos ayuda a amar cuando no somos capaces o no queremos. La oración derriba las barreras que hemos edificado durante días o aun años. El Dios de nuestras oraciones derrite los corazones endurecidos y testarudos.

En medio de los abusos y maltratos que algunos miembros de la familia no pueden impedir, los que sufren pueden clamar a su Dios, quien se acerca a ellos y los abraza contra su amoroso pecho. Y en los años de recuperación de pasados abusos, *únicamente* nuestro Dios puede traernos esa curación completa y permanente, tan desesperadamente necesitada para una total restauración emocional, física, mental y espiritual.

En los matrimonios desechos, la oración invita al Padre celestial a ocupar el lugar de guía de lo que queda de la familia. Un cabeza de familia que ama sin condiciones y nunca rompe una promesa.

En nuestra soledad, la oración traerá al Dios que jamás abandona ni traiciona a un miembro de la familia. Para el padre que envejece, la oración acude a una Persona que nunca se duerme o adormila, quien jamás ignora o está demasiado ocupado para conceder su atención personal... todo el tiempo.

En los desastres económicos, podemos confiar en Dios quien cubrirá, a veces de modos milagrosos, todas nuestras necesidades. La oración puede apartar los obstáculos o no, pero nos concederá la gracia y el valor para enfrentarlos. La oración no quitará del camino cada tormenta, pero sin duda otorgará calma a la familia en medio de la tormenta.

La oración garantiza un acompañante en nuestros hogares cuando la tragedia ataca. Un amigo que nos tomará dulcemente la mano o nos abrazará estrechamente con sus eternos brazos. O incluso nos cargará y nos llevará en brazos cuando no podamos seguir adelante. El Gran Médico. Aquel que nos conforta en todos nuestros más dolorosos momentos.

Cuando nuestra familia está confundida, cuando hemos perdido nuestro rumbo, la oración hace participar a un Dios omnisciente, que todo lo sabe y concede sabiduría y paz. Quien siempre sabe cuál decisión debemos tomar. Aquel que sabe cuáles serán los resultados de las decisiones que pudiéramos tomar. Que sabe qué desastres ocurrirían si seguimos nuestros planes humanos, en vez de seguir los Suyos.

La oración otorga a la familia el privilegio de depender de una persona que todo lo sabe, todo lo puede y de todo se ocupa; que puede estar con cada miembro de la familia cada minuto, dondequiera. ¡Dios!

LA PRIMERA ORACION DE LA BIBLIA ES PARA LA FAMILIA

La primera vez que en la Biblia se usó la palabra *orar* fue en un problema familiar (Génesis 20:7 y 17). Después que Abraham engañó a Abimelec para hacerle creer que Sara era su hermana y no lo matara, Dios le reveló la verdad a Abimelec en un sueño, diciéndole que devolviera la mujer a su marido y que entonces Abraham *oraría* por él. El Señor había cerrado todas las matrices en la casa de Abimelec por haber tomado a Sara; y "Entonces Abraham *oró* a Dios; y Dios sanó a Abimelec y a su mujer y a sus siervas, y tuvieron hijos" (Génesis 20:17, cursivas de la autora). Y la oración ha sido una parte crítica de la vida familiar bíblica desde entonces.

ENTONCES, ¿POR QUE ORAR TAN POCO?

Mientras me entrevistaba un consejero cristiano en California, me hizo una pregunta muy profunda: "Evelyn, si todos los cristianos saben que en la oración hay poder y guianza, ¿por qué es que en realidad tan pocos de ellos oran diligente y fervientemente?"

"Hay muchas razones", contesté, "pero una de las principales es el orgullo. Es duro admitir que necesitamos ayuda o que podemos estar equivocados en nuestra manera de hacer las cosas. En efecto, en el fondo, muchos cristianos están diciendo: *¡Yo solo puedo arreglármelas, Dios!"*

También mucha gente dice con ligereza: "Todo lo que termina bien, está bien". Pero eso no es más que una suposición tonta si no han incluido a Dios en su manipulación humana de las circunstancias y los hechos.

Cuán tonto es depender de nuestras opiniones y sabiduría inadecuadas, limitadas y parcializadas... cuando no oramos.

Qué idiotez privar a nuestras familias de todo ese fantástico bien... cuando no oramos.

Cuán sorprendente es que las familias cristianas anden a tientas y tropiecen y a veces se separen... porque no se han molestado en clamar por el auxilio de Dios.

La Biblia dice claramente que la razón principal de que no solucionemos nuestros problemas familiares es porque no se lo hemos pedido a Dios. No hemos orado: "no tenéis lo que deseáis, porque no pedís" (Santiago 4:2).

Pero cuando oramos, Dios libera Su divino poder en la vida de los miembros de nuestra familia por quienes hemos orado.

Nuestros grupos de oración en nuestra iglesia a los que hemos nombrado *"Qué sucede cuando las mujeres oran"* se unieron a unos desolados padre y madre que oraban persistentemente por su hijo. Este había abandonado el modo de vida cristiano de su familia por uno de crimen organizado. Tomó años de oración, de ellos y nosotros. Pero la oración tuvo efecto. Hoy es el padre de una magnífica familia y es dirigente en una buena iglesia.

Mientras yo estaba mecanografiando esta página, un miembro de esa iglesia llamó para saludar. "Quería decirte que la oración realmente tiene efecto, Evelyn", dijo el que llamaba, un padre. "Uno de nuestros hijos estaba entre los más atrasados de su clase y casi a punto de ser expulsado en su primer año de universidad. Y ahora es un consagrado maestro de matemáticas en nuestro magnífico instituto cristiano local. ¡Y eso lo consiguió la oración!"

Otra familia de esa iglesia tenía una hija que les estaba destrozando el corazón. Se había rebelado contra la vida de liderazgo cristiano de sus padres y repetidamente se negó a estudiar en la escuela superior. Terminó escapando de su casa, metiéndose en drogas y en una vida impía. Pero nuestros grupos de oración se unieron en oración a sus padres; orando casi a diario. Y ahora ella y su esposo tienen un próspero ministerio en Hollywood, que alcanza a quienes están en la industria cinematográfica para Jesús.

EL MODO DE VIDA DE NUESTRA FAMILIA

Dios ha dirigido literalmente a nuestra familia a través de la oración. Nuestros múltiples problemas familiares nos han mantenido de rodillas ante Dios. Muchas, muchísimas veces nuestra dependencia de El ha sido nuestro medio de supervivencia. Pero Dios ha dominado las decisiones, relaciones, alegrías y pruebas de nuestra familia. En estos cincuenta años de matrimonio, nuestra familia ha llevado una vida de oración literalmente espontánea.

Desde que me volví madre y abuela, supe lo que significaba la admonición de la Biblia: *Orad sin cesar* (1 Tesalonicenses 5:17).

No se trata sólo de la oración que a la hora de dormir hacemos mi esposo y yo, que siempre incluye a cada uno de los miembros de la familia. Ni de mis devociones matinales, cuando siempre intercedo fervientemente por los miembros de mi familia. No se trata de los momentos formales en que oramos juntos unos por otros, o de las rápidas oraciones espontáneas cuando surge alguna necesidad. No, la oración familiar es el modo de vida de nuestra familia; juntos y por separado.

Por otra parte, no oramos cada día por cada uno de los miembros de mi familia el mismo tiempo o con la misma intensidad. Las oraciones familiares no se llevan a cabo por una lista de nombres de cada uno de los miembros en un plan diario que debe ser cumplimentado formalmente de principio a fin. *No, el tiempo dedicado a cada cual está en proporción directa a sus necesidades de ese día.*

La oración echa a mis nietos en mis brazos cuando tienen miedo... dando gracias a Dios por su protección. Va a la par con una nietecita que tiene cólico y ora constantemente por alivio. Añade el consuelo que ofrece Dios a una rodilla despellejada y vendada. Pide a Dios su sanidad al pasar una mano consoladora por una barriguita enferma o una frente febril; o para un esposo durante una operación quirúrgica. Se aferra a la fe en Dios al pasear nerviosamente al nieto recién nacido todavía sin lavar, mientras los médicos se apresuran a salvar la vida de una hija. Es una lucha atormentadora durante noches sin sueño por un hijo desobediente.

La oración en nuestra familia no es algo que hacemos en ocasiones; es una forma de vida. *Una vida vivida minuto a minuto con el más importante miembro de nuestra familia: el Dios del universo.*

Y Dios está anhelando ser el miembro más importante de tu familia también.

ORAR NO ES UNA FORMA DE EVADIR RESPONSABILIDADES

Con frecuencia la gente me dice que creen que nosotros a menudo oramos en lugar de enfrentar nosotros mismos un problema. Creen que la oración la utilizan los que no son suficientemente listos o valientes para regir sus propias vidas. Eso no es cierto. Orar no es más que un paso en el proceso de identificar el problema y entonces recibir de Dios las instrucciones de cómo debemos manejarlo. Pero es el paso de capital importancia.

Orar es incluir a Dios en nuestro plan de acción, en vez de dar palos de ciego con nuestro humano razonamiento incompleto, parcializado y a veces inexacto. Unicamente buscando a Dios —en oración— obtendremos su sabiduría divina y la comprensión de la situación familiar.

Por supuesto, después de orar, completamos la acción obedeciendo lo que Dios nos ha guiado a decir o hacer o ser. El orar no *sustituye* a los actos, sino es conseguir la sabiduría y el poder *para* actuar debidamente.

LA ORACION RECONOCE A DIOS COMO EL GUIA DE NUESTRAS FAMILIAS

He tenido días especiales en los cuales he aguardado en oración a que Dios me dé algunos versículos especiales de la Escritura para dirigirme. Por ejemplo: en la época en que pastoreábamos en Rockford, Dios me daba año tras año la misma Escritura para Año Nuevo: Proverbios 3:5-6:

Fíate de Jehová de todo tu corazón, y no te apoyes en tu propia prudencia. Reconócelo en todos tus caminos, y El enderezará tus veredas.

Al principio estaba emocionada al saber que El quería guiarnos a mí y a mi familia el siguiente año, y puse en práctica con entusiasmo el permitirle hacerlo. Pero según pasaron los años y El seguía dándome la misma Escritura, me impacienté. ¿Se había vuelto Dios rutinario? ¿o se le habían acabado las ideas para mí?

Pero ahora me percato de que ésta era una repetición muy deliberada, reforzando la mayor lección de mi vida: *Si yo NO me apoyaba en mi propio discernimiento, y si CONFIABA en El, y si lo RECONOCIA en todos mis caminos... entonces, y sólo entonces, Dios guiaría mi propio camino y el de mi familia.*

¿Y cómo lo reconozco? Rigiendo mi vida por la oración. Dependiendo de El en vez de mí misma.

He comprobado que esta guianza es tan precisa, tangible, definida y exacta como la estrella de Belén que guió a los Magos al niño Jesús (Mateo 2:9). Cuando ellos dejaron a Herodes, la estrella se les apareció otra vez muy clara y los llevó directamente al niño. Así ha sido conmigo. Las mismas palabras se aplican a mi vida. *El dirigirá nuestros pasos...* mediante la oración.

CUANDO NO SABEMOS COMO ORAR

Sin embargo, hay momento en que no sabemos cómo orar por nuestras familias. Pero Dios me ha proporcionado la solución a ese problema también. El Padre nos dio al Espíritu Santo para que viviera en nosotros —el cual le pide según su voluntad— cuando nosotros no sabemos qué pedir.

> *Y de igual manera el Espíritu nos ayuda en nuestra debilidad; pues qué hemos de pedir como conviene, no lo sabemos, pero el Espíritu mismo intercede por nosotros con gemidos indecibles. Mas el que escudriña los corazones sabe cuál es la intención del Espíritu, porque conforme a la voluntad de Dios intercede por los santos.*

> Romanos 8:26-27

Nuestra hija Nancy llamó hace poco para decirnos que su hijita de cinco años Kathy está en una etapa arrogante, mandona y agresiva. Recordando la actitud similar de su hermana mayor y la batalla espiritual de oración contra el maligno que la cambió por completo, comencé a orar en la misma forma por Kathy. Pero me di cuenta de que por algún motivo, no era eso lo que hacía falta.

Finalmente, arrodillándome en mi escabel para orar en mi salón, oré: "Oh Espíritu Santo, no sé cómo o qué pedir para Kathy. Por favor, llévale al Padre mi 'ignorancia de qué pedir' de acuerdo con su voluntad".

¡Qué alivio! Desapareció la presión de pensar *qué* orar. Supe que Dios sabría lo que Kathy necesitaba exactamente, y que el Espíritu Santo le llevaría mi oración inadecuada al Padre, exactamente de acuerdo con la voluntad del Padre.

Conversando con Nancy al día siguiente, le pregunté por Kathy. Un poco sorprendida me contestó: "Oh, está mucho mejor". Pensé entonces: *¡Qué maravilla! ¿Cómo Dios contestó mi oración sin yo saber cómo orar? Bueno, no necesito saberlo mientras Dios lo sepa... ¡y responda!*

Uno de los grandes auxilios para mí en mis peticiones por la familia a través de los años ha sido la carga que el Espíritu Santo ha quitado de mis hombros cuando no he sabido cómo orar por los problemas familiares.

EN EL HUERTO DEL EDEN NO SE ORABA

El plan original de Dios para el planeta Tierra no incluía la oración. Cuando Dios puso a la primera familia en el huerto del Edén, no había oración familiar. ¿Por qué? Porque Adán y Eva no lo necesitaban. En el primer hogar establecido en la tierra, había perfecta comunicación directa con Dios. "Y oyeron la voz de Jehová Dios que se paseaba por el huerto, al aire del día" (Génesis 3:8).

Y Dios sostenía conversaciones con ellos, haciéndoles preguntas y escuchando sus respuestas. Eran francamente amigos personales.

Entonces, ¿por qué necesitamos orar ahora? Debido al *pecado*. Cuando el diablo trajo el pecado a la tierra por medio de nuestros primeros padres, Dios expulsó a Adán y Eva de su ambiente perfecto y su relación con El. El pecado destruyó la perfecta comunicación recíproca de los humanos con Dios.

Pero la comunicación de Dios con la gente no cesó, sino que cambió de forma. *Entonces El instituyó la oración.* En Génesis 4:26 leemos acerca de Set el hijo de Adán y Eva: "Entonces los hombres comenzaron a invocar el nombre de Jehová".

Y podemos ver desarrollarse la oración a través de la Biblia hasta nuestros días, en que el sacrificio de Jesús en la cruz ha restaurado nuestra comunicación con el Padre. La perfecta comunicación de

Adán y Eva con el Padre está a la disposición de nosotros, sus hijos. La dulce comunicación ininterrumpida quedó restaurada para nuestras familias por la sangre que Jesucristo vertió.

Así que, hermanos, teniendo libertad para entrar en el Lugar Santísimo por la sangre de Jesucristo.

Hebreos 10:19

Una vez que la salvación de Jesús nos permite valernos de esa sangre limpiadora y redentora, somos dignos de esta relación de comunicación ininterrumpida con Dios.

LA ORACION NOS DEVUELVE LO QUE HABIAMOS PERDIDO POR EL PECADO

Dios proporcionó la oración como un medio de recuperar aquellas cosas que los humanos perdimos cuando el pecado se apoderó del planeta Tierra.

Primero, en el Antiguo Testamento la oración restauró la comunicación de la gente con Dios, y el orar en el nombre de Jesús nos devolvió la perfecta comunión con Dios. Jesús dijo:

Hasta ahora nada habéis pedido en mi nombre; pedid y recibiréis, para que vuestro gozo sea cumplido.

Juan 16:24

La segunda cosa restaurada por Dios es la audacia de la gente en venir a El orando. ¿Tienes miedo de acercarte al Dios santo del cielo con tus necesidades familiares? ¿Miedo de que El no quiera que lo molestes con tus problemas? ¿Miedo de que no te conteste? Adán y Eva no sentían inhibiciones para hablar con Dios... hasta que se escondieron de El por causa de su pecado. Pero Dios nos proporcionó el perdón de nuestros pecados a través de Jesús, y confianza para acudir a su trono.

Acerquémonos, pues, [debido a nuestro sumo sacerdote Jesús] confiadamente [audazmente] al trono de la gracia.

Hebreos 4:16

Sorprendentemente, una tercera cosa perdida para los humanos por causa del pecado de Adán y Eva —y que fue restaurada mediante la oración— es el *dominio.*

Cuando Dios creó a los primeros padres y los colocó en el huerto, les dijo: "Fructificad y multiplicaos; llenad la tierra, y sojuzgadla, y señoread en los peces del mar, en las aves de los cielos, y en todas las bestias que se mueven sobre la tierra". (Génesis 1:28). Pero al pecar ellos, todo el mundo cayó bajo el dominio de Satanás. La raza humana perdió su derecho a señorear sobre la tierra. Y lo que dice 1 Juan 5:19 es cierto todavía: "el mundo entero está bajo el maligno".

Después de la Caída, Dios escogió un nuevo modo de permitir que Sus hijos lo ayudaran a regir la tierra. Es mediante la *oración intercesora.* Este, desde luego, no es el dominio directo que los humanos hubieran disfrutado si no hubiesen pecado; pero, no obstante, la oración ayuda a Dios hoy en día a regir la tierra.

Andrew Murray, mi autor devocional favorito, escribió: "La mayoría de las iglesias no saben que Dios rige la tierra con las oraciones de sus santos". Y eso incluye nuestras familias... aquí en el mundo.

Nunca debemos olvidar que Dios es soberano; pero a todo lo largo de la Biblia encontramos promesas de que cuando oramos, El actuará. Al orar, movemos la mano que mueve todo en el mundo... incluidas nuestras familias.

> *Pedid, y se os dará; buscad, y hallaréis; llamad, y se os abrirá. Porque todo aquél que pide, recibe; y el que busca, halla; y al que llama, se le abrirá.*
>
> Mateo 7:7-8

Cuando por causa de la rebelión o separación sentimos que hemos perdido toda influencia o control sobre los miembros rebeldes de la familia, podemos orarle a Dios, que a su vez los alcanzará. Y El lleva su influencia santa sobre ellos. Puede que nosotros nada podamos hacer directamente porque ellos han roto las relaciones con nosotros, pero Dios puede... y lo hará.

¡LA ORACION FUNCIONA!

Puesto que Chris y yo hemos celebrado nuestro quincuagésimo aniversario de bodas, ya no tengo que decir acerca de la oración familiar: "Pienso" o "Creo" que funcionará. No, después que nuestra familia ha estado orando durante medio siglo, ahora *sé* que la oración da resultados ciertos.

Cuando yo era joven, tenía que aceptar muchas cosas en fe. ¡Pero ya no! Con frecuencia, pasan años antes que podamos ver la respuesta final a las oraciones hechas con y por la familia. Y algunas no las reconocemos como respuestas. A veces nos olvidamos que oramos por ellas. Y aun hay otras cuyas respuestas no sabremos hasta que lleguemos al cielo. Pero, de todas formas, ¡Dios *responde!*

Una de mis más emocionantes respuestas a la oración en nuestra familia vino cuando nuestro hijo Kurt solicitó el programa doctorar en Física en la Universidad de Illinois. Después de asistir a clases todo el día, tenía que pasar unos exámenes de ingreso de tres horas, dos noches consecutivas. Y yo le había prometido orar mientras él se examinaba. Pasé aquellos dos períodos de tres horas en constante oración, alternando el rogar arrodillada con la búsqueda de la guianza de Dios en mi Biblia. De luchar largo tiempo para dejar a mi hijo en la voluntad de Dios, no en la mía; ir al piano para alabar a Dios por tener el mando de mi familia; y pasar a alabarlo por adelantado por cualquier cosa que El contestara.

Me había ido a la cama exhausta —pues orar *es* fatigante— después de saber que Kurt había terminado. Pero mi corazón saltó de alegría cuando contesté al teléfono medio dormida y escuché a la operadora preguntarme: "¿Acepta el pago de una llamada que le hace el candidato a doctor en Física Kurt Karl Christenson?" ¡Así me anunció que Dios había contestado mis oraciones! Había pasado los exámenes.

Unos años después mi querida nuera Margie me escribió una carta poco después de haberse casado con Kurt: "Yo agradezco el ejemplo personal que has sentado para tu familia como madre que ora, y creo que esto es realmente lo que más me ha inspirado y sigue inspirándome. He pensado mucho en que tú oraste tres horas seguidas por Kurt. La vida de una persona habla por sí sola".

Y también esos apretones de mano con una rápida sonrisa de agradecimiento: "Gracias, mami, por orar".

O esas llamadas telefónicas de: "Corre y llama a la cadena de oración, mamá", cuando les sucede alguna calamidad a ellos o a sus amigos.

O los inacabables suspiros: "Por favor, *vuelve* a orar, mami", cuando un problema doloroso sigue sin solución.

Nuestra hija Jan me acaba de decir que escuchó a su Crista de seis años vomitando en el baño y corrió a ayudarla. Jan dijo que cuando le echó los cabellos hacia atrás para despejarle la frente y la abrazó, Crista musitó: "Ora por mí, mami. ¡Ora!"

En cincuenta años de matrimonio, Chris y yo hemos dejado muchas huellas en nuestra familia, algunas buenas y otras no tan buenas. Pero el mayor legado que pudimos haber dejado a nuestros hijos y nietos es el haber visto y conocido la importancia y el poder de la oración familiar.

La oración debe y puede ser el modo de vida espontáneo de cada familia cristiana.

Oración entretejida

2

CUANDO UNA NOVIA Y UN NOVIO establecen un nuevo hogar cristiano, empiezan a tejer el género del cual estará hecho su hogar. De todas la cosas que ellos comienzan a tejer en su recién formada familia, la más importante de todas es la oración. El amor, la fidelidad, el respeto mutuo, el apoyo y el servicio mutuo son vitalmente necesarios, pero las oraciones son los hilos que forman la tela que Dios usa para mantener unida la familia.

Hace cincuenta años, cuando Chris y yo nos casamos, fundamos nuestra familia sobre la oración. A través de los años hemos experimentado desastres, muertes, rebeliones y la ida a la guerra. Pero la tela de fondo de oración que tejimos ha resistido la prueba del tiempo; el mismo Dios ha sido entretejido a través de la tela de nuestro hogar.

Cuando una nueva pareja inicia la construcción de su hogar con Dios mediante la oración, empiezan a entretejer sus hebras individuales y mutuas de oración.

LOS HIJOS TAMBIEN PUEDEN SER CO-ORANTES

A través de los años, la oración en familia se amplía. Según maduran los hijos, ellos también pueden volverse co-orantes, no sólo los objetos de oración. Entonces los hilos de oración convergen de diferentes direcciones hacia cada uno. Desde que nuestra primogénita, Jan, empezó en el kindergarten, hasta que nuestro benjamín, Kurt, se graduó del instituto, Chris o yo oramos con ellos en la puerta, enviando a cada uno a su destino con la protección y guía del Señor. Nos sentíamos todos, ellos y nosotros, muy seguros porque no iban a enfrentar al mundo solos, sino protegidos por Dios. Eso nos daba confianza, calmaba el temor de lo que pudieran encontrar. Sin embargo, siempre éramos Chris y yo —los padres— los que orábamos por nuestros hijos.

No obstante, un día surgió una nueva clase de oración de aquel "orar en la puerta del frente". Acababa de orar por nuestra alumna de primaria, Nancy, cuando dije: "Queridita, mami tiene un problema hoy. ¿Querrías orar también tú por mí?" Y el gozo llenó aquel recibidor cuando mi hijita tomó su hebrita, inmadura pero ¡tan sincera! de oración y la tejió vacilante dentro del tejido que nosotros llamamos oración familiar.

Yo he criado a nuestros hijos con la absoluta certeza de que yo necesito que ellos oren por mí... porque se lo he dicho. Con frecuencia, lo que oran son los versículos de la Escritura que Dios les da para mí. Mientras escribía uno de mis libros, luchaba por reunir el valor para decir las cosas que Dios me estaba indicando claramente que yo debía decir. Nuestra hija Jan me escribió una nota con su oración por mí de Efesios 6:19-20:

> [Orando] por mí, a fin de que al abrir mi boca me sea dada palabra para dar a conocer con denuedo el misterio del evangelio, por el cual soy embajador en cadenas; que con denuedo hable de él, como debo hablar. Cariños, Janny

Pegué su nota a mi computadora, leyéndola cada vez que mi audacia empezaba a flaquear, sin omitir una sola cosa al escribir de lo que Dios me decía que escribiera. ¡Dios contestando la oración de mi hija por mí! Y esa nota sigue pegada a mi computadora hasta el día de hoy.

Nuestro Padre celestial escucha las oraciones de los niños. La presidenta de nuestra Cadena de Oración Metropolitana me contó que todos sus hijos recibieron a Jesús antes que su esposo y ella. "Fueron las oraciones de mis hijos por nuestra salvación las que nos trajeron a su padre y a mí a los pies de Jesús", afirmó.

Las oraciones entrelazadas se han derramado sobre toda nuestra extensa familia. Por ejemplo: nuestro yerno médico Skip Johnson (yo le llamo nuestro hijo afectivo) estaba enseñando una clase de escuela dominical, y Jan y sus dos hijitas, Jenna y Crista, se habían ido solas a orar por él mientras él enseñaba. Sin embargo, la siguiente semana, la hija mayor, Jenna, estaba en la clase escuchándolo, cuando pidió permiso a su papá para ir al baño; pero más tarde le confesó que su motivo para salir era estar a solas para orar por él.

Según aumentaron las oraciones de nuestros tres hijos por nosotros sus padres, se desarrolló una emocionante y poderosa dimensión de la oración familiar. Surgió el entrelazamiento con nuestros hijos. Y el tejido de nuestra oración familiar se solidificó día tras día, año tras año, mientras todos nosotros tejíamos nuestras hebras de oración en dirección a cada uno de los otros; unas veces con explosiones de entusiasmo, otras veces con urgencia, e incluso en ocasiones con apatía. Pero poquito a poquito el tejido progresaba.

LA ORACION: LA ESPERANZA PARA LAS FAMILIAS DE UN SOLO PADRE

Hoy en día casi la mitad de los hijos del país son de familias de un solo padre. ¿No hay esperanza para ellos? ¿Se necesita una familia tradicional de un padre, una madre y los hijos para que la vida de oración sea efectiva? En absoluto. He visto desarrollarse una base de oración insólitamente fuerte en muchas familias de un solo padre mientras luchan para sobrevivir económica y emocionalmente. Cuando su forzada dependencia unos de otros se convierte también en una dependencia en Dios al orar, en su relación familiar se entrelaza un tejido increíblemente fuerte de apoyo desde el omnipotente Dios del universo.

He recibido muchas cartas y llamadas telefónicas acerca de un esposo y padre descarriado —y en ocasiones de una madre—. En cada caso ha quedado destrozada una familia tradicional. Y me he quedado atónita de cómo muchas madres dicen: "Mis hijos y yo estamos orando por su papá cada día. Estamos orando para que él se vuelva a Dios, y entonces regrese a casa con nosotros". Con frecuencia ellos esperan que mi oración lo traiga de vuelta a casa inmediatamente, entonces tengo que recordarles con dulzura que Dios le concedió a cada cual, incluso a su papá, el libre albedrío. Un padre descarriado puede, y con frecuencia es así, escoger vivir en su pecado; y únicamente la oración puede llegar a él. Así que yo me sumo a la oración para que Dios lo toque, le dé convicción de pecado y lo llame a regresar a El primero y a su familia después. Esta es una situación en la cual los hijos de una familia desmembrada pueden unirse a la madre (o al padre) con sus hebras de oración... por la reunificación familiar.

CUANDO HAY UN SOLO ORANTE

Incluso en muchas familias cristianas tradicionales, demasiado a menudo hay un solo miembro —una esposa, esposo, madre o padre, o a veces un hijo mayor— que intercede por otros miembros de la familia, quizás por un miembro que se ha alejado de las enseñanzas cristianas y está viviendo en pecado. El orante solitario puede orar fervientemente mes tras mes o incluso año tras año, sollozando y sufriendo ante Dios.

En mis muchos años de ministerio, la gran mayoría de las cartas y llamadas telefónicas que recibo vienen de fieles esposas y madres cristianas pidiendo oración por sus esposos e hijos. No hace mucho una madre que enseña a sus seis hijos en la casa vino a una de mis sesiones de entrenamiento para orar, a fin de lograr una mayor eficacia en su oración. Su esposo estaba en prisión, y la carga que llevaba sola era casi más de lo que podía soportar.

Sí, aun cuando un solo padre u otro orante cree en el poder de la oración, hay esperanza para esa familia, a pesar de que las aparentes prioridades, modos de vida y objetivos estén tirando en dirección contraria. Puede que haya oposición abierta e incluso esfuerzos por ridiculizarle por depender de Dios mediante la oración. Pero puede dar resultado a pesar de que un solo orante esté en la brecha. Dio resultado en mi casa cuando yo crecía. Mi madre era la que oraba, sin darse nunca por vencida, enseñándonos las Escrituras y dando ejemplo de vida cristiana ante nosotros.

En el caso de un solo padre creyente, el Nuevo Testamento establece que es definitivamente posible criar a un hijo según las Escrituras como debe ser. Timoteo era el *hijo de una mujer judía creyente, pero de padre griego* incrédulo (Hechos 16:1). El apóstol Pablo atestigua en 2 Timoteo 1:5 el hecho de que su joven colaborador, Timoteo, se convirtió en cristiano por medio de su madre y abuela creyente, y lo menciona otra vez en el capítulo 3 (vv. 14-15):

Pero persiste tú en lo que has aprendido y te persuadiste, sabiendo de quién has aprendido; y que desde la niñez has sabido las Sagradas Escrituras, las cuales te pueden hacer sabio para la salvación por la fe que es en Cristo Jesús.

Repito, puede parecer tan solitario y a veces casi fútil, pero Dios escucha y contesta esas oraciones tejidas en soledad por un único orante a través de los días y aun años.

La oración eficaz del justo, puede mucho.

Santiago 5:16

ABUELOS QUE ORAN

Como se ha dicho antes, es evidente que la abuela Loida desempeñó un importante papel en la alimentación espiritual de Timoteo. Las oraciones de las abuelas (ahora bisabuelas) en nuestra propia familia inmediata, han cambiado vidas, así como dado estabilidad y seguridad a nuestra familia lejana también.

Nuestra abuela Chris empezó a orar por cada uno de los miembros de su familia hace más de setenta años cuando recibió a Jesús como su Salvador y Señor a los veintiún años. Según pasaron los años, oraba mientras se afanaba en su cocina, con una promesa de la Biblia encajada en la ventana o mientras se arrodillaba en su dormitorio. Ahora a los noventa y uno, demasiado débil para arrodillarse, la abuela Chris todavía sigue orando en su mecedora, recordándole cada día a Dios las necesidades de cada hijo, nieto y bisnieto. Aunque incapaz de hacer algo personalmente cuando surge una necesidad en la familia, ella sabe quién puede ayudar: su Padre celestial.

Debido a las miríadas de respuestas a oraciones a través de esos más de setenta años, tiene una fe inconmovible en la promesa de oración de Dios. Tan inalterable era su fe en las respuestas de Dios a las oraciones, que cuando su esposo Rodolfo murió, dejándola con dos hijos de nueve y doce años para criar ella sola, día tras día su ancla en la oración era: "Y como tus días serán tus fuerzas" (Deuteronomio 33:25). Cuando no había comida para la mesa o carbón para la caldera, siempre estaba su Dios que no fallaba contestando sus oraciones.

Mi propia madre llevó una vida especialmente dura cuando yo era una niña. Mis padres operaban un invernadero y una florería al por menor. Mi madre padecía seriamente de asma, pero siempre cumplía su turno de bajar dos pisos de escaleras en medio de las noches invernales para rellenar con carbón la enorme caldera. Aun cuando estaba embarazada, nunca dejó de llevar enormes cargas de plantas, tierra y macetas. Pero la oración la sostenía.

Cuando las cosas se ponían realmente difíciles, siempre sabíamos dónde encontrar a nuestra madre: de pie en medio de los canteros de lirios de agua, con la casi etérea pureza de esas enormes flores blanco-cera rodeándola, mientras oraba serena. Y siguió orando hasta que Dios la llamó hace cinco años. Oraba de acuerdo a 1 Tesalonicenses 5:17: "sin cesar". Oraba mientras trabajaba, mientras hacía hasta cien edredones al año para los misioneros, mientras enrollaba, hasta altas horas de la madrugada, miles de vendajes para los médicos misioneros. Las horas de oración intercesora que ella lograba sacar de su ocupadísimo programa, estaban dedicadas básicamente a su descendencia. Ella nos cubrió con oración en los alumbramientos difíciles, las muertes, las épocas de rebelión, los desastres económicos, la educación, los cambios de trabajo; cualquier otra cosa que surgió. Y todos lo sabíamos. Así que en cuanto nuestro mundo empezaba a desmoronarse, llamábamos urgentemente a nuestra madre... porque sabíamos que su línea de emergencia al cielo jamás se interrumpía.

BENDITOS QUIENES TIENEN "RAICES DE ORACION"

Muchas de las parejas recién casadas traen a su matrimonio una fuerte red de oración de una o ambas de las familias en que nacieron. Sin embargo, cuando dejan a su padre y a su madre, y se convierten en una sola carne (ver Génesis 2:24), comienzan a tejer una nueva tela de oración para su propia naciente familia. Antes que quede organizada una nueva unidad familiar, los padres devotos pueden haber invertido muchos, muchos años orando por esa futura unidad familiar. Toda esta oración la usa Dios para ayudar a tejer la tela de oración de la nueva familia.

Después de nuestro matrimonio, Chris y yo, como una nueva unidad familiar, tuvimos esa clase de apoyo. Teníamos tres padres orantes, todos los cuales oraron durante años para que cada uno de nosotros nos casáramos con la persona que Dios nos tenía destinada. El padre de Chris era un "devoto gigante espiritual". Con mi nuevo esposo luchando en la Segunda Guerra Mundial como piloto de bombardero, yo pasé muchas noches en el hogar de los padres de Chris. Pero nunca pude levantarme antes que el abuelo Chris. Cada mañana yo lo encontraba arrodillado orando; incluso acurrucándose cerca del calefactor en una fría mañana de invierno en Michigan, recogiendo el poco calor que su recién encendido fuego emitía hasta él. Su poderosa vida de oración, junto con la de abuela Chris, dieron a nuestro matrimonio un despegue espiritual con Dios.

Con semejante herencia, nosotros también oramos durante años y años por las parejas que Dios sabía serían adecuadas para cada uno de nuestros hijos. ¡Y a través de los años, Dios contestó!

LA FAMILIA QUE SE MULTIPLICA

Cuando los hijos finalmente se unen a un cónyuge propio, no sólo forman su propia nueva familia, sino que sus continuas oraciones por los otros miembros de sus familias fortalecen la unidad familiar original. Y, por supuesto, cuando otros miembros de la familia oran por ellos, su nuevo tejido interior de oración se sigue fortaleciendo con las otras hebras de oración que entran y salen entretejiéndose. Esto no se debe a la oración de los padres originales, sino es resultado de las oraciones entrecruzadas que fluyen de todas direcciones. Lo que parecía ser un diseño aparentemente aleatorio, en realidad es una red de resistencia extraordinaria de respaldo en oración, tejido por la familia que se multiplica.

De esa forma, a través de los años, se desarrolla una verdadera *red* de oración, con tantos puntos de partida como miembros de la familia haya, que se entreteje en tantas direcciones como esos miembros deseen orar fielmente por sus hermanos, padres, abuelos y parientes cercanos y lejanos.

Sin embargo, ese entrecruzamiento no es una red inerte, sin vida. No, sino que siempre está cambiando en intensidad y frecuencia, según las necesidades de los miembros de la familia aumentan o disminuyen. Y las cambiantes relaciones personales dentro de la familia determina la calidad y cantidad de la oración. Esto, por supuesto, cambia la fuerza de la red de oración... para bien o para mal.

La primera vez que mi nuera —mi hija afectiva— Margie me oyó hablar, ella y nuestro hijo Kurt, estaban recién casados. Me percaté de que estaba escogiendo cuidadosamente mis ejemplos de oración contestada para no intimidarla o abrumarla con lo que ella podía considerar una suegra "predicante". Pero una nota que me hicieron llegar durante el seminario calmó mis temores y me llenó de gozo el corazón:

> Te quiero mucho. Estamos disfrutando mucho nuestra participación aquí, orando juntos... y con Dios. ¡Sigue predicándolo! Estamos orando por ti en la última fila.
>
> Cariños
> Margie y Kurt.

Las oraciones entrecruzadas producen fuertes lazos familiares —no los basados únicamente en la tradición, diversión y celebraciones familiares— sino sobre un profundo sentimiento de *cariñoso cuidado* en tanto las oraciones siguen entretejiendo una red familiar cada vez más fuerte.

Cuando un perro casi le arrancó la nariz a una de nuestras nietas, Dios hizo un absoluto milagro: no quedaron cicatrices visibles en respuesta a la oración desesperada de la familia. Después que mi esposo, Chris, se sometió a cirugía por cáncer, nos contó que, debido a tantas oraciones, él sintió como si su cuerpo estuviera flotando en el aire, sin tocar siquiera la cama del hospital. Nuestra red de oración familiar ha cubierto a un miembro de la familia durante un período de gran dificultad económica. Durante exámenes de ingreso en universidades y programas especializados no ha cesado. Hubo vigilias de oración durante partos y alumbramientos de todos los bebés de la familia. La lista es interminable. Pero en cada necesidad, lo que dio resultado fue la *oración familiar.*

Cuando nuestra unidad familiar original vivía en Rockford, Illinois en la década de los años sesenta, pasó un tornado mientras yo estaba sola con mis tres hijos. Un rayo cayó en un poste cercano a la casa y atravesó dos habitaciones hasta salir por un tomacorriente en la sala. En viaje hacia otro estado, nuestro padre seguía el trayecto de la tormenta por radio; y, tan pronto como llegó, llamó por larga distancia. Atónita, contesté el teléfono y dije que sí, que todos estábamos bien, pero que un rayo había caído en la casa.

Los bomberos de la ciudad se fueron aunque todavía se sentía el calor en las paredes por donde había pasado el rayo... y todavía olía a humo. Escuché despavorida cómo me advertía que no debía irme a dormir, sino mantenerme en guardia por un posible reavivamiento del fuego. La emoción del enorme camión de bomberos con escaleras, los fisgones vecinos papamoscas, y el temor de que todavía estuviera ardiendo un fuego en alguna parte de nuestras paredes nos tenían a los niños y a mí sobre ascuas. Pero entonces los niños y yo nos arrodillamos al pie de la cama de Nancy para orar antes que ellos trataran de descansar. Y fue Kurt, todavía en la primaria, quien nos calmó a todos con su oración inmediata: "Amado Dios, gracias porque no tenemos que sentir miedo". Seguimos manteniéndonos alertas, pero el peligro había pasado.

Las crisis familiares, grandes y pequeñas, han empujado a nuestra familia completa a arrodillarse todos estos años. Podía escribirse un libro con todas las veces que Dios ha intervenido, rescatado y hecho milagros... *cuando oramos unos por otros.*

LA FAMILIA LEJANA

Nuestra oración familiar se extiende increíblemente lejos, porque nosotros consideramos familia a nuestros tíos, tías, sobrinas, sobrinos e incluso parientes "segundos" y "terceros". Aunque por éstos se ore sólo cuando surgen necesidades muy hondas, es un gozo estirar nuestras hebras de oración familiar más allá de nuestra unidad familiar inmediata hasta aquellos que están remotamente relacionados con nosotros.

Cuando Bud, el único hijo de mi único hermano Edward, fue asesinado hace unos años, la mayor parte de nuestras oraciones se dirigieron a su único hijo, Budde, que quedó huérfano y muy amargado con la policía por haber sido incompetentes para investigar el crimen. Nuestra familia lejana oró ferviente e insistentemente para que Dios tomara la dirección de la vida del niño. Y en especial le pedíamos a Dios que trajera a un buen cristiano para ayudar a llenar el vacío dejado en la vida de Budde por la muerte de su padre. Dos años después nos regocijamos al saber que la mayor parte de su amargura con la policía se había desvanecido y que estaba sorprendentemente estable. Dios había acercado a su vida al hombre adecuado, uno que lo había guiado a conseguir la condecoración del Aguila Exploradora en los Niños Exploradores y lo había encaminado a una buena iglesia. *¡Oración de la familia lejana!*

Nuestra sobrina-nieta Kirsten estaba terminando un curso de postgrado en enseñanza en la universidad y viviendo con nosotros temporalmente cuando nuestra hija Nancy llamó desde Virginia. Muy alterada, nos pidió que oráramos inmediatamente por una escuela cristiana para Cindy, pues la que hasta ese momento tenía había sido cerrada por una infracción de menor cuantía y ella no tenía más que hasta las dos de la tarde de ese día para inscribir a Cindy en otra parte.

Unas rápidas llamadas telefónicas revelaron que los miembros de mi cadena de oración se habían desparramado para el fin de semana, y que tampoco podía localizar a otro miembro de la familia. Así que Chris, la sobrina Kirsten y yo inclinamos nuestras cabezas en la mesa de la cocina clamando a Dios para que interviniera. Entonces Kirsten oró con profunda visión: "Amado Dios, pon a Cindy donde sea mejor para ella. Tú sabes lo devastador que el primer día en una nueva escuela puede ser. Protégela emocionalmente en su miedo y en el horror de no ser incluida en una escuela en su primer día lejos del kindergarten en su propia iglesia".

Poco después de las 2 p.m. Nancy llamó, contando todos los detalles de haber encontrado una prestigiosa escuela. Pero, sin que Nancy lo supiera, esa escuela tenía una recogida de ómnibus en la vieja escuela de Cindy, donde su hermana, Kathy, seguiría yendo todos los días... y donde muchos de los amigos de Cindy abordarían el ómnibus con ella.. Cindy podría seguir con su acostumbrada creche para después de la escuela los días en que ambos padres estuvieran trabajando... ¡y con no sólo sus amigos, sino su hermanita Kathy! ¡Cuánta falta nos hizo esa oración de un miembro lejano de la familia —Kirsten— la sobrina nieta!

DESGARRAMIENTOS Y HUECOS

En todas las familias hay épocas en que unos pocos individuos o incluso todos los miembros de la familia disputan y tienen malentendidos, desgarrando huecos en el tejido de fondo que ha sido tejido por la oración. Algunos huecos se remiendan fácilmente y casi no afectan la fortaleza de la red en absoluto; en algunos casos las disputas desgarran enormes huecos en el tejido de la tela, causando serias interrupciones en el fluir de la oraciones familiares o incluso cortando el flujo por completo.

Pero repito, son las hebras de oración las que pueden enmendar los enganchones y huecos en las relaciones familiares. Durante la depresión de los años treinta, yo acostumbraba a mirar las medias de mi madre. Ella tomaba una hebra del tejido y penosamente la tejía de lado a lado hasta que lo que había sido un hueco quedaba más fuerte que la media original. Así es como la oración remienda los desgarrones y huecos de una familia.

A través de los años, muchas, muchísimas veces mi oración ha sido repetir las palabras de los deseos del apóstol Pablo para la familia de creyentes en Corinto, cuando había querellas entre ellos:

> Os ruego, pues, hermanos, por el nombre de nuestro Señor Jesucristo, que habléis todos una misma cosa, y que no haya entre vosotros divisiones, sino que estéis perfectamente unidos en una misma mente y en un mismo parecer.

1 Corintios 1:10

Así sucede con un solo, o quizás unos pocos miembros de la familia que tomen sus hebras de oración y con paciencia, a menudo trabajosamente, la tejan para remendar el tejido familiar. Algunas veces el tejer logra su objetivo rápidamente, pero otras veces se demora varios años de fiel tejer antes que el desgarrón quede remendado. Mucha oración de remiendo se hace llorando e incluso sollozando en agonía de espíritu. Pero, puntada a puntada, Dios usa su santa mano y tira de esas hebras de oración para colocarlas en su lugar, remendando de forma sobrenatural los dolorosos huecos.

CUANDO OTROS ORAN POR MI FAMILIA

Yo no he tratado de orar sola por mi familia desde 1964, sino que he reclutado ayuda en la oración por nuestra familia inmediata. Durante veintiocho años ha habido grupos de oración organizados, cadenas de oración por teléfono e individuos que sin pertenecer a nuestra familia han orado por ella. Nos sentimos insólitamente bendecidos por el Señor por haber tenido este raro privilegio.

Entre 1964 y 1967, Signe Swan, Lorna Johnson y yo nos reunimos cada semana para orar por nuestra iglesia... y también por las necesidades de nuestras familias. Entonces en 1968, durante nuestros experimento de "Qué sucede cuando las mujeres oran", organizamos la primera cadena de oración por teléfono. Y hasta que dejamos ese pastorado en Rockford tres años después, de acuerdo con nuestros registros cuidadosamente llevados, las necesidades de nuestra familia fueron mencionadas un promedio de cuatro veces por semana en aquellas cadenas de oración por teléfono. Aquel experimento de oración tuvo una gran influencia en nuestra iglesia completa. Cuando el más difícil desastre cayó sobre nuestra familia parroquial, la iglesia completa nos respaldó en oración. En un día increíblemente duro, ¡el cuerpo de diáconos tomó turnos y mantuvo una oración ininterrumpida por nosotros durante veinticuatro horas!

Inmediatamente que nos mudamos a San Pablo, organicé un grupo de mujeres que oraran en un ministerio mensual de oración intercesora y una cadena de oración por teléfono, la cual mantenía oración diaria por mí y mi familia, que subía hacia nuestro Padre celestial durante quince años. Entonces en 1973 incorporamos nuestro Ministerio de Oración Unida, y hasta el día de hoy mi cadena de oración por teléfono me llama a las 6:20 a.m. tres veces por semana. Este es mi ministerio de cadena de oración en que participan unas treinta mujeres, pero las necesidades de mi familia están siempre incluidas. Yo les cuento nuestras necesidades ¡y todos ellos oran! Entonces en mis reuniones mensuales de la directiva oramos al menos la mitad del tiempo, y todas las necesidades profundas de mi familia están incluidas con las de otras familias.

Además tengo a una multitud de gente que han escogido necesidades familiares de los ejemplos que pongo en mis seminarios, guerreros de la oración que no sólo oran por nosotros, sino que reclutan a sus grupos y cadenas de oración para que también lo hagan. Constantemente me sorprenden con notas y llamadas telefónicas diciéndome que Dios ha puesto carga en sus corazones para que oren por mi familia. Con frecuencia ha ido más allá de lo que yo entendía era el problema o la necesidad; pero Dios sabía y les dijo que oraran. Este es un privilegio abrumador que no merezco, ¡pero por el cual estoy muy agradecida!

Así que ésta también se ha vuelto una forma de vida para mi familia. Es un reflejo condicionado para nuestros hijos el "recurrir a la cadena de oración". La última vez que estuve en la India, abuela Chris cayó en coma, y no se esperaba que sobreviviese. Nuestra hija Jan llamó inmediatamente a la cadena de oración... y ellos se unieron inmediatamente a los miembros de la familia pidiendo la voluntad de Dios y el tiempo de Dios. Entonces, al llegarme la noticia a Calcuta, mi presidente nacional allí avisó a todos los presidentes de las ciudades donde yo iba a hablar de la posibilidad de que tuviera que regresar a casa. E inmediatamente ellos recluta-ron a todos sus orantes por toda la India. Para asombro de los doctores, la abuela Chris sobrepasó la crisis... y yo pude continuar mi gira de oración por la India, sentando las bases para el primer movimiento nacional de mujeres en ese país: una organización para orar.

MI LUGAR ESPECIAL PARA ORAR

Mi viejo butacón verde para orar ha sido sustituido. Cuando nos mudamos a nuestra casa actual, no cabía aquel viejo gran butacón verde que había sido mi lugar para orar —"mi capilla"— durante tantos años. Ahora tengo lo que yo llamo mi "escabel (puf) de orar".

Desde que se oró por la creación de mi ministerio alrededor del escabel de orar de mi vicepresidente hace más de veinte años, yo había deseado tener uno en mi casa. Hace pocos años mandamos a hacer un enorme escabel mullido para que me sirviera de escabel de orar. Cuando fui a revisarlo en el almacén antes de que lo enviaran a casa, el corazón me saltó de gozo y los ojos se me llenaron de lágrimas.

Después que mis emocionadas nietas Jenna y Crista vieron cómo el camión lo entregaba, sugerí que nosotras tres practicáramos para que pudiéramos enseñarle a mami y a papi cómo se oraba allí. Pero Jenna de seis años respondió: "¡A mí no me hace falta: ya yo lo hice!" ¡Y todas practicamos!

La primera vez que nos arrodillamos alrededor de él para orar, fue una invitación para Crista, de tres años, para que se trepara en la espalda de abuela a jugar a los caballitos. Algún tiempo después, varios miembros de la familia estaban comentando el nombre que yo le había dado a la nueva pieza del mobiliario: el "escabel de orar". De pronto Crista decidió que debíamos orar en ese momento: "Yo sé cómo arrodillarme", anunció y enseguida se arrodilló para enseñarnos. Como su invitación de "vamos a orar" fue tan espon-tánea, todos nos apresuramos a arrodillarnos y llamamos al resto de la familia para que se nos unieran. Cuando el padre de Crista, Skip, sugirió: "¿Por qué no oras primero, Crista?" hubo un silencio en que casi podíamos oírla preguntarse: "*¿Y qué hago ahora?*" Pero valientemente se lanzó a orar por la cosa que ocupaba el primer lugar en su mente en ese momento: "Gracias, Señor, por la maravillosa comida que nos acabamos de comer".

Su sincera oracioncita fue tan preciosa, que nos estimuló a todos a orar más y más profundamente mientras nos arrodillábamos alrededor de aquel nuevo rincón para orar. Mi corazón casi estalló de alegría dentro de mí: "Oh Dios", oré, "gracias por el gozo y el privilegio de la familia. Por favor llena de ti este escabel de orar —nuestro lugar de orar—. Que cuando nos arrodillemos aquí te sintamos. Llena de ti toda esta casa. Llénanos de ti".

Y entonces Chris también oró pidiéndole a Dios que viniera de una manera muy especial a nuestro nuevo rincón de orar. Skip siguió, y después que terminó de orar, nos dijo que parecía como que un chorro de luz había bajado y nos había envuelto a todos.

Después que Jan oró la última, me pregunté: *¿Me he limitado a reemplazar el viejo butacón verde?* Posiblemente. Pero mucho más que eso. Este es un lugar no para mi oración privada... *¡sino para que toda la familia ore junta!*

Sólo cinco días después varios miembros de la familia se reunieron otra vez en el escabel de orar: esta vez la noche víspera de la operación de cáncer de mi esposo. Las oraciones de gracias llovieron: "Gracias por el privilegio de una familia orando junta". "Gracias por habernos guiado a través de tantas situaciones duras; así podemos confiar en ti en la operación de Chris mañana". "Gracias Padre, porque nunca nos has abandonado". Entonces vino la petición: "Rodéalo con tus brazos y abrázalo fuerte, amado Señor". Desde su punto de vista médico, la oración de Skip siguió: "Protege su mente mientras él esté bajo anestesia, por favor, amado Señor".

Cuando me levanté y puse una mano sobre el hombro de mi esposo, oré: "Oh Señor, llénalo de ti. Espíritu Santo de Dios, llénalo ahora mismo con tu paz, valor, e incluso con tu gozo".

Por último Chris oró y se entregó por completo a Dios, porque se hiciera su voluntad en la acción del cáncer en su cuerpo. Y terminó diciéndole a Dios que él estaba muy agradecido por el amor de su familia y su respaldo en oración.

Ese escabel de oración ha sido la escena de muchas profundas oraciones familiares. Recuerdo que mis nudillos se pusieron blancos cuando Kurt me apretó muy fuerte la mano mientras pedíamos a Dios que revelara su voluntad a Kurt por el futuro de su carrera una vez terminada la universidad. Después su esposa Margie, recién casada con Kurt, estaba allí mientras los tres nos arrodillamos luego que Kurt y Margie habían respondido a muchas invitaciones de comisiones ejecutivas en la Conferencia de Misiones de Urbana. Llorábamos orando a Dios que les mostrara si El deseaba que ellos salieran fuera del país o se quedaran en Norteamérica.

Cuando mi única hermana Maxine y su esposo, estaban en viaje a las Filipinas para una corta misión durante su retiro, la profundidad del amor y la unión que sentimos mientras nos arrodillamos con ellos alrededor del escabel de oración —para enviarlos con la bendición de Dios rodeándolos— fue un gozo indescriptible. Otro momento muy significativo fue cuando Maxine y yo —los únicos miembros que quedábamos de la familia inmediata— nos arrodillamos allí y oramos: "Oh Señor, traspasa el manto de oración a nuestros hijos".

El hogar: un lugar para reunirse en fraternidad. Un lugar para disfrutar juntos comidas en familia. Un cielo en las tormentas de la vida. Pero, más que todo, ¡*un lugar para orar!*

QUE SON LAS FAMILIAS

Nuestra hija médica Jan nos llamó un lunes por la noche, sollozando por un problema que enfrentaba su esposo médico: "Skip tiene una excrecencia de muy mal aspecto en un dedo". Oramos durante horas, bombardeando el trono de Dios por nuestro Skip. El mismo día siguiente, Dios, sabiendo nuestra preocupación por un tipo fatal de cáncer, nos dio a ambas, a Jan y a mí, el mismo versículo para tranquilizarnos: "Conoce Jehová los días de los perfectos, y la heredad de ellos será para siempre" (Salmo 37:18).

Entonces, mientras nuestra familia se había reunido en nuestro salón familiar, sin saber hasta el día siguiente que los resultados de la prueba de laboratorio demostrarían que era un tumor benigno, Skip empezó a disculparse. Nos dijo que sentía haber puesto en jaque a toda la familia por un tumor en su dedo. Pero Nancy le contestó con la esencia de nuestra oración familiar entrecruzada: "Skip, ése es el objetivo de la oración. Y para eso está la familia".

Orando por los miembros de la familia para Cristo

3

¿SE HA PREGUNTADO, después de haber orado y orado y orado por la rebelión de sus hijos, por su vida pecaminosa o su falta de interés en las cosas cristianas, por qué Dios no ha respondido? ¿Por qué sus hijos no viven como usted los enseñó que debían hacerlo? ¿Por qué no tienen una vida devota? Puede que simplemente estén buscando independencia; o una identidad propia. O puede que sea simple rebelión contra Dios o las normas familiares. Sin embargo, cabe la posibilidad de que ellos nunca recibieron a Jesús como su Salvador y Señor; tienen todavía su vieja naturaleza.

La más importante oración que se debe hacer por cada miembro de la familia es que reciba a Jesús como su Salvador personal y Señor. Sin una experiencia de salvación genuina, sus hijos y otros miembros de su familia están todavía en la condición espiritual de cualquiera antes de nacer de nuevo espiritualmente aceptando a Jesús. Su condición se describe en Efesios 2:1-3:

> *Y El os dio vida a vosotros, cuando estabais muertos en vuestros delitos y pecados, en los cuales anduvisteis en otro tiempo, siguiendo la corriente de este mundo, conforme al príncipe de la potestad del aire, el espíritu que hoy opera en los hijos de desobediencia,*

entre los cuales también todos nosotros vivimos en otro tiempo en los deseos de nuestra carne, haciendo la voluntad de la carne y de los pensamientos, y éramos por naturaleza hijos de ira, lo mismo que los demás.

El doctor Bruce Wilkinson, presidente de los Ministerios Caminata Bíblica, en sus series "Las Siete Leyes del Aprendiz" nos muestra estas sorprendentes estadísticas acerca de los adolescentes de Norteamérica hoy en día:

- 65% de todos los estudiantes cristianos de secundaria tienen vida sexual activa.

- 75% de todos los estudiantes de secundaria hacen trampa regularmente y piensan que está bien hacerlo.

- 30% de todos los estudiantes del instituto han hurtado en tiendas durante los últimos treinta días.

- Entre 40 y 50% de los embarazos de adolescentes terminan en abortos: las jovencitas matan a sus hijos.

- 3.3 millones de adolescentes son alcohólicos (1 en 9)

- 1.000 adolescentes tratan de suicidarse cada día.

- Hasta 10% de los estudiantes de secundaria han tenido experiencias homosexuales o están viviendo como homosexuales.

El doctor Wilkinson continuó relacionando los que, según una revista nacional, eran los siete mayores problemas escolares en 1940 comparados con los de hoy en día. En 1940 el problema en las escuelas era el hablar, el mascar chicle, hacer ruido, correr por los pasillos, salirse de la fila, uso de ropa inapropiada y no echar los papeles desechados en el cesto. Hoy en día, sin embargo, los siete mayores problemas escolares son: la drogadicción, el alcoholismo, el embarazo, el suicidio, la violación, el robo y el asalto.

No es usted el único que tiene uno o más hijos que no están viviendo para Dios. Es obvio que algo falta drásticamente hoy. Aunque es verdad que los cristianos a veces somos culpables de pecados graves, ¿sería posible que la principal razón fuera que incluso aquellos que se proclaman cristianos no sean realmente creyentes? ¿Que no tengan una nueva naturaleza y todavía vivan de acuerdo con su vieja naturaleza pecadora? Efesios 2:4-5 prosigue con la respuesta a este problema:

Pero Dios, que es rico en misericordia, por su gran amor con que nos amó, aun estando nosotros muertos en pecados, nos dio vida juntamente con Cristo (por gracia sois salvos).

Para que un hijo u otro miembro de la familia lleve una vida santa, la oración que debemos hacer primero es para que Jesús viva en él como Salvador y Señor. Por sí mismos, los miembros de la familia nunca serán capaces de vivir vidas santas, ni siquiera desearán hacerlo así. Una verdadera experiencia de salvación nos hace realmente una creación en Jesús. Segunda Corintios 5:17 describe este nuevo ser en que nos convertimos:

De modo que si alguno está en Cristo, nueva criatura es; las cosas viejas pasaron; he aquí, todas son hechas nuevas.

¿ES UNA VERDADERA EXPERIENCIA DE SALVACION?

La iglesia a la cual nuestra familia ha asistido durante las vacaciones por cuarenta años, sufrió una tremenda conmoción hace poco. El hijo de una de sus mejores familias, de chiquillo había parecido recibir a Jesús, había sido bautizado y por años había participado en la vida de la iglesia con su familia. Entonces entró en el servicio militar y empezó a apartarse cada vez más de Dios, hasta llegar a las drogas y problemas con la ley. Entre él y toda su familia se abrió una brecha que se ampliaba según pasaba el tiempo.

Al regresar a casa del servicio, con una esposa y una nueva familia, y ver a su madre que sufría de un grave cáncer, siguió metiéndose en líos hasta dar en la cárcel. Fue entonces cuando se dio cuenta de que su vida estaba vacía y sin esperanza, y que su declaración de que conocía a Jesús no era verdad.

Poco después de eso, de pie ante la congregación de la iglesia de su niñez, reconoció que, aunque había dado todos los pasos indicados, no se había convertido en un verdadero cristiano cuando jovencito. Pero que ahora él sí había recibido realmente a Jesús como su Salvador y Señor de su vida. "Quiero que todos ustedes sepan que yo amo al Señor" testificó, al tiempo que requería ser bautizado de nuevo, esta vez como un verdadero creyente. La atónita congregación lo observó cuando descendió a las aguas bautismales para su primer bautismo como *creyente* junto con su joven esposa, una nueva cristiana. Fue un servicio de bautismo que la congregación recordaría mucho tiempo.

Jesús dijo a Nicodemo: "De cierto, de cierto te digo que el que no naciere de nuevo, no puede ver el reino de Dios ... No te maravilles de que te dije: Os es necesario nacer de nuevo" (Juan 3:3,7). Da miedo aun atreverse a pensar que cualquiera de nuestros propios hijos —u otros miembros de la familia— puedan no estar verdaderamente salvos, nacidos de nuevo.

Un amigo íntimo ha sido pastor de iglesias litúrgicas toda su vida de adulto. Apenas se retiró, me dijo que iba a escribir otro libro, éste acerca de los muchos, muchísimos jóvenes que él ha visto asistir a las clases de confirmación, memorizar todas las Escrituras correspondiente y responder con exactitud a todas las preguntas. "Pero en cuanto terminaba la confirmación", me contó, "la iglesia no volvía a ver a la mayor parte de ellos". Y añadió tristemente: "Creo firmemente que éstos nunca tuvieron una verdadera experiencia de salvación".

Es evidente que mi único hermano, Edward, fue uno de esos, aunque sólo Dios sabe con seguridad si su infantil profesión de fe era genuina o no, o si fue únicamente la presión del grupo, la insistencia de la familia, o la honesta buena intención de un niño... pero nada más. Edward parecía ser un cristianito tan ansioso, distribuyendo traditos y asistiendo tan fielmente a la iglesia. Pero entonces la presión del grupo en la escuela secundaria y las tentaciones del tabaco y el alcohol ganaron. En pocos años empezó a llevar una vida desordenada como contratista de carreteras, se casó tres veces, fue a presidio por matar de un tiro accidental a una novia y al final, nada quedó de Dios.

¿Había recibido verdaderamente a Jesús... o fue nada más que el ambiente de la iglesia en que mamá nos mantuvo? ¿O se limitaba a imitar, como niño, las actividades que todos en su grupo de jóvenes de la iglesia estaba haciendo? Nunca lo sabremos. Pero durante treinta años vivió apartado de Dios por completo, negando incluso Su existencia.

Durante treinta años, nuestra madre sufrió orando diaria y persistentemente —y muchos de nosotros también—. E hizo falta un accidente casi fatal para traerlo de nuevo a Jesús... por sus últimos dos años en la tierra.

No importa cuánto tiempo tome, su salvación personal debe ser la primera prioridad al orar por cada uno de nuestros hijos y miembros de la familia.

ARREPENTIRSE Y CREER

Cuando hablo con muchos padres, me percato de que es muy común que los hijos le vuelvan la espalda a todo lo que se les enseñó. Una misionera en el extranjero, que sufre por la rebelión de su propia hija y sus planes de casarse con un comunista, me dijo que ella creía que muchos jóvenes criados en la iglesia en realidad no habían tenido una experiencia *válida* de nuevo nacimiento. Asistían a las clases convencionales, aprobaban con sus amiguitos, se unían a la iglesia con el grupo. "Pero, ¿hubo en algún momento un verdadero arrepentimiento y aceptación de Jesús, no sólo como Salvador, sino como su Señor?", me preguntó. Y ella misma se contestó: "No lo creo".

¿Por qué sucede así? Se necesita algo más que el conocimiento intelectual de que Jesús es el hijo de Dios. Esto lo saben hasta los demonios, pero no por eso se salvan. De alguna forma hemos reducido el volverse cristiano al hecho de aceptar intelectualmente lo que los demonios creen: que Jesús, el Hijo de Dios, vino a la tierra, murió en la cruz, y resucitó al tercer día. Pero hace falta mucho más. Muchos han olvidado que Jesús inició su prédica con "arrepentíos y creed" (Marcos 1:15) y han perdido de vista el hecho de que la iglesia primitiva se fundó tanto en el arrepentimiento como en la creencia en Jesús (Hechos 2:38). Después que Pedro les explicó a los creyentes de Jerusalén que Dios lo había llamado para predicar el Evangelio también a los gentiles, éstos replicaron: "¡De manera que también a los gentiles ha dado Dios arrepentimiento para vida!" (Hechos 11:18).

Las horas que precedieron a que yo recibiera a Jesús como mi Salvador, me sentía miserable. El evangelista había predicado acerca de que todo el mundo necesitaba que sus pecados fueran perdonados, y yo, una niña de nueve años, lloré toda la tarde por mis pecados. Mi madre y mi recién convertida hermana mayor, Maxine, se afanaban a mi alrededor como parteras... expectantes, esperando el nuevo nacimiento. Durante horas me instruyeron, contestaron mis preguntas y me explicaron por qué sentía aquella terrible carga de culpabilidad. Pero cuando aquel predicador finalmente terminó su sermón vespertino e invitó a acercarse a quienes quisieran recibir a Jesús, yo fui la primera en salir disparada de mi asiento. Cuando me arrodillé llena de arrepentimiento, con nuestro superintendente de escuela dominical a mi lado, la culpa desapareció. Y cuando le pedí a Jesús que viniera a mi corazón, supe que era una nueva cristiana: extasiada, estremecida, nacida de nuevo, ¡perdonada!

> El cual [Dios] nos ha librado de la potestad de las tinieblas, y trasladado al reino de su amado Hijo, en quien tenemos redención por su sangre, el perdón de pecados.
>
> Colosenses 1:13-14

Así, ¿cómo debemos orar por los miembros de nuestra familia que no son salvos? Orad que ellos vean su condición pecadora, se arrepientan y reciban verdaderamente a Jesús como su Salvador.

EL ASUNTO DE LAS CIRCUNSTANCIAS CORRECTAS DE NACER

Hay muchos ritos para entrar a ser miembro de una iglesia y de la cristiandad que pudieran dar como resultado verdaderos cristianos... o no. Una miembro del cuerpo oficial de la iglesia, madre de una niña que se acerca a la adolescencia, me comentó hace poco: "Se supone que el año que viene yo pasara un curso avanzado de teología, pero no creo que vaya. Ese es el año en que mi hija cumplirá 'la edad requerida' para pasar el curso de reglamento para ser miembro regular de la iglesia, y necesito estar en casa para supervisar su entrada en la cristiandad". Sorprendida, me pregunté: "¿Cómo pudo ella pasar por alto, durante su instrucción teológica anterior, que convertirse en un verdadero cristiano es más que llegar 'a la edad requerida' para entrar en la cristiandad mediante un curso de reglamento?"

Por otra parte, hay quienes creen que *el lugar* donde uno nace es determinante para que sea budista, musulmán, cristiano u otra cosa. He hablado con gente que me ha dicho que ellos saben que son cristianos porque nacieron en la América cristiana. Eso tiene tanto de verdad como decir que nacer en un zoológico lo convierte a uno en elefante.

Tampoco tiene relación con las enseñanzas del Nuevo Testamento la idea muy extendida de que por nacer en la "familia correcta" produce cristianos automáticamente. Cuando Jesús le dijo a Nicodemo: "Os es preciso nacer de nuevo", se dirigía a uno que era fariseo y dirigente de los judíos, un seguidor de la misma religión de Jesús. Jesús incluso miró a los líderes religiosos de Su propia iglesia que no creían en El y les dijo: "¿Cómo escaparéis de la condenación del infierno?" (Mateo 23:33).

Un honesto vistazo en las interioridades de familias cristianas revela que muchos miembros no son verdaderos creyentes, nacidos de nuevo y destinados al cielo.

Mi propio padre descansó toda su vida en lo que la iglesia de sus padres había hecho por él cuando era un bebé. Todas nuestras puyas y nuestros veinticinco años de orar e interceder por él para que aceptara a Jesús y cambiara su vida extremadamente mundana no dieron resultados... hasta que sus médicos le dijeron que se estaba muriendo. Después de llamar a su sacerdote (a quien jamás había visto siquiera) para que le aplicara la extremaunción, le dijo a mi madre: "Hay que hacer algo más que esto, ¿no es así?"

"¿Tú crees?", le contestó ella.

"Sí. Llama a tu pastor". Y mi papá recibió a Jesús. Sorprendentemente vivió dos años más inválido, pero a menudo con su Biblia abierta sobre su regazo, comunicándose con su recién encontrado Señor Jesús. Hicieron falta veinticinco años de persistente oración por su salvación... ¡y mucho que nos alegramos de no habernos dado por vencidos!

LA CREENCIA PERSONAL ES REQUISITO ESCRITURAL

En su conversación con Nicodemo, Jesús insistió en que cada individuo debía aceptarlo personalmente a El como Salvador y Señor. El dijo:

Porque de tal manera amó Dios al mundo, que ha dado a su hijo unigénito, para que todo aquel que en él cree, no se pierda, mas tenga vida eterna.

Juan 3:16

Recuerdo cómo afectó a muchos el énfasis que puse en la salvación personal, durante un gran seminario que dirigí hace unos años en Sudáfrica. La mayor parte de los presentes eran miembros de iglesias que daban por sentado que eran cristianos porque habían nacido en la "familia apropiada", afiliada a cierta denominación. Sin embargo, después que yo invité al público a que quienes no estuvieran seguros de que conocían personalmente a Jesús oraran en voz alta en sus grupos, los líderes denominacionales asistentes se sorprendieron cuando cerca de los siete octavos de los presentes oraron para que Jesús fuera su Salvador y Señor personal.

Su creencia se originaba en la enseñanza de la "salvación de su casa"; esto es, que la decisión del cabeza de familia trae la salvación de los miembros del grupo doméstico. Sin embargo, la Palabra de Dios no enseña la "salvación doméstica". Cuando el carcelero filipense gritó: "¿Qué debo hacer para ser salvo?" Pablo y Silas replicaron: *Cree en el Señor Jesucristo, y serás salvo, tú y tu casa* (Hechos 16:30-31). Pero una cuidadosa lectura del pasaje indica que todos los miembros de su casa eran lo suficientemente mayores para creer: *Y se regocijó con toda su casa de haber creído en Dios* (16:34).

La misma explicación se aplica al relato de Cornelio, a quien un ángel le prometió: *serás salvo tú, y toda tu casa* (Hechos 11:14). Sin embargo, antes la Biblia dice que Cornelio era un *hombre piadoso y temeroso de Dios con toda su casa* (Hechos 10:2). Así que *todos* los miembros de su casa eran lo suficientemente mayores para temer (reverenciar) a Dios. Esto no podía incluir bebés ni pequeñines, quienes deben recibir personalmente a Cristo a fin de nacer de nuevo cuando sean lo bastante maduros para creer y temer o reverenciar a Dios. La oración fiel de los miembros creyentes de una casa puede ser un medio de influir en los corazones de los miembros jóvenes de la familia para llamarlos a una salvación personal. (Ver páginas 55 y 56 con respecto a cómo cuida Dios de los niños pequeños antes que lleguen a la edad de dar cuentas).

" ¿COMO PUEDO ESTAR SEGURA, MAMA?"

Era la primogénita de nuestra hija Jan. Me miró inquisitiva y me preguntó: "Mamá, ¿cómo puedo estar absolutamente segura de que Jenna será salva y vendrá al cielo conmigo?"

"No puedes estar absolutamente segura, queridita", le respondí. "Dios le dio a tu preciosa bebé el *libre albedrío* tal como a todos los demás seres de la tierra".

Con los ojos llenos de lágrimas exclamó: "¿Qué puedo hacer entonces? ¿No hay *algo* que pueda hacer?"

"Oh sí, Jan, hay muchas cosas que puedes —y debes— hacer. Primera, tú misma debes vivir tu vida con Jesús delante de ella cada minuto. En todo lo que tú digas y hagas ella debe ver a Jesús viviendo en ti. Debes enseñarle las cosas de Dios y rodearla con música y relatos acerca de Jesús. Debes mantenerla encasillada dentro de una buena familia cristiana".

Esto fue lo que Chris y yo prometimos a Dios en el momento tan importante de dedicar nuestros hijos —en realidad nosotros mismos— a Dios.

"Pero, Jan, por encima de todo esto, lo más importante que puedes hacer por ella es *orar*. Orar constantemente para que ella encuentre a Jesús en cuanto tenga la edad suficiente para comprender. Aunque Dios le dio a Jenna un libre albedrío, El se moverá en su corazón en proporción a lo que tú ores. ¡Ora, ora, ora!

"Nadie puede hacer esa decisión en lugar de tu hijo, ni siquiera tú, su madre. Incluso Jesús no asume esa autoridad sobre nadie. Aunque Jesús lloró por Jerusalén, anhelando reunirlos para sí, ellos no lo hicieron. Aun cuando aquéllos por quienes El lloró habían nacido en familias judías, ellos decidieron no seguir a Jesús. Nada que tú puedas hacer, Jan, garantizará que Jenna irá al cielo. *Esa es una decisión estrictamente personal que cada individuo debe hacer; no importa quiénes sean sus padres o qué ritual o rito de iniciación ellos hayan pasado".*

Y Dios contestó las oraciones por la salvación de Jenna. Todavía no había comenzado en la escuela, mientras su padres estaban orando junto con ella a la hora de dormir, la niña oró muy dulce y sinceramente: "Jesús, perdona mis pecados y ven a mi corazón".

INSTRUYENDO A UN HIJO

En cuanto a *"Instruye al niño en su camino y aun cuando fuere viejo no se apartará de él"* (Proverbios 22:6), muchos padres me han dicho a la defensiva: "Pero yo he *instruido* a mi hijo/a en la forma en que debe comportarse. ¿Por qué entonces no está viviendo una vida cristiana?"

En primer lugar, ese versículo no dice que el hijo *nunca* atravesará por la fase del "hijo pródigo", rebelándose contra Dios y la familia. Lo que dice es "cuando sea *viejo* no se apartará de él". Eso explica "deserciones" temporales.

Por otra parte, me he quedado atónita por la vida que llevan algunos padres que honestamente creen que han criado a sus hijos "como debe ser". Sus dioses han sido el dinero, las carreras, el status social o los placeres en lugar de la vida santa que la Biblia ordena. Ejemplos de egoísmo en el hogar en lugar de la bíblica preocupación por otros, acumulando riquezas en la tierra en vez de en los cielos, priorizando la carne antes que el alma, guiaron a su hijo lejos de Dios en lugar de hacia El.

Pero hay hogares cristianos en donde los hijos son entrenados a andar con Dios, y los hijos se descarrían. No hay condenación aparente para el padre del Nuevo Testamento cuyo hijo se convirtió en el famoso hijo pródigo. Por consiguiente, los padres que fielmente han entrenado a sus hijos en la forma en que deben comportarse no deben sentirse culpables. Una vez yo estaba conversando sobre este tema con nuestra hija Nancy. Ella comentó: "Madre, el peligro de un buen hogar cristiano es que los hijos aprendan a decir todas las cosas correctas y se aprendan todas las Escrituras necesarias, pero no las interioricen jamás. Y nunca alcancen su salvación personal".

Cuando los padres han hecho lo más que podían, pero los hijos le han vuelto la espalda a todo lo que sus padres le dan valor, rebeldes a todo lo que se les enseñó, y escogen amigos que horrorizan a sus padres, es el momento de evaluar de nuevo la verdadera relación de sus hijos con Jesús. Por supuesto que esto puede ser su forma de cortar el cordón umbilical o de probar sus alas para encontrarse a sí mismos. Pero es importante que nos aseguremos de que su hijo verdaderamente tiene la *nueva naturaleza* que promete la Biblia:

Por medio de las cuales nos ha dado preciosas y grandísimas promesas, para que por ellas llegaseis a ser participantes de la naturaleza divina, habiendo huido de la corrupción que hay en el mundo a causa de la concupiscencia.

2 Pedro 1:4

LA ORACION PARA SALVACION

Sí, la oración para salvación es la más importante que yo, como su madre, hice por Jan y su hermana Nancy y su hermano Kurt. Yo persistí, con frecuencia sufriendo horriblemente, hasta que escuché a cada uno de mis hijos invitar a Jesús a que viniera a vivir dentro de ellos. Fue también la más importante oración que mi madre hizo por mí.

Recuerdo las oraciones familiares que me trajeron a Jesús. Nací en una familia que nada sabía de esa relación personal con Jesús. En efecto, mi familia sabía muy poco del mismo Jesús. Pero en el momento en que mi madre confió en Jesús como su Salvador, cuando nosotros sus hijos éramos jóvenes, su primer pensamiento fue por nuestra salvación también.

Nadie enseñó a orar a mi madre. No había entonces seminarios ni manuales para enseñar a orar como ahora. Ella simplemente oyó a los santos mayores en los cultos de oración de los miércoles... y empezó a orar. Y sus primeras oraciones fueron por la salvación de sus hijos y esposo. Como lo mencioné antes, yo tenía sólo nueve años de edad, pero fue el celo y fervor de mi madre por Jesús los que consiguieron resultados ese mismo año.

Nunca pregunte si está bien orar por la salvación de un miembro de la familia. La Biblia dice claramente que: "Dios nuestro Salvador ... quiere que todos los hombres sean salvos y vengan al conocimiento de la verdad" (1 Timoteo 2:3-4). Y lo repite en 2 Pedro 3:9: "El Señor ... es paciente para con nosotros, no queriendo que ninguno perezca, sino que todos procedan al arrepentimiento".

Aunque aparentemente Pablo nunca se casó, fue refiriéndose a toda su familia lejana judía que él dijo: *el anhelo de mi corazón y mi oración a Dios por Israel era para su salvación* (Romanos 10:1). Y yo me he unido a Pablo al convertir a esta oración en la primera y más importante que digo por toda mi familia lejana también.

¿La ha convertido usted en su oración prioritaria por su familia?

¿QUE EDAD DEBE TENER UN NIÑO PARA VENIR A CRISTO?

La edad en que un niño pueda entender que él o ella necesita que Dios perdone sus pecados y sea su Salvador personal varía enormemente en dependencia de su preparación cristiana. Hay pasos previos en el desarrollo del niño, que comienzan comprendiendo que "Jesús me ama" hasta que llega a percatarse de que es un pecador y necesita al Salvador.

Mi hijo afectivo Skip asegura que esa necesidad de un Salvador de sus pecados se desarrolla en diferentes momento en los niños: "Se me llenan los ojos de lágrimas", me dijo, "cuando me acuerdo de nuestra pequeña Crista de sólo veintidós meses, diciendo: 'Yo quero a Quisto'. Y cuando tenía nada más que tres años y medio, después de escuchar una historia bíblica en un programa de radio de James Dobson, dijo esta preciosa oración espontánea: 'Siento mucho, Dios, haber quebrantado tus reglas'". Sólo dos días después, hizo que su papi escribiera una nota para ponerla en la bandeja de ofrendas que decía: "Amo a Jesús... (firmado) Crista". Y después de dormirse esa víspera de Resurrección, abrió los ojos y dijo: "Ha resucitado" y volvió a dormirse. *¡Su Salvador!*

El propio papito de Crista era un niñito cuando recibió a Jesús sentado en las rodillas del evangelista de niños; otro resultado de la oración de los padres que se preocupan por las almas perdidas lo suficiente como para haber iniciado una iglesia en su sala de estar.

El concepto de obrar mal puede desarrollarse en un niño antes de lo que esperamos, y debemos mantenernos alertas para estar seguros de que ayudamos a nuestros hijos a traducir eso en recibir a Jesús cuando llegue el momento.

UN MEDIO EDUCATIVO Y FORMATIVO

También en nuestra primogénita Jan, la madre de Crista, tuvo lugar temprano. Dos meses antes que Jan cumpliera cuatro años la encontramos llorando en su cama vuelta hacia la pared. Acababa de escuchar la prédica de su papi mediante una serie de sermones de Pascua de Resurrección. Cuando le pregunté qué problema tenía, sollozando me contestó que "las horribles cosas malas" que ella había hecho había colgado a Jesús en aquella cruz.

Comprendiendo que con claridad Dios estaba tratando con ella, aunque yo no hubiese soñado que ella había empezado a entender, dirigí dulcemente a Jan para que hiciera la oración pidiéndole a Dios que le perdonara todas aquellas cosas malas que ella había hecho; y después le pidiera a Jesús que viniera a su corazón y que fuera su Salvador. ¡Fue una de las oraciones de salvación más definitivas y emocionantes que he oído jamás... hasta hoy! Dios contestó mis oraciones mucho más rápido de lo que yo había esperado.

Uno de los días más grandes de mi vida como madre fue cuando tuve el increíble gozo de orar con mi hijo menor, Kurt, cuando él le pidió a Jesús que viniera a su corazón a la edad de siete años. *¡Todos mis hijos eran salvos!*

El padre de Kurt (mi esposo Chris) había recibido a Jesús a la misma edad: él y sus padres volvían a casa después que su madre había predicado un sermón evangelístico en una misión. El pequeño Chris le pidió a su papá que detuviera el auto porque él quería pedirle a Jesús que viniera a su vida. Durante años el jovencito había escuchado a su padre orar fervientemente por él y por los perdidos a quienes sus padres estaban tratando de hacer llegar el mensaje de Jesús. Y en repetidas ocasiones el niño había oído a su madre explicar en sus reuniones cómo hacerse cristiano.

En lo que se refiere a la venida a Cristo de Kurt, su papá había predicado el Evangelio en su presencia. Y yo había orado cada día mientras Kurt estaba en mi vientre, y después de nacido lo había mecido para dormirlo en mis brazos cantándole canciones que hablaban de Jesús. Y también con nuestros otros hijos, yo había orado junto a su cuna cada noche hasta que él ya pudo orar *conmigo*. Así que nuestro hijo estaba listo... listo para inclinar su cabeza con sus padres y recibir a Jesús como a su Salvador, al igual que su padre había hecho a la misma edad.

ASEGURANDOSE

Nuestra segunda hija, Nancy, también oró conmigo pidiéndole a Jesús que entrara a su corazón cuando era una preescolar, pero ella recuerda un paso que ella dio después. Ella sentía que era definitivamente cristiana ya, y recuerda con claridad haber hablado con Dios en oración. Tambien, me contó que recuerda haber orado mucho con su abuela Moss, diciendo frecuentemente: "Padre, si hay algo en mi vida que está mal, perdóname". Pero a los ocho años asistió a una reunión evangelística para niños y sintió la necesidad de asegurarse de su salvación. Entonces rededicó su vida a Jesús: "El 're' fue muy importante, madre", me contó. "Yo no puse en duda mi salvación, pero aquel día lo cementé".

A veces este paso es necesario cuando los hijos han hecho muy temprano su primer compromiso con Jesús. Algunos en realidad pueden no haber sido lo suficientemente maduros, y de verdad esta es su aceptación inicial de Jesús. Y aunque fue una sincera primera oración, se necesita con más frecuencia para que un niño comprenda completamente el significado de hacer de Jesús no sólo su Salvador, sino el Señor de su vida.

Por otra parte, hay niños que no alcanzan esa "edad de rendir cuentas" o madurez espiritual hasta más tarde en la escuela primaria o quizás incluso en la secundaria. Pero nunca es demasiado temprano para comenzar a orar porque los hijos encuentren a Jesús como su Salvador. Sí, las oraciones por la salvación de nuestros hijos empezó antes que nacieran... y continuó hasta que Jesús contestó.

ORANDO POR LOS NIETOS

Yo tengo nietos, pero Dios no. El sólo tiene hijos. Nosotros podemos convertirnos únicamente en hijos —hijos e hijas— de Dios, no en Sus nietos.

Mas a todos los que le recibieron [a Jesús], a los que creen en su nombre, les dio potestad de ser hechos hijos de Dios.

Juan 1:12

Mis oraciones por la salvación esencial de mis nietecitos se iniciaron antes que nacieran, y se mezclaron con las oraciones de sus propios padres. Así que las oraciones por esos preciosos pequeñines que Dios confió a las familias de mis hijos, se multiplicaron y multiplicaron hasta que uno por uno fueron recibiendo a Jesús.

Nuestro hijo afectivo Dan me contó que su Cindy (nuestra primera nieta) alcanzó sin dudas la edad de "rendir cuentas" a los cuatro años. Ella tuvo una honda comprensión de que había un Dios que envió a Su Hijo Jesús al mundo para morir por los pecados de ella. Entendió que necesitaba pedir perdón por sus propios pecados, y muy decidida hizo esa oración con su papito.

"Ella era nuestra pensadora, nuestra meditadora", dijo Dan. Ella comprendió quiénes eran el bueno y el malo en el universo, y quiso escoger a Dios. Un día le dijo: "Papito, ahora tengo a Jesús en mi corazón. Ya Satanás no puede hacerme daño".

Cindy y su hermana Kathy tuvieron mucha preparación acerca de Jesús tanto por parte de sus padres como por el preescolar al que asistieron. Desde que pudieron hablar, la escuela les enseñó a las pequeñitas un versículo bíblico muy sencillo para cada letra del alfabeto: la "A es 'Amarás a Dios sobre todas las cosas'", la "B es 'Bienaventurados los de limpio corazón'", la "C es 'Cree en Jesucristo y serás salvo'", la "T es 'Todos pecaron'". Mediante el alfabeto memorizaron los pasos para la salvación, la esencia del cristianismo, y la responsabilidad de un niño. Recuerdo cuánto me sorprendió que Kathy, de tres años, me recitara todos esos versículos más el Salmo 23 y docenas de canciones acerca de Jesús.

También aprendieron en preescolar a orar honestamente a Dios como su amigo. Así que resultó muy natural para Kathy recibir a Jesús como su Salvador, repitiendo su oración un par de veces para asegurarse. Entonces, mientras todavía tenía tres años, se levantó en la escuela dominical y explicó con claridad que Jesús vivía dentro de su corazón: el concepto que mejor parecía tomar forma en su mente infantil.

No importa cuán pequeño o viejo sea su hijo, lo que importa es empezar a orar ahora, y cuando él o ella esté listo, recibirá a Cristo.

¿INCLUSO ANTES QUE PUEDAN ENTENDER?

Una amiga íntima seguía el ataúd que contenía el cadáver de una de sus trillizas. "Ahí está mi bebita; ahí va mi niñita", sollozaba.

"Mamá, ¿vas a hablar con ella?", me pidió Jan. "La gente le está diciendo que su bebita va a ir eternamente al infierno".

Fue un gran privilegio hablar con ella acerca de nuestros propios cuatro bebés que yo estoy segura encontraré esperándome en el cielo. Explicarle que yo estoy segura de que mis dos bebés perdidos en abortos, mi bebé nacido muerto y mi Judy de siete meses (demasiado pequeña para comprender cuando murió) ¡están en el cielo con Jesús! ¿Por qué estoy segura? Porque David lo dijo muy claramente acerca de su hijo muerto, el hijo nacido de Betsabé: *Yo voy a él, pero él no volverá a mí* (2 Samuel 12:23). Y:

> *Traían a él los niños para que los tocase; lo cual viendo los discípulos, les reprendieron. Mas Jesús, llamándolos, dijo: Dejad a los niños venir a mí, y no se lo impidáis; porque de los tales es el reino de Dios*
>
> Lucas 18:15-16

Estas Escrituras me hacen saber que yo, como David, iré a mis infantes. Y si las vidas de mis dos nietecitos terminase aquí en la tierra antes que ellos pudieran comprender que deben aceptar a Jesús, sé que nuestros James y Brett estarán con nosotros en el cielo también.

LAS CARTAS DE UNA MADRE MORIBUNDA

Nosotros oramos porque los miembros de nuestra familia reciban a Jesús, no sólo para que tengan una mejor vida aquí en la tierra. Su salvación también determina su destino eterno... o en el cielo o en el infierno.

Mi madre tuvo una clara visión bíblica de cada uno de los miembros de su familia sin Jesús yendo al infierno para siempre (Apocalipsis 20:15). La pasión que la consumía era su salvación. Lloré mientras leía dos cartas que mi madre escribió cuando yo era una estudiante de bachillerato. Una era para mi padre y una para cada uno de nosotros sus tres hijos, escritas en la víspera de una operación quirúrgica muy grave a que se sometió. Era la misma operación durante la cual su madre había muerto, y ella tenía la idea de que igual sucedería con ella. Aquí están las que ella creyó serían sus últimas palabras, escritas en el hospital, para mi padre impío:

Queridísimo papito:

Puesto que pronto me someteré a una operación en la cual Dios pudiera decidir llevarme con El, quiero decirte que estoy muy feliz en el Señor y descansando en sus preciosas promesas.

He orado mucho por ti, papito, para que fueras salvo. Te amo mucho. Sé que Dios te ha hablado muchas veces mediante la enfermedad en nuestra familia, y ahora te habla otra vez. Puede que necesites perder a alguien querido para ti antes que tus ojos terminen de abrirse; pero, querido, yo doy gustosa mi vida si ese fuera el medio de tu salvación. No tienes más que hablarle al pastor Larson o a cualquier buen cristiano para que te enseñe cómo hacer, y yo estaré esperándote en el otro lado.

Conocerlo a El es alcanzar vida eterna. Encontrarás muchos textos sobre la salvación en la primera página de mi Biblia. Léelos y créelos.

Si debo dejarle, papito, espero que encuentres una buena cristiana que venga y cuide de la casa. Los niños necesitarán alguien que les sirva de madre y les recuerde constantemente que sigan mirando hacia arriba, que sigan orando, y que no importa lo que suceda, pongan toda su confianza en El, que murió por ellos.

No permitas que mi partida te haga sufrir hasta darte por vencido, querido, sino más bien da gracias a Dios de que has encontrado a tu Señor y porque tú sabes que nos encontraremos otra vez para reunirnos por toda la eternidad.

Mamá

Sí, la oración más importante que se puede hacer por los miembros de nuestras familia ¡es para su salvación eterna!

Cómo orar cuando nuestros seres queridos sufren

4

LA MAYORIA DE LAS ORACIONES POR LA FAMILIA se pronuncian porque alguien en la familia está sufriendo. El ver el sufrimiento de nuestros seres queridos nos impulsa a arrodillarnos, rogándole a Dios que intervenga. Algunas veces la respuesta de Dios viene enseguida, el tormento termina, y todo acaba con un rápido "Gracias". Pero hay otras ocasiones en que el problema que hace sufrir persiste... horas, días, incluso años. ¿Cómo oramos entonces?

En la Biblia que me regaló el que entonces era mi novio, Chris, cuando cumplí dieciocho años, subrayé en rojo la respuesta de Dios a esa pregunta en Hebreos 11:6... ¡fe!

> *Pero sin fe es imposible agradar a Dios; porque es necesario que el que se acerca a Dios crea que le hay, y que es galardonador de los que le buscan.*

Y a través de todos estos años ésa ha sido la regla de Dios para mis oraciones... *en fe.*

LA FE PUESTA A PRUEBA

Pero a veces la intensidad del sufrimiento o la duración de la necesidad pone a prueba nuestra fe. Nunca olvidaré cómo mis oraciones diarias se intensificaban cada vez más profundamente, mes tras mes, mientras toda nuestra familia oraba por nuestro yerno Dan Thompson, cuando lo despidieron de su empleo por negarse a mentir al Congreso, en relación con las irregularidades que él había descubierto en los libros de la Administración de Créditos Agrícolas, para la cual trabajaba como analista económico. Como mencioné anteriormente, él no podía encontrar otro empleo económico a pesar de que el Consejo Nacional de Protección del Sistema de Méritos había dictaminado en su favor seis meses después... por causa de que su empleador anterior había apelado el caso. Dan y Nancy estaban en medio de un torbellino de pesadilla.

Mientras oraba durante las primeras semanas de aquella ordalía, empecé a sentir que se me formaba un nudo en la boca del estómago a causa del miedo que me carcomía, pensando en la reputación y el futuro de Dan. Una noche estaba despierta orando, rogándole a Dios durante horas. A la mañana siguiente, me arrodillé en mi escabel de oración, implorándole a Dios que trajera la verdad y la justicia a aquella situación. Temprano a la mañana siguiente ya estaba desesperada. Cuando tomé en mis manos la Biblia, oré: "Padre, *necesito* tener una respuesta. Por favor... ¡hoy!" Con lágrimas en los ojos, empecé a leer devotamente en Lucas 8 el relato de Jairo.

Jairo, un principal de la sinagoga, le rogaba a Jesús que entrara en su casa porque su única hija de doce años se estaba muriendo. Pero cuando un mensajero vino con la noticia de que su hija ya había muerto, lo que Jesús le dijo a Jairo casi saltó de la página hacia mí:

No temas; cree solamente, y será salva.

Lucas 8:50

Grité: "Oh Dios, yo creo que Dan será salvo. Aumenta mi fe".

De repente el miedo se evaporó, desapareció, quitado de encima de mí como una pesada nube. Sí, el problema estaba todavía allí, pero mi corazón se remontaba mientras yo escribía al margen de mi Biblia: *"¡promesa!"*

Apenas podía esperar para telefonearle a Dan y contarle lo que Dios me había prometido, por lo que me sentí frustrada cuando no encontré a Dan en su casa. Pero Dios no quería que yo se lo contara... ¡quería decírselo El mismo! Ese mismo día, Dios le dio a Dan ese mismo versículo, y estupefactos comparamos notas esa noche. El mensaje —que nos sostendría durante tres años y medio— nos llegó de Dios casi simultáneamente a los dos, que estábamos separados por 1600 kilómetros: "¡Cree solamente!" *¡Ten fe!*

LA FE QUITA EL MIEDO

Yo estaba leyendo la *Nueva Biblia Standard Americana* y se le han agregado dos palabras aclaratorias después que Jesús dijo "No temas". Estas palabras son "ya más".

A Jesús no le sorprende el temor humano cuando afrontamos lo desconocido, enfrentando la desgracia, anticipando un dolor irresistible o soportando un desastre espantoso. Jesús comprendió el miedo en el corazón de aquel padre... y en el mío. Yo permanecí de rodillas en silencio varios minutos, disfrutando de la maravilla de mi Señor, abrumada por la idea de cómo El comprendió mi fragilidad humana. Las lágrimas se volvieron alabanza y gratitud; y adoración de mi maravilloso Señor.

Allí terminó mi temor. Aunque el problema siguió sin solución durante tres años y medio, el miedo no volvió a asomar su fea cabeza otra vez. Jesús dijo: "No temas ya más! Yo estoy aquí!"

Todo un año después, todavía en medio del problema devastador, Jesús me lo resumió cuando me dio Juan 16:33 para Dan y Nancy:

Estas cosas os he hablado para que en mí tengáis paz. En el mundo tendréis aflicción; pero confiad, yo he vencido al mundo.

BASAR LA FE EN LA ESCRITURA

Es importante fundamentar nuestra fe, no en nuestros propios caprichos o deseos, sino en lo que Dios dice en la Biblia. La fe no es una confianza ciega en lo que nosotros mismos decidimos que queremos. Es creer en lo que Dios nos dice en su Palabra, la Biblia. Lo que forma la base de lo que pedimos en fe, es la doctrina, reprensión, corrección e instrucción en justicia (2 Timoteo 3:16) que Dios nos da en la Biblia.

La promesa a Jairo era sólo una Escritura, aunque una muy importante, que Dios nos dio para Dan y Nancy. Hubo durante tres años y medio una continua serie de promesas, advertencias e instrucciones. Aquí van un par de ejemplos de una Escritura específica, para una necesidad particular en un momento determinado:

En Mayo de 1988, mientras Dan estaba luchando en oración y tratando de justificar si debía o no descubrir las discrepancias financieras, Dios me dio Efesios 5:11 para él:

> *Y no participéis en las obras infructuosas de las tinieblas, sino más bien reprendedlas [descubridlas].*

Y justo antes de esa, Dios había destacado la posición de Jesús con respecto a la verdad en Juan 3:20-21:

> *Porque todo aquel que hace lo malo, aborrece la luz y no viene a la luz, para que sus obras no sean reprendidas. Mas el que practica la verdad viene a la luz, para que sea manifiesto que sus obras son hechas en Dios.*

Es humano orar para que las cosas nos salgan bien —lo merezcamos o no—. Pero la oración no permite eso, porque es una petición a Dios. Y su trato a sus criaturas está de acuerdo con la pureza de su naturaleza interna. La justicia es una cualidad fundamental de Dios: la revelación de su santidad.

A lo largo de aquellos años nunca tuve la libertad de orar por algo que no fuera justicia en el resultado del problema de Dan... Dios no me hubiera permitido orar: "Restáurale todo a Dan: su ingreso, su reputación, su empleo". Más bien el Espíritu Santo me dirigía a orar: "Padre, tú solo conoces todos los hechos. Sabes cuáles cosas merece Dan que se le restauren; y si hay alguna que él no merezca. Señor, queremos sólo tu justicia omnisciente".

> *¿Acaso torcerá Dios el derecho, o pervertirá el Todopoderoso la justicia?*
>
> Job 8:3

Jesús declaró diáfanamente la respuesta en Juan 5:30:

No puedo yo hacer nada por mí mismo; según oigo, así juzgo; y mi juicio es justo, porque no busco mi voluntad, sino la voluntad del que me envió, la del Padre.

Dios utilizó innumerables Escrituras acerca de su justicia para instruirnos y alentarnos, incluidos pasajes que declaran que aquéllos que hacen el mal recibirán las consecuencias sin parcialidad (Colosenses 3:25), y Dios dará alivio al afligido cuando Jesús vuelva (2 Tesalonicenses 1:7). *¿Quién acusará a los escogidos de Dios? Dios es el que justifica* (Romanos. 8:33) *¡La justicia de Dios!*

Tengo todas las Biblias que he usado devocionalmente desde que tenía dieciocho años, con fechas y notas de lo que Dios me había dado para orar entonces. Durante mis cincuenta años de matrimonio, Dios me ha indicado siempre exactamente qué y cómo El quería que yo orara, por mí misma y los miembros de mi familia. Y cuando El lo decía, yo salía, confiada o temblorosamente, orando en fe.

ALIENTO DE OTROS TAMBIEN

Durante todos aquellos años, las miembros del cuerpo oficial de nuestro Ministerio de Oración Unida también oraron por Dan, y Dios también les dio versículos de la Escritura para él. Asombrosamente, aquellas que estaban atravesando las más duras pruebas con sus propias familias, a menudo fueron a quienes Dios les dio las Escrituras más profundamente perspicaces para Dan y Nancy. Una miembro —cuyo corazón estaba todavía desgarrándose por su propia hija, quien había desaparecido poco antes de graduarse de medicina, llevándose a sus dos hijitas con ella— le envió esta increíble promesa a Dan:

He aquí, Dios no aborrece al perfecto, ni apoya la mano de los malignos. Aún llenará tu boca de risa, y tus labios de júbilo.

Job 8:20-21

La hija de otra miembro del cuerpo oficial tuvo un bebé ilegítimo, durante años se mantuvo huyendo, tratando con drogas y desapareciendo durante semanas con el bebé, o dejándoselo a su padre alcohólico, el cual lo torturaba quemándolo con cigarrillos. Los versículos de Dios que esa miembro del ministerio le envió a Dan fueron:

Y pelearán contra ti, pero no te vencerán; porque yo estoy contigo, dice Jehová, para librarte.

Jeremías 1:19

Porque yo sé los pensamientos que tengo acerca de vosotros, dice Jehová, pensamientos de paz, y no de mal, para daros el fin que esperáis.

Jeremías 29:11

"Pero todos aquellos problemas aumentaron nuestra fe", dijo la miembro del cuerpo oficial. "Y en realidad aprendimos a aferrarnos de Dios en fe y orar sin cesar". Y entonces sonriendo dijo: "Pero Dios ha contestado todas aquellas oraciones en fe. Nuestra hija ahora es una estudiante eminente en su tercer año de carrera".

La mayoría de los miembros de mi cuerpo oficial han experimentado hondos sufrimientos por los miembros de su familia. Así que fue por experiencia propia que el 7 de noviembre de 1988 decidieron, antes que Dan hubiera obtenido ningún fallo del Consejo de Méritos, que ésta era la Escritura de Dios para él:

Y también todos los que quieren vivir piadosamente en Cristo Jesús padecerán persecución; mas los malos hombres y los engañadores irán de mal en peor, engañando y siendo engañados. Pero persiste tú en lo que has aprendido y te persuadiste, sabiendo de quién has aprendido; y que desde la niñez has sabido las Sagradas Escrituras, las cuales te pueden hacer sabio para salvación por la fe que es en Cristo Jesús.

2 Timoteo 3:12-15

Pero no se limitaron a sacar un versículo de la Escritura que pensaron que venía bien. Oh, no. Ellas habían aprendido durante sus propias pruebas a esperar que Dios les diera sus palabras, así que esperaron en Dios por las de Dan también. Y mes tras mes, en las reuniones de la directiva, y a diario cuando yo pedía para necesidades específicas en nuestra cadena de oración por teléfono, sus Escrituras formaron la base de sus oraciones.

También de todos los Estados Unidos telefoneaba o escribía gente para asegurarnos que estaban orando. Una presidenta de un seminario no solamente oró durante meses, sino que se dirigió a su senador federal planteándole la injusticia.

Unos queridos amigos, cuyo propio yerno presidente de un banco estaba en prisión por un fallo muy cuestionable de un juez, nos llamaron para decirnos que estaban reclamando el Salmo 25:1-3 para Dan:

> *A ti, oh Jehová, levantaré mi alma. Dios mío, en ti confío; no sea yo avergonzado, no se alegren de mí mis enemigos. Ciertamente ninguno de cuantos esperan en ti será confundido; serán avergonzados los que se rebelan sin causa.*

ORANDO EN FE POR OTROS MIEMBROS DE LA FAMILIA

Mientras estaba orando y Dios me dio la promesa de Jairo para Dan, yo también oraba intensamente por nuestro hijo Kurt y su esposa Margie, quienes estaban en el proceso de tomar una decisión que afectaría toda su carrera. Terminando su doctorado en Física, Kurt estaba luchando por decidir su próximo paso. Kurt, Margie y yo nos habíamos arrodillado muchas veces juntos en el escabel de orar del salón, pidiéndole a Dios que los dirigiera con claridad, y ése había sido un tema de profunda oración para ellos y todos nosotros durante largo tiempo. Esa mañana mis oraciones por Dan y Kurt estaban mezcladas, y Dios supo que yo necesitaba la promesa de "fe" para ambos. Después de orar: "Oh Dios, yo creo que Dan será salvo. Aumenta mi fe", inmediatamente añadí: "Yo *creo* que enviarás a Kurt y a Margie adonde tú los quieres". *¡Fe!*

Los miembros de mi familia han sufrido en muchas formas. Dios nos dio la palabra *fe* cuando nuestra Jan y Skip habían estado casados diez años sin lograr el primer bebé que deseaban desesperadamente. Después de orar durante años (ellos y yo) para que nuestra hija fuera capaz de concebir, yo estaba leyendo Hebreos 11, el gran capítulo de fe de la Biblia. Me sorprendió que después que el pasaje enfatizó la fe del esposo de Sara, Abraham, la lista de hombres de fe cambió abruptamente a la fe de una mujer: Sara. Y, mientras aquel versículo apresuraba los latidos de mi corazón, mi propia fe exultaba.

> *Por la fe también la misma Sara, siendo estéril, recibió fuerza para concebir; y dio a luz aun fuera del tiempo de la edad, porque [ella] creyó que era fiel quien lo había prometido [Dios]. (v. 11)*

Esto se añadió a la maravillosa promesa que Dios le había dado al esposo de Jan, Skip, tal como se la había dado a Abraham, el esposo de Sara. Y nuestro Skip también se había aferrado a la promesa de Dios con fe inquebrantable.

CUANDO PARECE QUE LA FE NO OBTIENE RECOMPENSA

Es importante leer todo ese capítulo de fe de Hebreos en la Biblia, porque hay muchos otros héroes de la fe del Antiguo Testamento quienes, aunque ganaron la aprobación por la fe, no recibieron lo que se les había prometido. Algunos fueron torturados, apedreados, burlados, azotados, encadenados y encarcelados, ejecutados, afligidos, maltratados e incluso aserrados en dos (vv. 35-39). Ellos no vieron la promesa.

Tampoco todas nuestras oraciones de fe han sido contestadas en la forma en que las deseábamos aquí en la tierra. Las razones bíblicas son muchas. Dan había sentido muy hondo que Dios, en su deseo de dar respuestas a nuestras oraciones, nos estaba enseñando. Hemos descubierto que eso es verdad en las pruebas de nuestra familia a través de los años. En el Capítulo 6 de este libro ofreceré las cosas que Dios estaba enseñando a nuestra familia mientras se mantenía silencioso en tiempos de pruebas.

Lo más importante, se acerca el momento en que sea puesta a prueba nuestra fe.

> *En lo cual vosotros os alegráis, aunque ahora por un poco de tiempo, si es necesario, tengáis que ser afligidos en diversas pruebas, para que sometida a prueba vuestra fe, mucho más preciosa que el oro, el cual aunque perecedero se prueba con fuego, sea hallada en alabanza, gloria y honra cuando sea manifestado Jesucristo.*

1 Pedro 1:6-7

¿FE EN QUE... O EN QUIEN?

¿En qué —o en quién— ponemos nuestra fe cuando oramos? ¿Fe en nuestra habilidad para tener fe? ¿Fe en las palabras impresas en una página de la Biblia? No. La fe tiene que estar en el Dios que nos dio las promesas de la Biblia.

Jesús interrumpió su relación con Jairo para dar una tremenda lección objetiva acerca del objeto de nuestra fe: El mismo. Una mujer que había padecido un flujo de sangre durante doce años se acercó a El por detrás y tocó su manto. Y el flujo se detuvo inmediatamente. Aunque la multitud lo apretaba, Jesús preguntó quién lo había tocado de una manera especial, que El había sentido como salía poder de El. Cuando la mujer cayó temblando a sus pies confesando por qué lo había tocado, Jesús explicó qué la había sanado: su fe en El... aun simplemente tocando el borde de su vestido.

Hija, tu fe te ha salvado; ve en paz.

Lucas 8:48

Esto preparó a Jairo para aceptar su simple "cree solamente" de Jesús. El Señor había acabado de probar ante los ojos de los dolientes que El tenía poderes sobre los problemas físicos. Y, aunque los dolientes se burlaron sin fe, Jairo y su esposa sintieron la emoción de ver a Jesús tomar la mano de su hija muerta, diciéndole que se levantara. Y de que su espíritu regresara a ella, resucitándola. ¡El resultado de la fe!

El haber visto a través de los años cómo Dios contesta las oraciones familiares en nuestras penas, nos hace más fácil tener fe en Dios también. Hace cuatro años, como mencioné antes, un doctor le encontró una excrecencia a mi esposo, Chris. Pero incluso antes que recibiéramos los resultados de la biopsia informándonos que era cancerosa, Chris y yo oramos juntos esa noche: "Gracias, Dios mío, porque nunca nos has abandonado en todas nuestras cosas importantes. Esta puede ser una de las peores que tengamos que enfrentar, pero es tan bueno poder confiar por entero nuestro futuro a ti. Gracias, Señor, por esta seguridad que ambos tenemos esta noche".

El saber quién es Dios, es una parte importante de nuestra oración de fe. Después que recibimos el resultados de "cáncer" de la biopsia, nuestra nuera Margie nos envió la siguiente Escritura, pronunciada por Jeremías cuando clamaba al Señor desde las profundidades de la cisterna. Ella nos recordó que esta esperanza puede sacarnos de cada prueba si somos capaces de traerla a nuestra mente:

Esto recapacitaré en mi corazón, por lo tanto esperaré. Por la misericordia de Jehová no hemos sido consumidos, porque nunca decayeron sus misericordias. Nuevas son cada mañana: grande es tu fidelidad. Mi porción es Jehová, dijo mi alma; por tanto, en él esperaré. Bueno es Jehová a los que en él esperan, al alma que le busca.

Lamentaciones 3:21-25

Y también fue Margie quien dio esos mismos versículos a nuestra Nancy cuando se atrasó en sus estudio para alcanzar su R.N. porque su pequeñita Kathy se había partido una pierna; y la propia Nancy había tenido un accidente de automóvil el día anterior, que le provocó dolor en la espalda y el cuello, además de una fuerte náusea esa mañana. *La fe en Dios... produce esperanza.*

Sí, nuestra fe comienza y se desarrolla en nuestro Señor, no en nosotros mismos.

Puestos los ojos en Jesús, el autor y consumador de nuestra fe.... Considerar a aquel ... para que vuestro ánimo no se canse hasta desmayar.

Hebreos 12:2-3

PERSEVERAR EN LA ORACION

No, el orar en la fe no nos trae necesariamente resultados instantáneos. Muchos de los problemas de nuestra familia han persistido por largos períodos de tiempo... durante los cuales hemos perseverado en la oración. A veces es horas, como las tres horas consecutivas de cada una de las dos noches seguidas en que oré mientras nuestro Kurt se sometía a los exámenes de ingreso para su programa de doctor en Física. Y cuando me entró sueño después de la primera hora de orar, Dios me sacudió con las palabras de Jesús en el Huerto de Getsemaní: *¿Duermes? ¿No has podido velar [conmigo] una hora?*

Algunas veces se trata de perseverar durante días seguidos, como cuando nuestra Jan, pasada diez días de la fecha en que debía dar a luz su primer hijo, se sometió a sus exámenes de medicina durante ocho horas consecutivas dos días seguidos. Antes de empezar me preguntaba cómo yo sería capaz de permanecer orando tanto tiempo, pero el Señor se mantuvo recordándome: "Pide ahora por sus adoloridos hombros mientras ella se inclina sobre esos papeles por tanto tiempo". O "Tiene frío. Ora para que se aclare su mente". "El día se está haciendo muy largo". Y "Pide que yo [Dios] tome mis manos y levante la pesada carga que oprime su matriz". Al día siguiente Jan y yo comparamos notas para ver en qué momento ella necesitó esas cosas específicas. Y, para nuestro asombro, ¡cada una fue exactamente cuando Dios me había dicho que orara!

Pero la mayor parte del tiempo nuestra oración persistente es por esos problemas vigentes, que atormentan a la familia todos los días. Jesús nos enseñó una lección valiosa sobre el persistir en la oración, en su parábola de la situación de una familia en la cual el juez injusto le concedió su petición a una viuda porque ella lo importunó sin cesar.

También les refirió Jesús una parábola sobre la necesidad de orar siempre y no desmayar.

Lucas 18:1

A todos los miembros de la familia no se les dedica el mismo tiempo de oración cada día —recitando por orden cada nombre durante un rato de oración formal—. Nuestra oración por cada uno es proporcionada a la necesidad de cada cual. Hay veces en que un miembro de la familia requiere oración concentrada de nuestra parte en un momento: enfermedad, cirugía, alumbramiento, peligro, maltrato, necesidades emocionales o espirituales.

Muchas de las veces son esas situaciones inmediatas, imperativas, las que demandan nuestra oración en ese momento. El primer día en que tuvo lugar la vista del Consejo de Protección del Sistema de Méritos en agosto de 1988, la mayor parte de nuestra familia estaba de vacaciones en las costas del Lago Michigan. Le prometimos a Dan que ése sería nuestro día de oración, y oramos mucho cada uno por su parte y en las comidas. Pero por la tarde nos reunimos en el agua poco profunda para orar. Jan estaba sobre la gran cámara de aire amarilla mientras Skip se arrodillaba en un lado y yo en el otro con las olas lamiéndonos los pies. Chris vino y se paró en el agua mientras todos orábamos por Dan.

Esa mañana Skip había estado un tiempo estudiando la verdad y la justicia bíblicas en sus devocionales matinales, y fue el primero en orar: "Estoy pidiendo verdad y justicia, Señor". Esas mismas fueron mis palabras: "Jesús, dale al juez ojos para ver la verdad.

Que prevalezca la justicia, únicamente la justicia. Nada de arreglos injustos. Sólo justicia". Uno tras otro pedimos y oramos. Entonces oramos por la claridad en la mente de Dan cuando testificara. Por paz. Porque los brazos de Dios rodearan a Dan.

Al mes siguiente, cuando la cadena nacional de televisión ABC entrevistó a Dan en la oficina del senador de Estados Unidos Grassley, presidente del Comité Investigador del Senado, mi nieta Kirsten y yo nos arrodillamos en el escabel de orar del salón y derramamos nuestros corazones ante Dios. Le pedimos que hiciera a Dan parecido a Cristo, que la gente pudiera ver solamente a Jesús en él. Pedimos gran sabiduría de Dios. "Quita todos los pensamientos que *él* piense que debe decir. Pon en su mente, Espíritu Santo, exactamente las palabras que *tú* quieres que él diga. Protege su mente. Manténla clara, aguda. Mantén su actitud similar a la de Cristo en todo momento. ¡Por favor!"

Entonces Kirsten pidió por Nancy: por su paz, su necesidades físicas, su nerviosismo, su tensión. Y yo oré porque Dios la llenara e inundara de El todo su ser.

Después la oración fue para que Dios protegiera cada palabra que Dan hubiera dicho. Para que mantuviera *la verdad* allí, no en la forma en que los medios de comunicación masiva a veces tuercen las cosas.

CUANDO NO DESEAMOS ORAR

Cuando la desgracia de una familia se arrastra durante semanas, meses, e incluso años, es muy duro mantenerse orando como nos manda Efesios 6:18:

Orando en todo tiempo con toda oración y súplica en el Espíritu, y velando en ello con toda perseverancia y súplica por todos los santos.

La esposa de Dan, nuestra Nancy, perdió la paciencia muchas veces: "Mamá, he orado simplemente: 'Dios, ¡haz algo!'"

Cuando la presión se vuelve demasiado grande, Dan incluso admitió haberse enojado con Dios un par de veces, orando de forma muy parecida a como el salmista lo hizo a menudo: "Dios, tú *puedes* hacer algo. ¿Por qué no lo haces? ¿Por qué te quedas callado... tanto tiempo?"

Recuerdo un día en que vacilaba bajo la carga efectiva de tanta oración y me quejaba: "Señor, ¡estoy hastiada y exhausta de orar por las mismas peticiones!" Y lo estaba. Esa clase de oraciones constituye un trabajo duro. Y yo estaba cansada.

Pero esas actitudes eran pecado... y nosotros lo sabíamos. Por ser capaces de confesarlos, se derretían aquellos fugaces sentimientos negativos, y otra vez nos establecíamos en nuestra rutina de oración.

NO SABEMOS QUE PEDIR

Al día siguiente de nuestra profunda oración por Dan en la playa, tuve una sorpresa. A las 5:45 a.m. traté de orar por él, pero lo que proferían mis labios eran meras palabras formales. Oré entonces por otros miembros de la familia para volver a Dan otra vez. ¡Pero nada! A las 8 en punto finalmente dije: "Señor, no sé cómo orar por Dan hoy. Nada tiene sentido. Después de horas de luchar en oración por él ayer, simplemente no entiendo esto".

Finalmente, después de pedir por mi propia purificación y cualquier otro obstáculo que se me ocurrió, barboteé: "Padre, no sé cómo orar por Dan hoy. Espíritu Santo, por favor ora *por* mí. Hoy estoy en Romanos 8:26-27". Y a continuación recité el pasaje:

> *Y de igual manera el Espíritu nos ayuda en nuestra debilidad; pues qué hemos de pedir como conviene, no lo sabemos, pero el Espíritu mismo intercede por nosotros con gemidos indecibles. Mas el que escudriña los corazones sabe cuál es la intención del Espíritu, porque conforme a la voluntad de Dios intercede por los santos.*

Entonces el Espíritu Santo se hizo cargo, y durante quince minutos *El* oró. Yo no pronuncié otras palabras que "Dan" y "Espíritu Santo" durante todo el tiempo. ¡Qué precioso alivio!

RESPUESTAS EN LA ONCENA HORA

Algún tiempo después Dan estaba en nuestra cabaña de verano. Levantando la vista del plato de su cena, Dan preguntó: "¿Por qué Dios espera tan a menudo hasta la oncena hora para contestar nuestra oración cuando le pedimos por un problema?" Sacudió la cabeza y se preguntó en voz alta: "¿Por qué sigo pagando las hipotecas de dos casas sin ninguna entrada?"

"Yo he luchado mucho con eso, Dan", le repliqué. "En efecto, me estoy cuestionando el derecho a escribir un libro acerca de la oración familiar con semejante interrogante todavía sin respuesta en nuestra propia familia".

¿Por qué Dios esperó hasta el último minuto para rescatar a Pedro cuando Herodes estaba a punto de matarlo tal como había matado al apóstol Jacobo ... a pesar de las muchas peticiones hechas por Pedro?

> *Y cuando Herodes le iba a sacar, aquella misma noche estaba Pedro durmiendo entre dos soldados, sujeto con dos cadenas, y los guardas delante de la puerta custodiaban la cárcel. Y he aquí que se presentó un ángel del Señor, y una luz resplandeció en la cárcel; y tocando a Pedro en el costado, le despertó, diciendo: Levántate pronto. Y las cadenas se le cayeron de las manos.*

Hechos 12:6-7

Hemos conseguido demasiadas respuestas en la oncena hora a nuestras intercesiones para mencionarlas, pero la mayor nos llegó la noche antes de mi planeado inicio de este capítulo. Ya me había resignado a tener que informar que todavía estábamos en la etapa de esperar ... *en fe.* Pensé: "Quizás sea la voluntad de Dios que sigamos esperando debido a que muchos cristianos que lean este libro estarán en la misma situación en su vida de oración familiar. Pero Dios quería que la victoria se escribiera en este capítulo: ¡nuestra oración en fe retribuida!

Cuando iba a empezar a escribir este capítulo, al día siguiente de orar en fe por los seres queridos que sufren, estaba todavía en Carolina del Norte, tras cumplir un compromiso de una conferencia. Cuando llamé a casa esa noche, Chris me espetó por teléfono las buenas noticias: "¡Dan ganó su caso! El Consejo de Méritos no sólo ha ratificado su primer fallo, sino que ha esclarecido por completo el nombre de Dan... y de hecho lo ha alabado por su posición e integridad".

La Prensa Asociada lo reportó sucintamente en un comunicado de prensa:

> Un empleado de la Administración de Crédito Agrícola, quien había rehusado mentir al Congreso estaba de regreso en su empleo el lunes, tres años después que un juez falló que había sido cesanteado ilegalmente.

Daniel J. Thompson fue despedido en mayo de 1988, después de acusar a la Agencia de destruir los estudios internos (hechos por él) que demostraban que el Sistema de Crédito Agrícola estaba en mayores aprietos financieros de los que su entonces presidente ...quería revelar al Congreso.

Entonces la AP (Prensa Asociada) citó al senador Grassley, quien encabezaba la investigación gubernamental:

Es obvio que Thompson fue despedido injustamente, y también está claro que el Congreso consiguió información incompleta hace cuatro años [cuando el Congreso aprobó una ayuda financiera de $4 mil millones para el Sistema]. Tal como lo declaró el tribunal estatal, él fue despedido en venganza porque la información hubiera sido embarazosa para el presidente de la ACA.

El comunicado de prensa concluía con:

Grassley dijo que a Thompson se le han concedido sus salarios atrasados, pero "esto solo no puede compensar todo lo que él ha perdido por haber decidido ser recto y honesto".

Cuando los miembros de tu familia sufren... *orar en fe. ¡Da resultado!*

Cómo orar cuando los seres queridos nos hieren

5

UNA JOVEN MUJER me buscó en una convención para decirme: "Soy una enfermera psiquiátrica con un postgrado, y me acaban de ofrecer una beca para un doctorado en una magnífica universidad. Dios me ha dicho que le pida a usted que ore por mí para saber si debo aceptarlo o no". Mientras me contaba de sus éxitos con algunos de los pacientes más difíciles, comprendí que conocía la dimensión que con frecuencia falta en ese campo: *Dios*. Ella añade la oración, por lo que es muy buscada y sumamente calificada para ayudar a las víctimas.

Esta es una de sus experiencias que me convencieron: "Me asignaron un paciente psiquiátrico violento que no se había afeitado en catorce años, con una barba enmarañada que le llegaba a la cintura. Había lastimado físicamente a tantos auxiliares, que nadie quería entrar en su habitación del hospital, y él no había dejado que nadie lo tocara en todo ese tiempo. Catorce años atrás su familia, al no lograr que él cambiara algo que estaba mal en su vida, se pusieron de acuerdo con un consejero en que lo que él necesitaba era un 'procedimiento de intervención'. Así que su familia se reunió y se lanzó sobre él, acusándolo brutalmente y censurando sus delitos. Aquello le provocó un *shock* tan atroz que perdió la razón... y ha estado en ese hospital psiquiátrico desde entonces.

"Pero", continuó, *"yo soy cristiana. Y pedí y oré por ese hombre.* Finalmente, ignorando sus feroces amenazas de: 'Sabes que puedo herirte de verdad', entré en su habitación y comencé un lento proceso de trabajar tiernamente a través de su dura concha... mientras oraba". Y balbuceó, "*está dando* resultados. Poco a poco me ha permitido tocar su mano... ¡e incluso ¡orar por él!"

Suponiendo que alguien en su familia hubiera sido un creyente y hubiese podido orar por él, ¿qué parte hubiera desempeñado la oración en la solución de los pecados de este hombre? ¿Qué se pudiera haber evitado si se hubiese incluido a Dios catorce años atrás? ¿Cómo podía Dios, en respuesta a su oración, haber dado sabiduría divina a quienes buscaban ayudar a ese miembro equivocado de la familia? Si ellos hubieran seguido realmente a Dios, El pudo haber añadido su reprobación, sanidad, reconciliación y restauración de la unión familiar otra vez.

Cuando una relación familiar sufre una ruptura semejante, ¿es inevitable que la víctima lleve una vida así? ¿O pudiera ayudar la oración... entonces o incluso ahora?

ORAR... ¿CUANDO NOS HAN HERIDO?

El momento más duro para orar por asuntos familiares, es cuando nuestros seres queridos nos han lastimado. Todos somos heridos, de cuando en cuando, por aquéllos a quienes amamos (y ciertamente todos herimos a nuestros seres queridos). No creo que haya alguien que haya escapado a la herida provocada por un miembro de su familia en algún momento. Incluso los propios parientes de Jesús deben haberlo lastimado profundamente cuando vinieron a prenderlo "porque estaba fuera de sí" (Marcos 3:21).

Estas heridas que nos provocan los seres queridos usualmente no son intencionales, y con frecuencia los miembros de la familia no se percatan de que se han herido unos a otros. La mayoría de estas heridas son el resultado de actos o palabras irreflexivas, omisiones o negligencias. En la estrecha proximidad de la familia, es fácil pisarnos los pies accidentalmente.

Por otra parte, también están las ocasiones en que se pronuncian palabras o se hacen cosas con la mejor de las intenciones, pero en las que "sale el tiro por la culata", causando profundas heridas en los miembros de nuestra familia.

Y, por supuesto, hay veces en que el motivo para herir a otro miembro de la familia es la venganza; o sentirse justificado para usar algún medio cruel para lograr un objetivo que el miembro de la familia ha decidido que debe lograrse. E incluso cuando la crítica es merecida, el dolor puede evitarse si se maneja el asunto de un modo menos hiriente.

En ocasiones otros miembros de la familia producen unas aflicciones tan desoladoras que devastan por completo a la gente. Esas que dejan a sus víctimas incapaces de hacerle frente a la vida diaria (como el hombre con la barba de catorce años). Quedan tan amargados, que no les importa, y en casos extremos, ni siquiera desean seguir viviendo. En esas ocasiones los motivos o razones para herir no parecen tener importancia. Tanto si fue deliberado o sin quererlo, para nuestro bien o el de ellos, no nos cabe en la cabeza. Y por supuesto no alivia el dolor de la herida recién abierta.

Yo soy por naturaleza aficionada a los abrazos. Constantemente estoy abrazando a la gente que hace cola para un autógrafo o a los miembros de los comités. Pero recuerdo muy bien haber dicho después que me habían herido muy profundamente varios miembros de la familia: "Me duele demasiado para abrazarlos... con este cuchillo todavía clavado en mi espalda".

¿COMO PEDIMOS CUANDO HEMOS SIDO HERIDOS?

¿Orar? ¿Cómo podemos ser capaces de orar en esos momentos en que nos sentimos traicionados, excluidos de su comunicación íntima, incluso rechazados? ¿Cómo orar cuando a duras penas estamos nosotros mismos pataleando en el agua? O, ¿cómo orar cuando las heriditas de cada día no pueden hacernos mella?

No es el estar herido, sino lo que *hagamos* con la herida lo que determinará nuestra relación futura con ese miembro de la familia.

Las oraciones en esos momentos pueden ser lo que mantenga a una familia unida. Ser negligentes en orar, y en pedir lo que es preciso, casi asegura una brecha de alguna clase en la familia: física o por lo menos emocional. *Lo que pidamos en nuestras oraciones determinará nuestras relaciones futuras con los miembros de la familia que nos hayan herido.*

¿QUE PEDIMOS?

Hay muchos *Pasos de oración* en las peticiones durante el proceso de cicatrización. Una confrontación particularmente devastadora en nuestra familia lejana me recordó claramente esos pasos. Inmediatamente después que tuvo lugar, tuve que viajar a un estado vecino para una importante conferencia en una universidad. Completamente destrozada, me arrastré hasta la cama en la parte trasera de nuestro minibús y clamé desesperadamente a Dios mientras mi esposo me conducía a la reunión a dos horas y media de camino. Lloraba mientras oraba: "Señor, ¿qué debo hacer? ¿Cómo puedo hacerle frente a esto?" ¿Cómo tendría, cómo podría orar? Rogué: "Señor, por favor, dame la actitud que *tú* quieres que yo tenga. Otro consejo puede ser muy confuso, muy conflictivo, y a veces equivocado. ¡Pero nunca *tu* consejo!" Sollocé. "¿Cómo puedo orar cuando estoy sangrando tanto?"

Como resultado de mi oración en el minibús, empecé a enfocarme otra vez en la fórmula de perdón que se encuentra en 2 Corintios 2:5-11 que yo había enseñado y usado personalmente cientos de veces. Recorrí esos puntos uno por uno: perdón, consuelo y confirmación del amor, *para que Satanás no gane ventaja alguna* de la situación. Con la experiencia de esta prueba, preparé ocho oraciones que podemos orar cuando los seres queridos nos hieren:

• *Oración No. 1: "Señor, cámbiame".* Dios me contestó de inmediato trayéndome a la mente que primero debo pedirle al Señor que escudriñe mi corazón y me haga capaz de cambiar mi actitud hacia los seres queridos que me lastimaron. No me sorprendió. Dios me había enseñado ese secreto para vivir con otros veintitrés años antes, y yo había escrito sobre eso en mi segundo libro, "Señor, ¡cámbiame!" Es la oración que he usado más a menudo que ninguna otra, con frecuencia varias veces en un mismo día. ¡Y aquí estaba otra vez. ¡Yo!

Durante las primeras dos horas en aquel minibús sollocé y me afligí en oración, llorando: "Oh Señor, cámbia*me*; ¡cámbia*me*! "Perdóna*me*, Padre, por todo lo que sea culpa *mía*. Señor, ¡límpia*me¡* por completo ante ti!"

Fueron dos horas del Salmo 139:23-24:

Examíname, oh Dios, y conoce mi corazón;
Pruébame y conoce mis pensamientos;
Y ve si hay en mí camino de perversidad,
Y guíame en el camino eterno.

"Señor, perdóname por desquitarme de palabra", rogué. "Señor, límpiame de mis reacciones mezquinas y de actitudes anticristianas". (Durante todos los meses siguientes, pronuncié innumerables oraciones lacrimosas de "Señor, cámbiame" mientras se revelaban etapas del incidente.)

Pero sólo cuando yo sentí en aquel minibús que mis propias actitudes y mi relación con Dios estaban en orden, estuve lista para ocuparme de mis relaciones con quienes me habían herido. Esta secuencia es crucial. Es imposible para los humanos perdonarnos unos a otros, mientras no hemos arreglado nuestra propia relación p%rsonal con nuestro Padre celestial.

• *Oración No. 2: "Señor, ayúdame a perdonar".* La petición más importante en todo el proceso de cicatrización de la familia es la oración que conduce a que seamos capaces de perdonar a los seres queridos... no sólo de palabra, sino en nuestros corazones.

Por eso, aquella última media hora del viaje la empleé en pedirle a Dios que me ayudara a perdonar a aquellos miembros de la familia que me habían herido. Y lo hice ... inmediatamente, ¡a las pocas horas de haber sido herida!

Estaba de vuelta en las palabras de Jesús que yo misma había enseñado tan frecuentemente en seminarios durante veinte años a los demás. En Mateo 6:14-15 y en Marcos 11:24 Jesús dijo que si perdonamos a otros, Dios nos perdonará, mas si no perdonamos, ¡El no nos perdonará! ¡Jesús dijo que de nada me hubiera valido rogarle a Dios que me perdonara durante aquellas dos horas y media, si no estaba dispuesta a perdonar también!

Me pregunto si Dios trajo las palabras de Jesús a la mente de Esteban —el primer mártir por Jesús (Ver Hechos 6:8-7:60)— cuando él perdonó a todos los que lo estaban hiriendo... y matando. Fue una escena de terror mientras la muchedumbre airada rechinaba los dientes a Esteban, aullando como una manada de perros de presa. Y cuando él alzó la vista al cielo y les dijo que veía la gloria de Dios y a Jesús a la diestra del Padre, explotaron. Tapándose los oídos, toda la vociferante multitud arremetió contra él, dando alaridos. Gritando lo empujaron y echaron fuera de la ciudad, y de repente él sintió los dolores lacerantes de las piedras por todo su cuerpo. Sabiendo que estaba muriendo, Esteban gritó: "Señor Jesús, recibe mi espíritu". Pero la parte notable de la respuesta de Esteban a la cólera de ellos, es su último deseo: cayendo de rodillas, gritó por encima de la airada multitud: *Señor, ¡no les tomes en cuenta este pecado!"* Cuán similares a las palabras de su moribundo Salvador en la cruz: *Padre, perdónalos, porque no saben lo que hacen!* El secreto: *perdonar.*

Muchas familias han atravesado tiempos en que las palabras amargas, las acusaciones a gritos y los ataques gruñidos se han sentido como las piedras afiladas que mutilaron a Esteban. En la mayoría de mis seminarios, escucho a devastados miembros de familias barbotar relatos de horror parecidos.

Así que, ¿qué podemos hacer cuando los miembros de la familia nos hieren? Primero arreglamos nuestra relación con Dios, permitiendo que El nos prepare y nos dé la habilidad de perdonar (que puede tomarse un tiempo considerable). Y entonces, tal como yo hice en aquel minibús, nos rendimos ante Dios y perdonamos.

Jesús puso una suma prioridad en la reconciliación. Si uno recuerda que un hermano creyente tiene algo contra uno cuando uno está llevando su ofrenda, primero hay que ir y reconciliarse antes de presentar la ofrenda. Dios no desea ni siquiera nuestro dinero si no estamos dispuestos a perdonar y reconciliarnos:

> *Reconcíliate primero con tu hermano, y entonces ven y presenta tu ofrenda.*

> Mateo 5:24

Y Jesús advierte que Dios castigará a quienes, habiendo sido perdonados ellos mismos, se niegan a perdonar a otro:

> *Así también mi Padre celestial hará con vosotros [castigará] si no perdonáis de todo corazón cada uno a su hermano sus ofensas.*

> Mateo 18:35

Me sorprendió encontrar en una columna "Querida Abby" de periódico que hay una Semana Internacional del Perdón a fines de enero. Abby ofreció este hermoso pensamiento de George Roemisch:

El perdón es la fragancia de la violeta que se adhiere tenaz al talón que la pisa.

El perdonar no significa que aprobemos lo que la gente ha hecho. Y no absuelve al pecador ni lo exime de dar cuentas a Dios; ni de la responsabilidad para con aquel que hirió. *El perdón es el paso que Dios, en su sabiduría omnisciente, proveyó para la víctima, para sanar su corazón, remendar la relación y restaurar la unidad en las relaciones familiares que Dios desea.*

• *Oración No. 3: "Señor, ayúdame a consolar a quienes me lastimaron".* Además de pedir "Señor, cámbiame" y de capacitarnos para perdonar, el siguiente paso es pedir ser capaz de consolar a aquellos que nos han herido. El apóstol Pablo escribió en lo concerniente al tratamiento de *alguno [que] me ha causado tristeza ... perdonarle y consolarle* (2 Corintios 2:5,7).

Una mañana temprano estaba en mi escabel, cuando al azarme volví al relato del fin de la vida de José en Génesis 50. Después que los hermanos de José lo habían vendido como esclavo, estaban muriéndose de una hambruna, y Dios usó a José para rescatarlos. Los hermanos que lo habían herido se preocuparon: "Quizás nos aborrecerá José, y nos dará el pago de todo el mal que le hicimos?" ¿Qué hubiese sucedido si José no los hubiera perdonado? Y yo escribí al margen de mi Biblia: '¿Y si yo abrigara algún resentimiento?' ¿Qué sucedería?

Pero José los tranquilizó diciendo: *No temáis.* José no tenía intenciones de vengarse. Había perdonado a sus hermanos por ser tan traidores y mezquinos con él. Entonces los consoló hablándoles bondadosamente.

De pronto los ojos se me llenaron de lágrimas ardientes. ¡Esta tiene que ser mi *actitud.* Meses antes yo había decidido no tener enfrentamientos acusatorios hasta que algunas circunstancias delicadas se aclararan por sí mismas. Pero ahora Dios me confirmaba que mi actitud tenía que ser *siempre* la de hablar con bondad y consolar. Evalué mentalmente a todos y cada uno de los miembros de la familia implicados, y tomé la decisión de que no habría una actitud de desquite hacia ninguno de ellos... nunca. Y la paz de Dios se asentó a todo mi alrededor.

• *Oración No. 4: "Señor, hazme capaz de orar por quienes me lastimaron".* Cuando nuestros seres queridos nos hieren, tenemos que orar *por* ellos, no sólo *acerca* de ellos. El orar por ellos no sólo implica a Dios en su proceso de sanidad, sino que también nos cambia a nosotros mientras —y porque— oramos. Jesús dijo:

> *Pero yo os digo: Amad a vuestros enemigos, bendecid a los que os maldicen, haced bien a los que os aborrecen, y orad por los que os ultrajan y os persiguen.*

Mateo 5:44

Apenas habían despedido ilegalmente a nuestro Dan de su empleo en el gobierno por haberse negado a mentir al Congreso, su familia empezó a orar junta por eso. Hacia Dios volaban toda clase de oraciones con respecto a sus derechos, su supervivencia emocional y financiera, y a que Dios se ocupara del dirigente de la agencia que lo había despedido. Pero de repente Cindy, su hija de sólo seis años de edad entonces, oró: "Querido Dios, lo que ese hombre malvado necesita es a Jesús. Por favor, ¡sálvalo!" Ella fue la única que captó la necesidad de orar *por* los perturbadores. El resto de nosotros tuvo que emparejarse con ella en su clara percepción del mandato de Jesús en Mateo 5:44: *Orad por los que os ultrajan y os persiguen.*

Es fácil orar pidiéndole a Dios que "se vengue por nosotros" que "acumule ascuas de fuego sobre su cabeza", que "les pague como se merecen". Orar *por* ellos cuando acaban de herirnos es más difícil.

Con frecuencia se toma su tiempo llegar a esta etapa. Un pastor local había abusado sexualmente de cientos de jovencitos en sus iglesias, y las heridas eran increíblemente hondas. Pero ahora, dos años más tarde, muchos de los padres de las víctimas han sido finalmente sanados por Dios lo suficiente como para ser capaces de perdonar... y ahora están orando *por* ese pastor mientras él está en la cárcel. Dios los ha hecho recorrer los estados de la congoja tan necesarios, para ser capaces de perdonar, y así es posible orar por él.

La infidelidad es una de las heridas más profundas en una familia. No es fácil, por ejemplo, para una esposa orar *por* un esposo que tiene una aventura con otra mujer. Pero en un seminario, una preciosa mujer —muy bien arreglada— me tendió una nota, contándome que ella estaba orando incluso por la otra mujer en la vida de su esposo: "Estoy orando para que Dios llene de sí mismo sus necesidades a tal punto, que ya ella no necesite que sea mi esposo quien las llene".

• *Oración No. 5: "Señor, ayúdame a amar".* Una vez más, en su Sermón del Monte, Jesús incluyó *el amar* en sus instrucciones de orar por aquellos que nos persigan:

> *Amad a vuestros enemigos, bendecid a los que os maldicen, haced bien a los que os aborrecen, y orad por los que os ultrajan y os persiguen.*
>
> Mateo 5:44

En una reciente convención de oración, una mujer me dijo que estaba profundamente herida por la selección de esposa hecha por su hijo, y que estaba orando para que el Señor le cambiara a su nuera. De pronto se percató de que *era ella* quien necesitaba cambiar su propia actitud, así que oró: "Señor, dame el *amor* que tú quieres que yo tenga por mi nuera". Y me contó que aquella oración ¡cambió por completo las cosas!

La oración "Lléname de tu amor, Señor" ha tenido efectos sorprendente sobre mí en mis relaciones familiares a través de los años. Ha cambiado en amor mis actitudes negativas hacia quienes me han herido, en vez de "limitarme a obedecer" el mandato de Jesús de orar por quienes me han herido. Es difícil imaginarse que una oración tan pequeña pueda tener efectos tan profundos.

Las advertencias de la Biblia a los cristianos en 1 Juan acerca de *no* amar son verdaderamente espantosas:

> *En esto se manifiestan los hijos de Dios, y los hijos del diablo: todo aquel que no hace justicia, y que no ama a su hermano, no es de Dios. (3:10).*

> *Si alguno dice: Yo amo a Dios, y aborrece a su hermano, es mentiroso. Pues el que no ama a su hermano a quien ha visto, ¿cómo puede amar a Dios a quien no ha visto? (4:20).*

Uno de los más preciosos recuerdos que tengo, es de una velada en que una de mis hijas y yo nos quedamos sentadas solas en su sala oscurecida, tratando de arreglar una profunda herida. ¡La ruptura fue tan repentina! Aunque ella había tenido la mejor de las intenciones de ayudar en una necesidad a nuestra familia lejana, la situación había explotado de pronto en acusaciones que volaban en todas direcciones, con seres queridos que defendían agriamente sus respectivos puntos de vista. Esa noche, cuando nuestro tiempo de orar y conversar llegó a su fin, nos quedamos sentadas muy juntas y abrazadas. Las lágrimas corrían por nuestras mejillas y se mezclaban, mientras ambas murmurábamos una y otra vez: "Te amo, mamá"/"Te amo, mi hijita".

El amarse unos a otros es el pegamento poderoso que mantiene unidas a nuestras familias".

Y sobre todas estas cosas, vestíos de amor, que es el vínculo perfecto.

Colosenses 3:14

• *Oración No. 6: "Señor, capacítanos para orar juntos"* Si existe la posibilidad, fijar un tiempo para orar *con* el miembro de la familia que nos ha herido. O tratar de aprovechar rápidamente la oportunidad de convertir la argumentación, la discusión, o los intentos humanos de resolver las diferencias, en oración.

Sin embargo, su sostenida cólera, vergüenza o indiferencia puede hacer que esto sea imposible o incluso, desaconsejable. O quizás él o ella no esté todavía listo para esa profundidad. Pero uno de los pasos más cicatrizantes en las relaciones familiares rotas, es invitar juntos al imparcial y amante Dios a entrar en la relación mediante la oración. Su santa presencia hace maravillas en el proceso de cicatrización.

• *Oración No. 7: "Señor, llama a otros para que oren por mí... y por nosotros".* Hay ocasiones en que la herida familiar nos ha dejado tan destrozados, que es imposible orar por uno mismo y por el miembro de la familia que nos ha herido. Las palabras sencillamente no brotan. Es entonces cuando la oración cruzada de otros miembros de la familia toma el relevo.

Y es entonces cuando llamo a mi cadena de oración. Por más de veinte años he tenido organizadas a las miembros del cuerpo oficial del ministerio en cadenas de oración listas para orar por mí y mi familia; y yo por ellas, como mencioné antes. Cuando lanzo una solicitud de oración, no esperan todos los detalles morbosos; solamente lo que necesito en especial: oración intensa en ese mismo momento. ¡Es tan maravilloso sentir cómo Dios levanta la carga *mientras* ellas oran! Y es entusiasmador observarlo contestar... *¡porque!S* ellas oran!

Mi teléfono suena repetidamente en una semana —a veces en un mismo día— al llamar una desolada esposa, madre o hijo, pidiéndonos que oremos por ellos, porque no pueden soportar las heridas que les han inferido otros miembros de sus familias. Y siempre lo hacemos. Pero entonces les animamos a que se unan a algún grupo de oración local, de gente que se preocupa y orará por ellos. O, si esto no es posible, que organicen a dos o tres cristianos que los sostendrán fielmente en oración durante toda su prueba. O los aliento a que utilicen la cadena de oración de su iglesia, diciéndoles que el tener unos cuantos orantes alrededor de ellos durante los problemas presentes, produce profundos resultados en el problema... y en ellos. ¡Yo lo sé!

CUANDO NO QUIEREN ABRAZARSE, ¿QUE DEBEMOS PEDIR?

Los que nos han herido pueden estar llenos de ira todavía, aun cuando nosotros los hayamos perdonado y estemos orando por ellos. Puede que todavía estén enojados por algo... con razón o sin ella. Quizás no nos han perdonado o aceptado nuestro perdón. O tal vez no vean que tienen una responsabilidad por sus actos, ni crean que necesitan tomar la iniciativa. O que incluso, en su proceso de cicatrización, no estén todavía listos para abrazar.

Así que ¿cómo debemos actuar *cuando se nieguen a abrazar?* Sobre eso no tenemos control. Sólo nos queda seguir los consejos de la Biblia en Romanos 12:18-19:

> *Si es posible, en cuanto dependa de vosotros, estad en paz con todos los hombres. No os venguéis vosotros mismos, amados míos, sino dejad lugar a la ira de Dios; porque escrito está: Mía es la venganza, yo pagaré, dice el Señor.*

"No os venguéis vosotros mismos, amados míos" es duro, especialmente cuando creemos que hemos hecho todo lo que la Biblia nos enseña que debemos hacer, y todavía sigue doliendo. Cuando las palabras injustas nos hieren muy adentro, cuando las ideas de defendernos surgen como intrusos en nuestras mentes, cuando empieza a formarse un complejo de mártir, es difícil no cobrárselas.

Y el obedecer a "Mía es la venganza..., dice el Señor" es todavía más duro en momentos como ésos. En realidad, poner en práctica el dejar el asunto en manos de Dios no es fácil. Pero olvidarnos de "cobrársela" y vengarnos, y dejar toda la justicia en manos de Dios, es nuestra única esperanza de reconciliación en las heridas y disensiones dentro de la familia.

He aprendido un secreto sorprendente. Hace muchos años, durante una dolorosa situación en la familia Christenson, el Señor no cesaba de traer a mi mente: "Mía es la venganza... dice el Señor". Y pronto me encontré *orándole así* a El sin cesar. En tales situaciones, esa oración repetida cambia casi milagrosamente *mis* actitudes y sentimientos. Ya no necesito cobrármelas... ni lamerme las heridas. Y soy capaz de recobrarme en paz.

- *Oración No. 8: "Señor, rompe la 'cadena de víctimas'".* Todos somos víctimas. Cada miembro de la familia es a veces la víctima de los otros miembros de su familia en diferentes circunstancias. Los hermanos con frecuencia son víctimas de sus hermanos y hermanas. Los hijos son víctimas de sus padres. Los padres son también víctimas de los actos, palabras y actitudes de sus hijos. Y los padres son víctimas de sus padres: los abuelos. Y así sigue la cosa.

Mientras yo comentaba acerca de esto con un psicólogo autor de un libro de mayor venta *(best seller)* en una convención de la Asociación de Libreros Cristianos, él subrayó: "Cada cual es víctima de una víctima de una víctima de una víctima. Y así hasta Adán y Eva. *Todos* somos víctimas".

De pie ante la tumba de mi padre, saqué cuentas una vez de las fechas de aquéllos enterrados alrededor de él. Su padre fue enterrado ¡con sus tres esposas! Rápidamente, deduje que mi padre había sido privado de dos madres desde muy pequeño. Había sido la víctima de una niñez muy difícil. Después de su confesión a mi madre, me tomó dos años perdonar a mi padre por haber sido infiel con ella, convirtiéndola (y a mí por eso) en víctima. Pero, de pie ante su tumba, de pronto me vi, no sólo como víctima *suya*, sino *a él* como víctima también. Cuánto deseé, demasiado tarde, haberlo comprendido en mi juventud, cuando sentí tanto resentimiento contra él.

Todos los padres, aunque sus hijos puedan ser víctimas de sus pecados y faltas, a su vez fueron víctimas de sus propios padres, quienes también en su momento fueron víctimas de sus padres.

Y cada vez vemos más padres y abuelos que se convierten en una nueva generación de víctimas, al ser culpados por sus propios hijos adultos de los problemas que éstos enfrentan.

Puesto que es inevitable que todos seamos víctimas, ¿no nos sería posible romper esa cadena? ¿Es que todo el mundo tiene que mantener la "mentalidad de víctima" para siempre? ¿Es que cada generación consecutiva acumula todas sus heridas y de adulto las mantiene en un caldero hirviente dentro de sí?

Aquí es donde el omnisciente y omnipotente Dios del universo tiene que hacerse cargo del asunto. Su Palabra, la Biblia, tiene un buen consejo para nosotros:

> *Cuando yo era niño, hablaba como niño, pensaba como niño, juzgaba como niño; mas cuando ya fui hombre, dejé lo que era de niño.*

1 Corintios 13:11

Dios trata con nosotros y espera que nosotros afrontemos los problemas como adultos, si lo somos. El no se opone a que identifiquemos las heridas pasadas, siempre que le hagamos frente como adultos, no menos de lo que El ha provisto que hagamos. Debemos llegar al punto de rendir cuentas a El y ser responsables ante otros por nuestras actitudes. Después que crecemos, la forma en que enfrentemos las heridas es asunto nuestro. Y al final, el modo en que las encaremos determinará nuestra curación. Nosotros, con el apóstol Pablo, podemos decir confiadamente: "Todo lo puedo en Cristo que me fortalece" (Filipenses 4.13).

El orar es esencial en esto. Dos clases de oración: mucha *intercesión* de cristianos maduros que traiga gracia y capacidad a la víctima que lucha. Y el tiempo que la víctima *dedique* en oración a Dios le infunde el consuelo, amor y valor que necesita para afrontar el problema.

Desde luego que hay ocasiones en que es absolutamente necesaria la ayuda profesional para identificar de quién y cómo han sido víctimas, en especial cuando el cerebro —para proteger su cordura— ha bloqueado el agudo dolor del trauma de la tortura en la niñez. Puede hacer falta la ayuda profesional para llegar a las raíces del problema personal actual, sobre todo si la víctima ha sufrido tortura física, emocional, mental o sexual.

El identificar el problema es un paso necesario, *pero esa identificación no sana*. Y el vivir para siempre revolviéndose en esa idea sólo puede complicar las cosas. Así que cuando los hechos quedan establecidos, ¿cómo puede uno convertirse en adulto feliz, productivo y espiritualmente sano?

La palabra clave en esto es *perdonar*. Unicamente cuando se ha logrado un perdón genuino puede tener lugar el proceso de cicatrización. El proceso de sanidad parece demorar en proporción a la magnitud de la herida. Y es un *proceso*. Es un proceso aflictivo cuando la pérdida ha sido considerable. Pero el *hito que constituye la clave* de él, es el perdonar.

El proceso de Judy Rae (no es su verdadero nombre) ha tomado muchos años. Cuando conté su historia de espantosa tortura infantil en mi libro "Qué sucede cuando Dios contesta", yo no conocía toda la verdad. Según ha recuperado su memoria poco a poco a lo largo de años de asesoría profesional y atentos cuidados de un sabio pastor y su esposa, además de años de oración intensa por ella, los hechos que han salido a la luz han sido horrendos. Fue la hija de unos padres adoradores de Satanás que la violaron durante años. Y tan pronto creció lo suficiente, fue forzada a tener seis hijitos ...todos los cuales sacrificaron a Satanás. Una de las veces ¡la obligaron a clavar el puñal en su propio hijito!

Hace unos meses estaba conversando con la esposa del pastor acerca de Judy, y ella me dijo: "Con su doctorado, ahora Judy es consejera en nuestro nuevo hospital psiquiátrico, así que es algo magnífico para esas víctimas".

"¿En qué momento crees que comenzó su sanidad?", le pregunté.

"Oh, no cabe duda: ¡cuando perdonó!"

Insistí un poco más: "¿La vez que me telefoneó gritando para preguntar si lo que yo había dicho (en un seminario) que Jesús decía era verdad? ¿Cuando yo le dije que ahora que ella era cristiana, si no perdonaba, Dios tampoco le perdonaría los pecados que cometiera como cristiana? (Mateo 6:14-14) Ella había comprado mi libro *Gaining Through Losing* (Ganar perdiendo), y le expliqué que allí había un capítulo que demostraba lo que le sucedería a *ella* si no perdonaba. ¿Y entonces me llamó otra vez muy feliz contándome que los había perdonado, y me volvió a llamar para decirme que había telefoneado a su familia para decirles que ella los había perdonado... y pedirles perdón por no haberlos perdonado durante tantos años?"

"¡Exactamente! Fue entonces", contestó la esposa del pastor. "¡Y el gran cambio tuvo lugar cuando llamó a sus padres y se lo contó!"

Fue muy grato saber que después de tantos años el perdonar había funcionado de verdad. Con frecuencia los sentimientos se calman por un tiempo o incluso se entierran; ¡pero esto fue real!

El perdón no sirve tanto para el bien del perdonado como para el de la víctima. Una nota que recibí hace poco de una asistente a un seminario lo aclara sin dejar lugar a dudas:

> Fui víctima de incesto, pero cuando acepté a Jesús, mi padre me persiguió. Al llegar a adulta, Dios me condenó por mi odio hacia mi padre. Después que lo perdoné, él fue salvo y poco después, murió. Me había sentido orgullosa de que Dios me había sanado, pero hoy (en el seminario "Señor, cámbiame") me percaté de que no había perdonado a mi madre por haber sido su cómplice, por no haberme protegido. Ahora la he perdonado y Jesús me ha sanado de eso también. ¡Jesús es todavía el Gran Sanador!

En la India entré en un asombroso hogar lleno de niñas y niños felices, corteses y cariñosos, que me apretaban y abrazaban cuando me iba. Los "padres" de este hogar tenían en ese momento 300 niños drogadictos de las calles y cientos más que estaban enseñando. Asombrada, le pregunté a la "madre" cómo era que todos habían reaccionado tan bien y ella me explicó: "Todos han pasado por las más horribles experiencias durante años, sin nadie que velara por ellos, mendigando para comer, durmiendo en plataformas de tren y sufriendo violaciones sexuales como rutina diaria; los recogimos de las plataformas de tren, y... *jamás hablamos de su pasado.* Nos limitamos a amarlos, aceptarlos sin condiciones en nuestra familia, *oramos mucho, le presentamos a Jesús... y El los sanó!"*

¿Qué puede ayudar a salir de esa cadena de víctimas? Sí, olvidar el pasado, estirarnos para alcanzar el gozo que Cristo da. Filipenses 3:13-14 nos dice sabiamente: *Pero una cosa hago: olvidando ciertamente lo que queda atrás, y extendiéndome a lo que está delante, prosigo a la meta, al premio del supremo llamamiento de Dios en Cristo Jesús.*

En California, una mujer de rostro radiante me contó una historia de horror de tortura familiar desde que tenía dos años. "Pero ahora dirijo un hogar para víctimas de tortura familiar", continuó. Cuando le pregunté acerca de la transformación de su vida, asintió diciendo: "Cuando acepté a Jesús, El me hizo una nueva criatura en El" (ver 2 Corintios 5:17).

Sí, esto se aplica incluso cuando las víctimas puedan abrigar sentimientos de culpa, pensando que la tortura fue de algún modo culpa suya. Pero si esa víctima ha venido a Cristo para salvación, debe percatarse de que Dios no sólo ha perdonado los pecados pasados (ver Colosenses 1:13-14) sino también está dispuesto a quitar todo inmerecido sentimiento de culpa:

Pues si nuestro corazón nos reprende, mayor que nuestro corazón es Dios, y El sabe todas las cosas.

1 Juan 3:20

ORACION DE SALVACION

Estos tres pasos de oración dan resultado. Lo han dado conmigo y con mi familia, así que pueden darlo en su caso también. Primero, sin embargo, hay una oración que usted debe hacer: "Señor, hazme uno de tus hijos. Perdona mis pecados y, Jesús, ven como mi Salvador personal y Señor". Todas las promesas de sanidad de Dios no se escribieron para todos; sólo para quienes han recibido a Jesús como Salvador y Señor personal. Si usted ha llegado leyendo hasta aquí y todavía no lo ha recibido en su vida, es imperativo en su proceso de sanidad asegurarse de que usted, la víctima, es un verdadero cristiano con Cristo viviendo en su corazón. Uno lo "puede todo en Cristo" sólo si verdaderamente uno le pertenece.

El confiar en Jesús como Salvador no garantiza que los problemas desaparezcan inmediatamente, pero sí garantiza el proceso de sanidad emocional, mental y espiritual del Gran Sanador.

LOS SECRETOS DE ESTEBAN

Cuando nos sentimos desilusionados, heridos o aun horrorizados por las palabras o actos de un miembro de la familia, debemos tener la actitud de Esteban, el cual, mientras la multitud airada lo apedreaba hasta la muerte, estaba "lleno de gracia y poder". ¿Cómo permaneció tan calmado en medio de semejante asalto? ¿Cómo podemos lograrlo nosotros?

La respuesta es doble. Primero, Esteban tenía ayuda sobrenatural. Conocía a Jesús personalmente como su Salvador y, por supuesto, como Señor de su vida. Por otra parte, Esteban estaba lleno del Espíritu Santo cuando comenzó el ataque. No se trataba sólo de entereza, heroísmo o valentía humanas mientras lo lapidaban. Era que lo llenaba el Dios omnisciente del universo. Y eso podemos tenerlo también nosotros.

El segundo secreto de Esteban del que podemos apropiarnos, es que él veía a Jesús. Hoy día Jesús también está mirando hacia abajo a nuestras heridas. Si mantenemos los ojos en El, no en otros humanos, tendremos el valor y fuerza sobrenaturales que tan desesperadamente necesitamos en estos tiempos de devastación familiar.

Cuando nos sentimos desilusionados, heridos o hasta horrorizados por las palabras o actos de un miembro de la familia, la mayor lección que también podemos aprender es la de ¡*mantener nuestros ojos en Jesús!* El nunca se desentenderá de nosotros ni nos defraudará. Jamás nos dará un mal consejo. Y tampoco retendrá todo lo que necesitamos para sobreponernos a nuestros problemas familiares.

¿Qué nos estás enseñando, Señor?

6

"EV, ¿RECUERDAS LO PRIMERO que dijiste cuando te di la noticia de que tu bebita de siete meses, Judy, estaba muerta?", me preguntó hace poco John Carlson, el presidente del cuerpo oficial de la primera iglesia en que mi esposo fue pastor. Cualquier cosa que yo haya dicho no permaneció en mi acongojada memoria. No, no pude recordarlo. John me miró fijamente mientras me recordaba que yo había reaccionado a la muerte de mi bebita con la frase: *"Me pregunto qué estará tratando de enseñarnos Dios ahora"*.

Los siete meses de operaciones y parálisis de la cintura para abajo de Judy terminaron en una muerte lenta en el hospital mientras la observábamos impotentes.

Era Chris quien estaba con ella cuando se fue al cielo. Y John había venido a casa con él para darme la noticia.

Entonces pregunté: "Dios, ¿por qué enseñarnos *otra vez?"* ¿No habíamos aprendido lo suficiente con el primer aborto, después con nuestra hijita nacida muerta, y más tarde con otro aborto? ¿Por qué la muerte de otra bebé?

Entonces John dijo que yo había murmurado, más para mí misma que para él: "Me imagino que si voy a ser la esposa de un pastor, tengo que saber algunas de estas cosas".

LOS METODOS DE ENSEÑANZA DE DIOS

Durante el verano posterior a la graduación de Chris del seminario, yo le había pedido a Dios una y otra vez que me enseñara cómo ser la esposa de un pastor. Llena de turbación por la enorme tarea que tenía frente a mí, me senté a los pies de la esposa de un pastor a quien respetaba profundamente, rebuscando hasta la última brizna de consejo que pudiera recoger. Pero Dios añadió Su divina enseñanza.

Yo estaba embarazada de Judy en 1952 cuando Chris empezó en su primer iglesia, pero en verdad no entendí que la muerte de Judy fue en realidad una de las maneras en que Dios me estaba preparando para los años que tenía por delante de semejante tarea.

Más de veinticinco años después de la muerte de Judy, estando yo en un programa radial en California, una mujer llamó desde la Costa Este. No quedó un ojo seco en el estudio después que ella me dijo: "Yo soy cristiana hoy por haberla visto a usted junto al ataúd de mi hermanita. Cuando yo era una niñita, mi hermanita de meses murió, y usted y el Pastor Chris regresaron de sus vacaciones para su funeral. Señora Chris, todo lo que usted hizo en aquel velorio fue abrazar estrechamente a mi madre y llorar. Y recuerdo que dije para mis adentros: "Si eso es ser cristiana, yo quiero ser una. Y lo soy".

El 23 de marzo de 1971, mientras estudiaba en Juan 15:7 la promesa de Jesús del asombroso poder de la oración, le pedí a Dios: "Señor, yo quiero ese poder en la oración. *Enséñame y quebrántame hasta que lo tenga.* Qué poco me imaginaba que el modo en que experimentaría ese poder sería orando de hecho. Y que serían básicamente nuestras necesidades y dificultades familiares las que mantendrían a esta esposa, madre, suegra y abuela de rodillas... luchando, intercediendo y liberando.

Sí, he experimentado ese tremendo poder orando en un ministerio de oración alrededor del mundo. Pero también he experimentado la enseñanza y el quebrantamiento que ha empleado Dios para contestar aquella petición por poder en la oración.

LOS METODOS DE DIOS PARA CONTESTAR LAS ORACIONES FAMILIARES

Por otra parte, cuando oro porque Dios mejore alguna actitud o actuación de uno de los miembros de la familia, con frecuencia me sorprendo de sus métodos para contestar. A menudo El consigue aquello por lo que yo he orado... no rociándolo sobrenaturalmente de dulzura y bondad del cielo, sino contestando con una prueba.

Mi madre, después de haber orado casi durante treinta años para que su hijo regresara a Dios, al final pidió: "Señor, haz cualquier cosa que tengas que hacer para que Eduardo regrese a ti". Pero ella no estaba preparada para la forma en que Dios contestó aquella oración. Mi hermano fue atropellado por un auto que viajaba ochenta kilómetros por hora. Los médicos le comunicaron a la familia que jamás recobraría el conocimiento, pero sí lo recobró; y, como mencioné antes, ¡le entregó a Jesús los dos años más de vida que Dios le dio!

Cuando nuestra muy independiente adolescente Jan fue a la universidad, yo pedí que Dios le enseñara todo lo que El deseaba que ella aprendiera. La sorprendente respuesta llegó en una lección difícil de aceptar. Por ser alumna aventajada de francés en la escuela preuniversitaria, ella había aprendido las cintas grabadas de laboratorio de su clase en la universidad. Sin embargo, a todo el mundo, incluida Jan, se le exigía que pasara una cantidad de tiempo determinada en el laboratorio aprendiendo de aquellas cintas. Como no entendía por qué tenía que cumplir con eso, terminó su primer año con una única puntuación de B. Ella le dijo a sus amigos: "No le pidan a mi madre que ore por ustedes. Sus oraciones les harán perder todas sus "Aes". Tuve que estar de acuerdo con su exasperación y razonamiento, pero también comprendí que Dios estaba contestando mi oración, enseñándole a Jan una lección acerca de cumplir órdenes que sería de un valor incalculable al convertirse en doctora en medicina.

Es peligroso orar para que un miembro de la familia pierda su engreimiento y mordacidad a menos que estemos preparados para la forma de contestar de Dios. Yo lo hice y me encontré con que Dios contestó en circunstancias que humillaron por completo a mi ser querido.

La misma clase de respuesta vino cuando le pedí que suavizara a uno de los miembros de mi familia que parecía se estaba volviendo muy brusco y áspero. Y me vi casi deseando no haberle hecho esa petición.

Prefiero que Dios trate a mi familia con guantes. Pero sus métodos de obtener los resultados deseados usualmente son diferentes.

¡Oh profundidad de las riquezas de la sabiduría y de la ciencia de Dios! ¡Cuán insondables son sus juicios, o inescrutables sus caminos!

Romanos 11:33

LA IMPORTANTISIMA ORACION FAMILIAR

Todavía está vigente la manida pregunta que debemos hacer al Señor cuando nos alcanza la desgracia. No "Señor, *¿cómo* puedo salir de este apuro?" sino *"Señor, qué puedo sacar yo de esto?"* Cuando hay sufrimiento en mi familia, no es siempre fácil para mí hacer esta oración. La esposa, madre y abuela en mí, automáticamente se apresta a la defensa cuando los miembros de mi familia sufren. Mi reacción humana inmediata es disparar hacia el cielo una oración de "Quítalo, Señor". Quisiera continuar bombardeando a Dios con plegarias de "quítalo" hasta que él lo haga. Pero hace tiempo aprendí que con frecuencia ése no es el plan de Dios para nuestra familia.

En los muchos años de predicador de mi esposo, mi oración constante ha sido para que el poder de Dios baje al santuario mientras él predica. Y cuando ha estado enfermo, yo bombardeaba al cielo para que Dios lo sanara a tiempo para poder predicar. Pero Dios tenía algo más importante que enseñarme. Gradualmente descubrí, sin embargo, que cuando él estaba enfermo, sin fuerza humana que lo sostuviera, era cuando el poder de Cristo se hacía cargo de la situación... produciendo los mayores movimientos de Dios (ver 2 Corintios 12:9-10).

Si Dios no cambia nuestras dolorosas circunstancias cuando le pedimos que lo haga, lo más probable es que signifique que El tiene una muy importante lección que enseñarnos.

LOS METODOS DE DIOS PARA ENSEÑAR QUIEN ES EL

Recuerdo que hace más de veinte años nos golpeó uno de los más catastróficos sucesos que nuestra familia haya enfrentado jamás. La oración que elevé entonces está tan vívida en mi memoria como si la hubiese pronunciado ayer: "Querido Padre", supliqué desde lo más profundo de aquel dolor, "no cambies estas circunstancias... hasta que *todos* nosotros hayamos aprendido *todo* lo que tú quieres que aprendamos de esto".

Lo más grande que Dios me enseñó a lo largo de los meses que duró aquella tragedia fue a confiar en El. Mientras los sufrimientos se sucedían semana tras semana, me sentía cada vez más parecida a Job en medio de sus pruebas. Pero también fue con Job que mi fe en Dios se solidificó hasta hacerse inconmovible e inquebrantable. Fue en el punto más bajo de Job —y en el mío también— que ambos gritamos: "¡Yo *sé* que mi redentor vive! (Job 19:25, cursivas de la autora).

Ha sido en estas circunstancias difíciles que Dios ha sido capaz de enseñarme quién es El en realidad.

Es en las pruebas de mi familia donde El me ha enseñado que El nunca comete un error. El actúa en proporción a mi necesidad, y en verdad hace todas las cosas para mi bien —porque le amo y busco agradarle.

Es cuando las pruebas hieren a mi familia que El me ha enseñado a aferrarme a las promesas que El nos dio en Su Palabra. Promesas de su presencia, su consuelo, su sabiduría, su guianza. *En realidad, hasta que Dios no nos ha hecho pasar por las cosas duras de la vida, no sabemos de verdad si esas promesas son ciertas o no.*

Pero según he ido descubriendo vez tras vez que en realidad El *sí cumple* sus promesas, he sido capaz de aceptarlas incondicionalmente durante cada prueba familiar.

Una carta de una madre en Carolina del Norte lo expresó muy claro: "Acabo de terminar la lectura de su libro *Gaining Through Losing* (Ganar perdiendo), que me hizo llorar de alegría mientras lo leía. La verdad bíblica de que "la plenitud de gozo" viene a través del sufrimiento, no se hizo realidad para mí hasta que nuestro hijo Daniel nació sin brazos. *La fortaleza, la gracia y el amor que el Señor me ha dado ha sido proporcional a mi necesidad. Lo he conocido de un modo en que nunca antes lo había conocido.* Cualquier otra cosa que el mundo pueda ofrecerme es pálida en comparación con esta relación".

Recientemente, después de un seminario, se me acercó una mujer para decirme: "Yo no podía soportar su libro "Ganar perdiendo" hasta que mi hija de dieciséis años se suicidó hace cuatro semanas. Me aferré a ese libro y lo leí y releí una y otra vez. ¡El me sacó adelante!" Bueno, le recordé, no el libro, sino el Dios del que habla ese libro, cuyas promesas ella aceptó al fin... porque por primera vez las necesitó de veras.

EL METODO DE DIOS PARA PERFECCIONARNOS Y MADURARNOS

Cuando Dios no nos releva de situaciones dolorosas en nuestras familias, es porque tiene algo mucho mejor que el sólo quitárnoslas de encima. El se ocupa de convertir a los miembros de nuestra familia en gigantes de la fe, en cristianos profundamente espirituales y maduros. ¿Qué debemos pedir en momentos como estos? Pide cada cosa por orden, de acuerdo con Santiago 1:2-4:

> *Hermanos míos, tened por sumo gozo cuando os halléis en diversas pruebas, sabiendo que la prueba de vuestra fe produce paciencia. Mas tenga la paciencia su obra completa, para que seáis perfectos y cabales, sin que os falte cosa alguna.*

Nuestro Kurt estaba tratando de terminar su tesis y se sentía profundamente frustrado por el mal funcionamiento del microscopio electrónico de varios millones de dólares con el cual estaba trabajando. Después de haber mandado a hacer y rehacer los lentes muchas veces al extranjero, a menudo debiendo esperar seis meses por la entrega, se irritaba por todo el "tiempo perdido", yendo desde la impaciencia hasta la exasperación. Y él y su tutor terminaron por fabricar un lente que al final sirvió. Después de quedar exhausta de tanto orar por cada detalle específico, de pronto encontré que Dios me inspiraba una nueva oración. El me mostró que ése no era un tiempo perdido... sino que sería una de las partes más importantes del entrenamiento de Kurt.

Hubo una oración que Dios no me permitió hacer por nuestra hija. Ella estaba embarazada mientras hacía aquellos turnos de treinta y seis horas en el hospital donde hacía su residencia. Mi corazón de madre sangraba por ella, y anhelaba desesperadamente orar: "Oh Dios mío, por favor, quítale esas náuseas. ¡Tiene más de lo que puede soportar!" Pero Dios impedía mi oración con su pregunta: "¿Cuántas mujeres embarazadas la querrán como obstetra si ella no comprende cómo se sienten cuando tienen esas náuseas?"

La esposa de un militar destacado en Italia me contó que cada dos años trasladaban a su esposo, y que al llegar adquiría siempre otra amante en la nueva base. Le contesté: "Todo el mundo aquí me ha estado hablando de la madre estupenda que eres y de qué modelos de hijos cristianos tienes. Dios te ha estado enseñando y perfeccionando a través de esas circunstancias increíblemente duras y te ha convertido en el gigante espiritual que eres. Y yo creo que una de las razones es para que puedas ayudar a tantas otras esposas de militares que atraviesan pruebas parecidas para que encuentren que Dios es suficiente, como tú lo has hecho" (Ver 2 Corintios 1:3-4).

Casi inmediatamente después que Dan fue echado de su empleo gubernamental, Dios nos hizo hincapié en Hebreos 2:10 para Dan y Nancy, a fin de ayudarnos a comprender que su método de perfeccionar a sus hijos es el mismo que utilizó con su propio Hijo Jesús... mediante el sufrimiento:

> *Porque convenía a Aquél [el Padre] por cuya causa son todas las cosas, y por quien todas las cosas subsisten, que habiendo de llevar muchos hijos a la gloria, perfeccionase por aflicciones al autor [Jesús] de la salvación de ellos.*

EL SUFRIMIENTO NOS ACERCA A DIOS

Al día siguiente de perder Dan su empleo, me encontraba luchando en oración con muchas cosas duras. Mi mentor espiritual, Kathy Grant, tenía cáncer. Kurt estaba en las Ciudades Gemelas, ultimando la apremiante tarea de hacer los contactos para lograr un primer empleo. Jan, nuestra hija médico, estaba afrontando una muy inmerecida situación en su empleo. Esa mañana yo había orado primero por mi espíritu crítico hacia lo que parecía tan injusto, y al final fui capaz de orar: "Señor, enséñame todo lo que necesito aprender de todo esto". Pero para el anochecer mi oración había progresado hasta *agradecer a Dios las tribulaciones que nos estaban acercando a El*, inclinándome humillada ante El.

Fue Jan quien aprendió esa maravillosa verdad en su dolor físico. Durante la primera noche después de la muy extensa microcirugía que le permitió concebir a Jenna, el dolor que sentía era espantoso. Pero a la mañana siguiente me contó: *¡Vi a Jesús de un modo en que no lo había visto nunca antes: en mi sufrimiento!*

Chuck Colson aprendió esto cuando estuvo lejos de sus seres queridos la Navidad que pasó en prisión. Le escuché contar cómo aquéllos involucrados en el escándalo de Watergate, así como muchos prisioneros de la Mafia neoyorquina, se reunieron a medianoche en la habitación de John Dean en la prisión. Sentados en círculo en el suelo leyeron en voz alta las Escrituras que se refieren al nacimiento de Cristo, y después oraron calladamente unos por otros, y por sus familias, muchas de las cuales estaban lejos. Aunque se sentían muy solitarios y aislados del resto del mundo, Chuck añadió: *"Sentí el poder de Cristo de un modo en que sólo se siente en momentos de profunda necesidad".*

Un amigo escribió: "Pensábamos que te estaríamos enviando ahora un anuncio de nacimiento. Pero nuestra amada bebita vivió sólo una semana antes de irse al cielo. Logró mucho, sin embargo, en ese tiempo: abrió nuestras vidas al infinito amor de Dios, y nos introdujo más hondamente en la vida de lo que habíamos estado nunca, además de fortalecer nuestro amor como pareja. *Le agradecemos a Dios el habernos hecho sentir su amante presencia en formas indudables durante la semana más dura de nuestras vidas.* Allí estaba El, en medio de nuestro dolor y temor. Allí estaba mientras orábamos y llorábamos. Y estaba allí para darle a Katherine la bienvenida en el cielo".

Durante mi estancia en Cebu, Filipinas, de repente me sentí indefensa y temerosa por lo que Dan y Nancy estaban pasando muy lejos de mí en los Estados Unidos. Entonces leí en Marcos 6 el pasaje en que Jesús mandó a sus discípulos a través de un mar proceloso y, mientras ellos se afanaban con los remos, El caminó sobre las aguas hacia ellos, queriendo adelantárseles. Pero cuando vio que estaban asustados pensando que El era un fantasma, les dijo: *¡Tened ánimo, yo soy, no temáis!* (Marcos 6:50).

Y el viento se calmó cuando Jesús subió a la barca con ellos. Y yo, allá en las Filipinas, clamé: "¡Oh Jesús, sube al bote con nosotros!"

Dios nos está enseñando, mediante las pruebas de nuestra familia, no sólo que ellas nos acercan a El, sino que también nos enseña cuán fiel y poderosamente El responde a nuestras oraciones para que se acerque a nosotros.

"SEÑOR, ENSEÑANOS LA VERDAD"

Una de las cosas que más hiere a las familias —y a Dios— es el engaño. La Biblia está llena de advertencias y de los horribles resultados del engaño. Por ejemplo: *Destruirás a los que hablan mentira; al hombre sanguinario y engañador abominará Jehová* (Salmo 5:6)

La Biblia cuenta el hábito de mentir junto con algunos pecados muy graves:

> *Pero los cobardes e incrédulos, los abominables y homicidas, los fornicarios y hechiceros, los idólatras y todos los mentirosos tendrán su parte en el lago que arde con fuego y azufre, que es la muerte segunda.*

Apocalipsis 21:8

El engaño puede ser tanto negación como doblez. En la verdadera *negación,* puede haber suficiente trauma como para que el cerebro entierre la verdad a fin de que la víctima pueda seguir viviendo. Pero la *duplicidad* —saber la verdad pero mentir para proteger al propio ego, reputación o actos— es lo que devasta a las familias.

Es fácil orar unos por otros cuando todos los miembros de la familia están viviendo en armonía; respaldándose, hermanados y regocijándose juntos. Pero orar por ellos cuando hay suspicacia y engaño es algo muy distinto. ¿Cómo podemos orar cuando creemos que alguien a quien amamos mucho está engañándonos deliberadamente?

Primero, oramos para que Dios nos revele la verdad. En las heridas familiares, todos los miembros llegan al proceso de reconciliación hasta cierto punto con ideas preconcebidas, prejuiciados en diferentes grados y con información incompleta o parcializada. Y cada uno piensa que está orando correctamente, sin percatarse ninguno de que puede estar equivocado al orar.

Segundo, de acuerdo con 1 Pedro 3:16, cuando seamos calumniados debemos tener "buena conciencia, para que en lo que murmuran de vosotros como de malhechores, sean avergonzados los que calumnian vuestra buena conducta en Cristo". En otras palabras, debemos orar para estar seguros de que nosotros mismos *somos* puros ante Dios y que actuamos de acuerdo a eso.

Tercero, lo que hace difícil que los miembros de una familia oren a la luz de la verdad real, son las "tres D" del disimulo, la denegación y la duplicidad. Pero, cuando estamos seguros de ella, sin sombra de duda, estamos listos para pedirle a Dios que reprenda a esa persona tan severamente como la situación lo requiera. Oramos: "Dios mío, hazle sentir convicción del pecado de engaño, y muéstrale tu verdad".

Como el apóstol Juan, "No tengo yo mayor gozo que éste, el oír que mis hijos andan en la verdad" (3 Juan 4). El bulle en oraciones de regocijado agradecimiento.

Cuando llegamos a su entrada del garaje, nuestras nietas Crista y Jenna mantenían una acalorada discusión acerca de quién había recibido más revistas por correo. Mientras Jenna salía violentamente del auto insistiendo en que había una que tenía sólo su nombre en ella, Crista rompió a llorar quejándose: "¡Está diciendo mentira, abuela!"

La consolé respondiéndole: "¿Sabes algo, mi amor? ¿Sabes que hay alguien que lleva cuenta de todo absolutamente? Sí, Dios en los cielos. Dios sabe si *todo* lo que se ha dicho es mentira o verdad; y El lo escucha *todo*. La verdad es verdad. Y no importa lo que una persona diga, tú o Jenna, eso no cambia una coma. Nadie puede cambiar la verdad en mentira, o una mentira en verdad, tan sólo porque lo diga".

Daba miedo escuchar a Chuck Colson citar estadísticas relativas a la verdad en un banquete de la Fraternidad de la Prisión. Cuando se les preguntó si existía eso que se llama verdad absoluta, 67% de los norteamericanos dijeron que no. Pero todavía más alarmante fue que 52% de los cristianos evangélicos ¡también dijeron que no existe la verdad absoluta!

Sin embargo, Dios no sólo conoce la verdad y registra los hechos reales, sino que Proverbios 12:22 dice: "Los labios mentirosos son abominación a Jehová; pero los que hacen verdad son su contentamiento".

Y el Salmo 9:8 dice que no tenemos que preocuparnos por el resultado final porque "él juzgará al mundo con justicia y a los pueblos con rectitud".

Cuando comprendemos cabalmente e interiorizamos estos conceptos bíblicos, nuestra oración cambia... y cambiamos nosotros. Eso pone nuestra confianza en la justicia de Dios; y nos da paz mientras luchamos contra —y oramos por— los miembros mentirosos de nuestra familia.

LAS LECCIONES QUE RECIBIMOS CUANDO HACEMOS LO CORRECTO PUEDEN SER SORPRENDENTES

Sí, todos sabemos que se aprende de los errores. Pero cuando estamos cumpliendo con lo que se supone que hagamos y Dios decide enseñarnos algo, es difícil comprenderlo y aceptarlo. Chris y yo no estábamos en desobediencia a Dios cuando perdimos nuestros cuatro bebés, pero Dios usó esas experiencias para enseñarnos muchísimo. Cuando perdimos nuestro tercer bebé, Chris había rechazado una atractiva y lucrativa oferta de trabajo como piloto en las afueras de Miami para obedecer a Dios y regresar a la escuela a prepararse para servirlo a tiempo completo. Y cuando murió Judy, acabábamos de obedecer su llamado de entrar en el pastorado.

Así que, ninguno de vosotros padezca como homicida, o ladrón, o malhechor, o por entremeterse en lo ajeno; pero si alguno padece como cristiano no se avergüence, sino glorifique a Dios por ello.... De modo que los que padecen según la voluntad de Dios, encomienden sus almas al fiel Creador, y hagan el bien.

1 Pedro 4:15-16,19

Elisabet y su esposo Zacarías estaban obrando bien en todo mientras Dios no "quitaba de ella su afrenta" de ser estéril hasta que ya fueron viejos. De acuerdo con la Biblia, ella y Zacarías estaban actuando correctamente: *Ambos eran justos delante de Dios, y andaban irreprensibles en todos los mandamientos y ordenanzas del Señor* (Lucas 1:6). Pero no fue hasta después de toda aquella angustiosa espera infructuosa que Dios mandó un ángel anunciando su intención de hacer el milagro del nacimiento de su hijo Juan el Bautista (ver Santiago 5:10-11).

Pues ¿qué gloria es, si pecando sois abofeteados, y lo soportáis? Mas si haciendo lo bueno sufrís, y lo soportáis, esto ciertamente es aprobado delante de Dios.

1 Pedro 2:20

Dios retarda Su respuesta a nuestras oraciones por muchas razones, incluso mientras estamos obrando correctamente. En medio de todas las pruebas que soportó Dan por ser honesto, Dios nos dio una de sus razones en Hebreos 12:11, la cual El nos había enseñado antes cuando murió nuestra Judy... *entrenándonos.*

Es verdad que ninguna disciplina al presente parece ser causa de gozo, sino de tristeza; pero después da fruto apacible de justicia a los que en ella han sido ejercitados.

Dios está siempre ocupado en hacer de sus hijos lo que El desea que sean, y sabe cuándo y cómo contestar nuestras oraciones para que eso suceda, sin tomar atajos en ese proceso por contestar nuestras oraciones demasiado pronto o en la forma en que nosotros pensamos que El debía dispensarnos de su perfeccionamiento divino.

A lo largo de los tres años y medio en que Dan estuvo luchando y aguardando por haberse negado a tomar parte en un engaño, la idea de "¿Qué precio tiene la integridad?" le estuvo dando vueltas en la cabeza. Pero 1 Pedro 1:6-7 dice que es la *prueba* de nuestra fe; tanto si hemos visto la justicia aquí o no, o el regocijo cuando Jesús regrese:

En lo cual vosotros os alegráis, aunque ahora por un poco de tiempo, si es necesario, tengáis que ser afligidos en diversas pruebas, para que sometida a prueba vuestra fe, mucho más preciosa que el oro, el cual aunque perecedero se prueba con fuego, sea hallada en alabanza, gloria y honra cuando sea manifestado Jesucristo.

En la demora de Dios para responder a nuestras oraciones, Dan sintió muy hondo que El le estaba enseñando muchas cosas. He aquí parte de una nota que me escribió Dan al año de comenzar la prueba:

Me doy cuenta de que cuando llego al límite de mi resistencia y me siento anonadado por la desesperación, este problema me está arrastrando inexorablemente más cerca de la Roca. Este descubrimiento sólo puede significar una preparación para una gran tarea futura. La oración nos está cambiando los corazones a Nancy y a mí. Ambos hemos comenzado a creer que hay luz al final del túnel.

CUANDO DIOS ESTA SILENCIOSO — DE DAN

Ahora que la ordalía ha terminado y el veredicto de inocencia ha regresado del Comité Nacional de Méritos, Dan cuenta en sus propias palabras lo que Dios le ha enseñado:

Yo me preguntaba cosas, tantas cosas mientras Dios permaneció silencioso durante aquellos tres años y medio. Preguntas que bullían y a veces se enconaban en mi propio ser durante aquella larga prueba.

La primera pregunta que salía a la superficie era: *¿Por qué a mí?* ¿Por qué me había destacado yo por todo este juego sucio e injusticia? Pero Dios tenía Escrituras poderosas personalmente para mí que demostraban por qué. La primera respuesta vino en Juan 15:18-20: *porque el mundo persigue a los cristianos.*

Si el mundo os aborrece, sabed que a mí me ha aborrecido antes que a vosotros. Si fuerais del mundo, el mundo amaría lo suyo; pero porque no sois del mundo, antes Yo os elegí del mundo, por eso el mundo os aborrece. Acordaos de la palabra que yo os he dicho: "El siervo no es mayor que su señor." Si a mí me han perseguido, también a vosotros os perseguirán.

Mi pregunta de "¿por qué yo?" también fue contestada por Dios mostrándome que *los cristianos están llamados a ser diferentes.* No sólo tenía yo que *oponerme* a las obras malignas, sino que tenía que *revelar* aquellas malas acciones que yo había descubierto:

Y no participéis en las obras infructuosas de las tinieblas, sino más bien reprendedlas.

Efesios 5:11

Otra pregunta que me hice muchas, muchas veces mientras se alargaban los meses hasta convertirse en años era: *¿Por qué Dios no ha contestado mis oraciones todavía?*

En el Salmo 62:1-2, Dios me aseguró que aun tenía que esperar pacientemente:

En Dios solamente está acallada mi alma; de él viene mi salvación. El solamente es mi roca y mi salvación; es mi refugio, no resbalaré mucho.

Desesperándome por el silencio de Dios, al final me acongojaba por esta pregunta: *¿Seré tan testarudo que Dios debe hacerme pasar por el fuego para moldearme?*

La respuesta de Dios a eso en Juan 15:1-2,8 reveló algunos "porqués": *que Dios debe ser glorificado cuando yo lleve mucho fruto y pruebe que soy discípulo de Jesús*. Sin dudas, yo estaba siendo probado —podado— para el resultado final.

Yo soy la vid verdadera, y mi Padre es el labrador. Todo pámpano que en mí no lleva fruto, lo quitará; y todo aquel que lleva fruto, lo limpiará, para que lleve más fruto.... En esto es glorificado Mi Padre, en que llevéis mucho fruto, y seáis así mis discípulos.

Alcanzamos otra categoría de la enseñanza de Dios cuando, aun sin que yo preguntara, el Señor me enseñó lecciones increíbles a lo largo de aquellos años. Una muy importante fue la del *reexamen de las prioridades de mi vida*. Dios me hizo volver a la Escritura que fue la base de mi vida y el fundamento sobre el cual Nancy y yo escogimos edificar nuestro matrimonio.

Escogeos hoy a quién sirváis; ... pero yo y mi casa serviremos a Jehová.

Josué 24:15

Y entonces, después que tuve una idea clara de a quién yo servía, Dios me consoló con una de las más importantes lecciones de mi vida: *¿Si Dios es por nosotros, ¿quién contra nosotros?* (Romanos 8:31).

Dios también me enseñó que El *exige obediencia,* pero El *premia la justicia con una promesa.* Qué reafirmación de negativa a transigir con algo que afectara mi identidad. Job 8:20-21 dice: "Dios no aborrece al perfecto, ni apoya la mano de los malignos. Aún llenará tu boca de risa, y tus labios de júbilo".

Quizás la lección más importante que aprendí fue a confiar en Dios para todas las necesidades de mi familia... porque El tiene el *control de todo.* Económicamente, todo estaba muy grave para nosotros. Pasé muchas noches sin dormir preguntándome cómo iba a alimentar y vestir a mis hijitos. Pero aprendí a confiar en Dios... y El nunca nos falló. Cada una de las necesidades fue cubierta... a su tiempo.

No os afanéis, pues, diciendo: ¿Qué comeremos, o qué beberemos, o qué vestiremos? Porque los gentiles buscan todas estas cosas; pero vuestro Padre celestial sabe que tenéis necesidad de todas estas cosas. Mas buscad primeramente el reino de Dios y su justicia, y todas estas cosas os serán añadidas.

Mateo 6:31-33

La tercera categoría de cosas que Dios me enseñó fue *la importancia de vivir con el amor de Dios en las relaciones personales que mantuviera con otros en mi vida.*

Cada día traía desafíos y oportunidades de permitir que Jesús brillara a través de mí hacia otros. Y adquirí una nueva mansedumbre que Dios sabía que yo necesitaba aprender de Mateo 5:5:

Bienaventurados los mansos porque ellos recibirán la tierra por heredad.

En mi relación con otros, Dios también me enseñó que, como cristiano, yo personalmente *no podía permitirme el lujo de encolerizarme a causa de las circunstancias en que me encontraba.* Fue una conmoción darme cuenta de que me abría al diablo si lo hacía: "Airáos, pero no pequéis; no se ponga el sol sobre vuestro enojo, ni deis lugar al diablo" (Efesios 4:26-27).

Dios hizo hincapié al enseñarme que *no puedo amar a Dios y abrigar odio hacia otros,* aun aquéllos que me han atormentado. ¡Estoy llamado a cosas más elevadas!

No paguéis a nadie mal por mal; procurad lo bueno delante de todos los hombres.... así que, si tu enemigo tuviere hambre, dale de comer; si tuviere sed, dale de beber; pues haciendo esto, ascuas de fuego amontonarás sobre su cabeza. no sean vencido de lo malo, sino vence con el bien el mal.

Romanos 12:17, 20-21

Finalmente, a través de mi larga experiencia tan dura, Dios me enseñó *cómo vivir por encima de la mediocridad.* Como cristiano, estoy llamado a cosas más elevadas. Y Dios fijó mi atención en ello mediante 1 Pedro 1:15-16:

Sino, como aquel que os llamó es santo, sed también vosotros santos en toda vuestra manera de vivir; porque escrito está: Sed santos, porque yo soy santo.

Pero no podía —no tenía— que hacerlo con mis propias fuerzas. Cuando todos los recursos humanos dentro de mí parecían fallar, oraba continuamente a Dios con las palabras de su increíble —y verdadera— promesa de Isaías 40:31.

Pero los que esperan a Jehová tendrán nuevas fuerzas; levantarán alas como las águilas; correrán, y no se cansarán; caminarán y no se fatigarán.

A lo largo de todo aquello, mis oraciones estuvieron guiadas y a veces casi dictadas por Dios; directamente a mí a través de su Palabra. Y fuerons su forma de enseñarme paciente y amorosamente día a día todas las fabulosas lecciones que El deseaba que yo aprendiera en mi adversidad. Y mientras yo esperaba, a veces impaciente, a que El contestara nuestras oraciones para que la prueba terminara... El estaba simplemente silencioso... esperando hasta que yo aprendiera todo lo que El me estaba enseñando.

Y durante los cincuenta años que Chris y yo hemos estado casados, Dios ha enseñado a nuestra familia completa sus maravillosas lecciones también; haciéndonos poquito a poco lo que El, desde antes de la fundación del mundo, planeó que fuésemos. Hace muchos, muchos años aprendimos a orar como familia, no simplemente: "Señor, sácanos de este problema", sino "Señor, enséñanos lo que tú deseas que saquemos de esto".

Oraciones acariciadoras

7

NUESTRA PEQUEÑA NIETECITA CRISTA tenía fiebre alta. Mientras estaba sentada con ella en brazos en el sofá del salón, dormitaba inquieta con la cabeza en mi pecho. Cuando apretaba mi mejilla sobre su sedoso cabello, por mis mejillas corrían lágrimas silenciosas que caían en su cabecita. ¿Qué estábamos intercambiando? Lo que quiera que fuese, era algo muy real y tangible para esta abuela.

Los investigadores han descubierto que a los bebés que reciben caricias regularmente les va mucho mejor que a aquellos que son descuidados. La gente solitaria tiene más tendencia a la tensión, la ansiedad y la enfermedad. Las pruebas han demostrados que los monitos huérfanos prefieren la "madre mona" de peluche, aun cuando les dé descargas, que la fría "madre" de alambre que les proporciona leche.

A mí me gusta tocar. Con frecuencia digo que logro mucho más con las frases que escribo en mi autógrafo, que con mis enseñanzas, porque siempre toco a la persona de alguna manera. Por lo regular es un rápido abrazo sincero, pero la respuesta a esa caricia es un aprecio abrumador.

¿Qué sucede realmente cuando acariciamos? ¿Nuestros brazos alrededor de alguna persona le dicen que tenemos cuidado de ella

... o algo más? ¿Ayuda en realidad una caricia a un enfermo para recuperarse más rápidamente, como sugieren los investigadores? ¿El consuelo, el amor o incluso el poder se transmiten realmente a través del tacto?

JESUS Y EL TOCAR

La gente que rodeaba a Jesús sabía que algo sucedía cuando ellos lo tocaban. Ellos vieron c2mo su toque físico abrió ojos ciegos e hizo caminar al cojo. La mujer que tuvo el flujo de sangre durante doce años tocó el borde de su túnica y sanó instantáneamente. También:

Y dondequiera que entraba, en aldeas, ciudades o campos, ponían en las calles a los que estaban enfermos; y le rogaban que les dejase tocar siquiera el borde de su manto; y todos los que le tocaban quedaban sanos.

Marcos 6:56

EL AGREGAR ORACION AÑADE A DIOS

Aunque he aprendido a través de los años que mucho de lo bueno, útil y consolador puede transmitirse palpando, hay un poderoso ingrediente adicional a la disposición de los cristianos en su palpar familiar: *¡Dios!* Cuando el tocar agrega a Dios por la oración, eso trae al Dios del universo a un encuentro físico.

¿Qué sucede cuando las abuelas y los nietecitos se abrazan? Algo muy tangible pasa a través de ellos: un amor que es especial sólo para ellos, un vínculo que se fortalece con cada abrazo. Uno de los mejores lugares para que esto suceda es durante ese muy temprano abrazo matinal, cuando un pequeñín, abrazando una usada frazadita de seguridad, anda a tientas en la oscuridad de la madrugada y trepa hasta los brazos de la abuelita que le espera en su cama tibia. *Pero cuando añadimos oración, agregamos a Dios a esas felices ocasiones.*

Mientras Dan y Nancy estaban atravesando las profundidades de su ordalía, sus hijos, por supuesto, estaban sintiendo la tensión en la inseguridad de todo. Cuando me estaba pasando un día extra con ellos después de una reunión del consejo de dirección, Cindy trepó en la cama de abuela para acurrucarse, como decimos, una vez más.

Al quedarse dormida de nuevo, acunada estrechamente en mis brazos, durante los primeros minutos no hice más que disfrutar el amor que fluía de mí hacia ella. Entonces incluí a Dios en ese precioso momento. Derramando mi corazón por ella ante mi Padre celestial, le pedí por cada cosa que yo sentí que ella necesitaba entonces. Paz. Seguridad. Su amor fluyendo hasta ella. *La oración agregó los brazos de Dios a los de abuela que la abrazaban;* brazos divinos capaces de estrecharla con Su paz, seguridad, amor, más todas las cosas que El sabía que ella necesitaba. Esperé hasta que en su rostro aparecieron los primeros signos del despertar. Al abrir los ojos vio mi rostro, y en sus ojos y labios brilló una sonrisa de "¿verdad que es maravilloso?" mientras se apretaba más contra mí. Nunca dejo de orar un solo día por Cindy y por cada nieto *de lejos,* pero ésta fue esa impresionante caricia de mi propia descendencia... mientras oraba.

Otra vez cuando visitábamos a la familia de Dan y Nancy, Kathy, de cuatro años, y yo estábamos levantadas para no despertar a nadie más. A las 5 a.m. había venido para su acurrucada de costumbre. "¿Sabes lo que hizo abuela mientras estabas en mi cama?", le pregunté.

"Sí", contestó con una sonrisa entusiasta. "Me acurrucaste".

"Verdad, pero *¿qué otra cosa* crees que hizo abuela?"

Clavó sus ojos en los míos, esperando una respuesta.

"Abuela oró por ti, queridita. Mientras te estaba abrazando, estaba pidiéndole a Dios por ti".

Su mente de cuatro años estaba tratando de asimilar esas dos cosas juntas: "¿Qué estabas pidiendo por mí, abuela?"

Primero le pregunté: "Ya tú tienes a Jesús viviendo en tu corazón, ¿no es así, Kathy?" Cuando respondió "Oh sí" continué: "Bueno, yo le estaba pidiendo que Jesús te llenara y te hiciera como El".

Enderezándose, declaró terminantemente: "Eso no puede ser, abuela".

"¿Por qué no, mi amor?"

"¡Porque El es un varón y yo soy una niña!"

Vacilando momentáneamente ante ese atolladero teológico, le expliqué: "Oh, pero yo estaba pidiendo que Jesús te llenara con todas las cosas maravillosas que El *es:* como su amor, su gozo, y cosas así".

Su mirada confundida dio paso a una sonrisa de "¡qué bien!" Mis ojos no se separaron de los suyos, para no perderme ni un poquito de aquella nueva dimensión que nacía en ella.

Lo mismo había sucedido la semana antes cuando Jan y Skip me dieron una fiesta de cumpleaños junto a la piscina de un motel. Después de disfrutar de la piscina durante horas, nos arrodillamos alrededor de una de las camas para un precioso momento de oración. Sin embargo, con los niños excitados por el entusiasmo, le dedicamos un poco de tiempo a jugar a las "camas musicales" varias veces, Y Chris y yo terminamos durmiendo esa noche con Crista, de dos años y medio.

Al despertar temprano, la acuné en mis brazos mientras dormía; y esa cosa especial pasó entre nosotros mientras oraba por ella, con nuestros rostros tan cerca que las narices casi rozaban. Estiró su manita y me agarró la mejilla, y después, sujetando la cara de abuelita, durmió. Pero cada vez que sus ojitos se entreabrían, mirándose en los míos a pocas pulgadas, mostraba una dulce sonrisa de "te amo, abuelita". Y mi sonrisa le contestaba: "Ah, te quiero mucho, amorcito". *¡Tocarse y orar!* Fue una de esas felices ocasiones familiares que parecen tan completas por sí mismas. Pero cuánto más eso fue para nosotros cuando se añadió a Dios... a través de la oración.

Cuando nuestras nietecitas se quedaban a pasar la noche en casa, no dormían en la habitación de huéspedes; de ninguna manera. A cada lado de nuestra cama, en el suelo, hay un "nidito" de colchas y almohadas. La noche empieza en la cama con abuela para sus "cuentos de conejitos por episodios" y después nuestro rato de oración juntos. Entonces se van a sus niditos para dormir. Pero más tarde o más temprano terminan de vuelta en nuestra cama grande.

Yo siempre despierto temprano y paso un par de horas orando en la cama, así que ya estaba orando por nuestra familia cuando Jenna trepó por mi lado de la cama para terminar la noche. Mientras la abrazaba, Jenna se durmió rápidamente. Pero yo estaba bien despierta... y cambié mi plegaria a sólo para ella. La estreché entre mis brazos y oré hasta que comenzó a amanecer.

¡Qué diferencia cuando al acurrucar se agrega a Dios. Cuando quiera que alguna de mis queridas nietas —Cindy, Jenna, Crista o Kathy— han gateado buscando un abrazo, nunca he perdido la oportunidad de añadir a Dios... en oración.

TIEMPOS TRISTES

Nuestra hija médico Jan estaba trabajando en el hospital y corrió al encuentro del camillero mientras ellos conducían a Jenna al salón de emergencias la vez que un perro casi le arrancó la nariz de un mordisco. Arrodillada a su lado, Jan le tomó la mano bajo la sábana para sostener a su hija y oró desesperadamente. Y Dios se estiró hasta debajo de aquella sábana para sostener a aquella hija junto a El. Y para sanarla. Por milagro, como dije antes, prácticamente ¡no se le ve una cicatriz!

Cuando nació Cindy, durante varias semanas tuvo cólicos. Mientras la paseaba en brazos por primera vez, recuerdo haber repetido la palabra *Jesús* cientos de veces mientras medía el suelo, murmurando Su nombre, cantándolo, a veces alzando mi voz por sobre su llanto. Según la estrechaba en mis brazos, estaba muy consciente de estar trayendo a Jesús a esta habitación con nosotros ¿Oración? ¡Oh, sí! Invitando a Jesús allí con nosotros... para consolar, calmar y aliviar el dolor.

Jaimito, nuestro nietecito de meses, echaba de menos tanto a su mamita y su papito cuando ellos se fueron un fin de semana a esquiar, separándose de él por primera vez. Como no conocía mucho a su abuelita entonces, lloraba y lloraba. Pero eso me dio un pretexto magnífico para cargarlo en brazos y pasearlo, murmurando repetidamente en su oído un sonido bisbiseante que parecía gustarle. Pero también oré y oré mientras paseaba, pidiéndole a Dios que le proporcionara la seguridad que el diminuto Jaimito necesitaba, seguridad que sólo sus padres podían realmente darle; una seguridad que yo como su abuelita no podía suministrarle por completo. Y él se calmó, disfrutando a tan temprana edad la experiencia de que Dios viniera en respuesta a la oración para abrazarlo muy estrechamente en sus brazos sobrenaturales.

Es probable que usted haya deducido que yo, como abuela, aprovecho cada oportunidad para incluir a Dios en todas mis experiencias de tocar a mis nietecitos. Entonces no sólo son acariciados por un humano que se preocupa por ellos, sino por el omnipotente Dios de los cielos.

TRANSMITIDO A TRAVES DE LA ORACION

Jesús se indignó cuando sus discípulos reprendieron a la gente que estaba trayendo niños a Jesús para que los tocara.

Y tomándolos en brazos, poniendo las manos sobre ellos, los bendecía.

Marcos 10:16

En Guatemala, venían ómnibus cargados de mujeres de las montañas, a quienes habían traído a mis reuniones, quienes se alineaban para que yo tocara a sus bebés de brillantes ojos. Cuando yo ponía las manos sobre ellos y oraba, las madres quedaban extáticas. En realidad fue uno de los mayores privilegios de mi vida, porque sentí algo de Jesús fluyendo a través de mis manos a cada uno de ellos.

¿Estaba incluido el tocar cuando El dijo a sus seguidores (incluso los seguidores de hoy), "De cierto, de cierto os digo: El que en mí cree, las obras que yo hago, él las hará también; y aun mayores hará, porque yo voy al Padre?" (Juan 14:12). Puesto que el tocar fue una de sus más frecuentes "obras", ¿podía haber estado incluyendo lo que se transmite por medio del tocar? No veo por qué no.

EL TOCAR EN EL MATRIMONIO

En nuestro matrimonio, Chris y yo a menudo hemos dicho mientras ibamos a la cama por la noche: "Este es el mejor momento del día." ¿Por qué? Dios sabía, cuando ordenó el matrimonio, que el tocar produciría consuelo, seguridad e intercambio emocional entre ambos, que tanto necesitan los agotados cónyuges al final de un largo día.

Pero las horas de la madrugada son mi mejor tiempo de orar. Así que cuando estoy acostada junto a Chris, orando por él a las 3 o las 4 de la mañana mientras él está todavía dormido, es casi automático alargar la mano y ponerla sobre su cabeza. Cuando me estoy comunicando con el Dios del universo acerca de mi esposo, parece muy natural tocar a Chris. De alguna forma parece ser un añadido a una dimensión física de Dios respondiendo a ese toque mientras El derrama en Chris las cosas por las que estoy orando.

LAS BENDICIONES DE UN PADRE

Como médico, nuestro yerno Skip conoce la importancia del tocar. También sabe de la importancia de tocarse los miembros de la familia. Pero como la cabeza espiritual de su casa, él está al tanto

114

de la importancia que tiene el "toque de bendición". Durante muchos años ha practicado la bendición espiritual en su hogar. Skip nos cuenta con sus palabras acerca de eso:

Como padres continuamente se nos alienta en nuestros esfuerzos por alimentar amorosamente a nuestros hijos y esposas. La Palabra de Dios y algunos escritos recientes acerca de la importancia de tocar y bendecir han tenido un impacto en nuestra familia. Nuestra cultura espiritual y secular se ha mantenido más bien silenciosa con respecto a la importancia de la bendición. Ocasionalmente, nos afirman nuestros padres, maestros y supervisores; sin embargo, se sabe que el tocar es vital para un saludable desarrollo emocional y social.

Durante muchos años hemos compartido juntos cada semana las bendiciones personales después de nuestro desayuno "especial" del domingo. Usualmente nuestros hijos claman para que los bendigan primero. Sentada en nuestro regazo, la persona especial está rodeada del resto, y los bendecidos lo abrazan y besan. Se les bendice en el nombre de Jesús por necesidades generales o específicas. Otros miembros de la familia intervienen por cosas particulares de esa persona por las cuales ellos están agradecidos y para bendecirlos en alguna cosa en particular que hayan sentido hacerlo. Con frecuencia oramos por bendiciones de sanidad. Algunas veces pedimos que los llene el séptuplo Espíritu del Señor. En la bendición me gusta repetir la que aparece en Lucas 2:52 acerca del joven Jesús: *Y Jesús crecía en sabiduría y en estatura, y en gracia para con Dios y los hombres.* Por mi esposa estoy orgulloso de incluir las mencionadas en Proverbios 31:28: *Se levantan sus hijos y la llaman bienaventurada; y su marido también la alaba.*

Hace poco Crista y Jenna estaban sentadas en mis piernas mientras leíamos una enciclopedia. En el término *niño* leímos que de los cinco a los ocho años de edad, el niño está muy ocupado en formar una imagen de sí mismo, basado en las interacciones con sus padres y otros niños. Para los años anteriores a la adolescencia aumenta la importancia de la aprobación de sus compañeritos. Como familia en que nos alentamos y reafirmamos unos a otros con nuestras palabras, oraciones y cariño, buscamos el cemento de Dios que nos ayude a crecer juntos y fuertes en El. Las bendiciones de la familia son una de las herramientas que nos ayudan a lograr esto.

Chris y yo estábamos allí durante uno de aquellos desayunos de domingo, y Skip se levantó y, dándole la vuelta a la mesa, se acercó a nosotros para ponernos las manos sobre la cabeza después que terminó con su familia. ¡Qué experiencia más sorprendente! ¡Y qué tiempo de oración familiar más abrumador! Jan me contó que Jenna fue a dormir un sábado a casa de una amiguita suya, de un excelente hogar cristiano. Asombrada, más tarde le contó a sus padres que ellos no habían hecho nada el domingo por la mañana... "¡tan sólo desayunaron!"

La primera vez que yo disfruté la experiencia de bendecir un niño en el hogar de Skip y Jan, fue cuando ellos regresaron del hospital a casa con su primogénita Jenna. Aunque tenía menos de veinticuatro horas de nacida, ningún hospital podía retener a la hija de aquellos dos médicos. Así que Jan me llamó por adelantado para ver si yo podía arreglarlo todo y llevar a la bebita a la casa. "Jan, has esperado diez años por esta hija. ¿No preferirías llevarla tú misma en brazos al atravesar el umbral de tu hogar?"

"No", replicó. "Queremos que tú entres a la bebita en la casa y te sientes en el viejo butacón verde y ores por ella". (El viejo butacón verde que había sido mi "rincón para orar" por más de veinte años; ahora retapizado y colocado en su salón.)

Bueno, yo cargué a la recién nacida para entrar a la casa y me senté en el viejo butacón verde. Pero no pude quedarme allí. Coloqué a Jenna en el asiento y me arrodillé a su lado. Y cuando puse mis manos sobre aquel suave bultito y comencé a orar, me di cuenta de que los flamantes padres se arrodillaban a ambos lados de mí... y poniendo también las manos sobre su primera descendiente, ¡oraban!

Nuestros nietos han llegado en "pares de primos". Cindy se adelantó a su primita Jenna —para ser la primera nieta— sólo un mes. Y la primera ocasión en que estuve a solas en su casa con mi primera nieta, me arrodillé a su lado y oré. Dominada por la impresionante emoción de poner mis manos sobre aquella nueva generación de nuestra familia, había orado fervientemente a Dios para que pusiera sus manos alrededor de ella, para protegerla, para guardarla y para alimentarla y llenarla de El mismo. *¡Las manos de Dios tocándola junto con las mías!*

MANOS QUE TOCAN

Jesús debe haber considerado que sus manos al bendecir tenían un significado especial, porque después de un ministerio de tocar gente de todas las edades, El decidió que bendecir con sus manos sería su último gesto aquí en la tierra. Cuando el Salvador se elevaba dejando esta tierra: "Y alzando sus manos, los bendijo. Y aconteció que bendiciéndolos se separó de ellos y fue llevado arriba al cielo" (Lucas 24:50-51).

Las manos siempre han sido una parte vital de las bendiciones y las comisiones en el cristianismo. Nuevos misioneros, pastores y sacerdotes son enviados a los llamados de Dios con la imposición de manos.

En Antioquía.... Ministrando éstos al Señor, y ayunando, dijo el Espíritu Santo: Apartadme a Bernabé y a Saulo para la obra a que los he llamado. Entonces habiendo ayunado y orado, les impusieron las manos y los despidieron.

Hechos 13:1-3

La Biblia ciertamente implica que hay algo más que simbolismo en la imposición de manos.

Lo que ellos en realidad reciben a través de esas manos no se dice. Y yo, mientras asistía a cultos en que se comisionaba, acostumbraba a preguntarme qué sucedía, si algo pasaba, durante la oración de comisionar. Pero ahora, después de haberlo recibido, sé que hay algo de Dios. Cuando voy a un viaje al extranjero, inicio una nueva faceta del ministerio o comienzo un nuevo año de vida, los miembros de mi cuerpo oficial me imponen las manos.

Me ha asombrado la diferencia entre lo que siento de diferentes manos. Algunas veces tibieza; otras, inesperado calor; y con frecuencia, algo como electricidad fluyendo hacia mí. Los abrazos amistosos de los miembros de mi cuerpo oficial son estupendos, pero cuando se añade la oración, Dios no sólo está presente, sino que se transmite algo *de El.*

Nuestra familia con frecuencia tiene "oraciones de comisionar" también, y no sólo para recién nacidos. La última vez que viajé a la India, Jan y Skip celebraron una reunión de oración familiar por mí alrededor del viejo butacón verde en su propia casa. Cuando me arrodillé, toda la familia me impuso las manos y uno por uno le pidió a Dios que me protegiera, me guiara, que me mantuviera a salvo. Una vez más ese algo espiritual pasó de ellos a mí. Terminamos abrazándonos en un gran círculo entrelazados y llorando. *Despedida familiar... incluyendo a Dios.*

Nuestro pequeño Brett no tenía todavía un mes cuando Jan me lo estaba dejando para irse de compras. Cuando me lo tendía me preguntó: "¿Dónde quieres cargarlo?"

Mi respuesta inmediata fue: "En el viejo butacón verde. Entonces puedo hacer dos cosas al mismo tiempo". Jan se detuvo un minuto, sentada al otro lado de la habitación frente a nosotros, para disfrutar la escena.

Mientras estrechaba contra mí aquel bebecito, algo pareció derramarse de mi ser hacia él. "Jan, no entiendo qué sucede cuando tocamos así, pero algo pasa". Cuando estuve sola con él, las lágrimas rodaron por mis mejillas mientras sentía ese abrumador "amor de abuela" que fluía, incluso de la palma de mis manos mientras se estrechaban contra su cuerpecito. Pero cuando empecé a orar incluí las divinas manos y brazos de Dios tocando al bebito. Yo no entiendo el "tocar", pero ciertamente lo he sentido; he recibido sus resultados.

LAS MANOS DE MI MADRE

Hace años, dondequiera que estuviera , en una cama de hospital, o junto a un pequeño ataúd en la funeraria, o encarando una crisis en nuestra familia, de alguna manera mamá siempre se las arreglaba para llegar hasta mí en el primer avión. Y sus manos estropeadas por el trabajo aliviaban mi frente o secaban mi rostro lleno de lágrimas. A través de los años, cuando perdí mis bebés o mi mundo se derrumbaba, su mano tibia y amante se extendía automáticamente hacia mí. Pero siempre estaban sus oraciones acompañando aquellas preciosas manos.

Cuando mi madre envejeció, con frecuencia cambiamos de papeles. Después que murió su esposo de más de veinticinco años (mi padrastro), yo la estaba conduciendo de vuelta a casa una noche. Detuve el auto en la cuneta, y hablamos a fondo de su soledad. Entonces extendí mi mano hacia las suyas y las estreché fuerte mientras orábamos. Nunca supe lo que ella sintió, pero todavía puedo recordar como si fuese hoy la electricidad que sentí transmitirse entre nuestras manos.

Cuán a menudo tomé entre mis brazos su frágil cuerpecito, agostado por los achaques de la vejez. Mientras abrazaba a aquella viejecita y oraba, me preguntaba qué sentía. ¿Recibía el poder, el apoyo, el cuidado, el amor que fluía de mí... y de Dios mientras yo oraba? Ella está en el cielo ahora, así que tendré que esperar para preguntarle.

Según voy envejeciendo y experimento esas sensaciones no tan vivas y a veces dolorosas, sé lo que siento cuando mis hijos me abrazan apretadamente contra sus poderosos cuerpos jóvenes llenos de vitalidad. Y cuando añaden la dimensión de la oración, Dios agrega también su vitalidad y poder a nuestro abrazo.

La mayor parte de los humanos, especialmente las parejas casadas, madres y padres, hijos y nietos, saben la importancia del tocar. Pero el tocar y orar añade otra dimensión: *¡Dios!*

Cuando nosotros no podemos tocar, Dios puede

8

CUANDO ME ARRODILLE en el viejo butacón verde y mi familia oró por mí antes que saliera para la India en 1982, Dios también les había dado a todos los miembros de la familia de Jan y Skip el mismo versículo bíblico para mí.

> *Mira que te mando que te esfuerces y seas valiente; no temas ni desmayes, porque Jehová tu Dios estará contigo en dondequiera que vayas.*

> Josué 1:9

Yo tenía entonces una especial necesidad de esta promesa de Dios mientras viajaba hacia la India. La violencia política aumentaba día a día. Incluso en la hermosa Bangalore no me permitían salir sola a la calle hasta que un auto me estuviera esperando. La ampliación de los toques de queda del gobierno fueron posponiendo los programas de seminarios planeados, algunos suspendidos sólo dos horas antes del comienzo de nuestras reuniones. La mañana en que debía salir para Calcuta, las noticias eran ominosas: Leyendo de nuevo Josué 1:9, Dios hizo hincapié en una sola palabra: ¡*dondequiera!* Dios me aseguró: *"Dondequiera* que vayas, yo guardaré la promesa que todos reclamaron para ti". Y pude comprobar el poder de las respuestas de Dios por Su protección, poder y victoria *dondequiera* que fui, durante todo aquel duro viaje. ¡Dios puede alcanzarnos *dondequiera* que vayamos!

CUANDO NO PUEDA TOCAR, HAGA UN TRIANGULO

Cuando Kathy era todavía preescolar, no entendía las relaciones espaciales al tiempo que hablábamos de que tenía que irse de lagoMichigan donde disfrutábamos de vacaciones para regresar a su casa. Así que le aseguré que yo oraría por ella, aunque estuviera en su casa, a 1.600 kilómetros de distancia.

"Lo mejor de la oración es que no importa dónde uno esté, Kathy", le aseguré. "Mira, yo puedo orar por ti a Dios en el cielo, entonces Dios alcanza tu corazón dondequiera que tú estés. No importa que tú estés en Minnesota o Washington o Michigan. No siempre sé dónde tú estás, pero Dios sí sabe *siempre* dónde estás exactamente.

"Es como hacer un triángulo, Kathy. Junta las palmas de tus manos sobre tu cabeza, amorcito. Ahora imagina que Dios está en la punta de tus dedos, y cada una de nosotras está en un codo. Cuando juntas los codos, es cuando estamos juntas como ahora en estas vacaciones. Pero cuando separas tus codos, así es como estamos a veces cuando regresas a tu casa. Pero todavía estamos conectadas a través de Dios. Así que cuando yo pido por ti en mi codo, mi oración sube por ese brazo hasta Dios. Entonces Dios hace bajar la oración por el otro brazo hasta ti; no importa dónde estés".

Eso hizo mucho más fácil para Kathy el regreso a casa.

Yo aprendí a hacer ese triángulo cuando Chris tuvo que irse a cumplir su deber militar a Inglaterra como piloto de bombardero B-17 durante la Segunda Guerra Mundial. Yo nunca sabía dónde estaba él exactamente: en una misión, en una base, o en Londres durante un permiso de pocos días. Y no tenía forma de comunicarme directamente con él, no importa cuán desesperadamente lo necesitara. Con cada misión de bombardeo sobre Alemania, yo ni siquiera sabía si había regresado sano y salvo a su base o había sido derribado y capturado.

Pero como joven recién casada, aprendí una lección importante: *Dios podía —y lo haría— estar allí llevando el clamor de mi corazón directamente hasta Chris.* Los clamores que salían de mi corazón por su protección, consuelo, paz e incluso gozo en medio de la batalla, llegaban a través de Dios directamente hasta las barracas de Chris o la cabina de su avión. No, yo no podía estar allí... ¡pero Dios sí!

Mientras estaba mecanografiando este capítulo, el teléfono sonó y una débil voz solicitó oración... una vez más. La que llamaba era una esposa y madre que sufre de esclerodermia, la fatal enfermedad en que la piel se endurece paulatinamente hasta parecer de piedra. Ella había tenido que ser alimentada con sueros intravenosos, pero nos agradecía nuestras oraciones, porque ahora era capaz de poder comer algo. Juntas le agradecimos a Dios ese milagro.

Pero entonces me contó su preocupación por su hijo de diez años, que a veces encuentra difícil asimilar la enfermedad de su madre y su hospitalización; y ella se siente impotente. Le aseguré que uno de los privilegios de estar en el hospital era el tener mucho tiempo para orar por su hijo; y que, aunque ella no podía llegar hasta él, Dios sí podía —y lo haría— si ella oraba por él. "Pero me estoy debilitando tanto", murmuró. Le aseguré que Dios comprendería, aunque sólo fueran frases cortas.

"Tus oraciones desde la cama del hospital pueden ser lo más importante que jamás hayas hecho por tu hijo", le aseguré. "Pueden volver en 180 grados la dirección de su vida futura; mucho más de lo que podrías hacer cocinándole, lavando para él y acompañándolo". *¡Oraciones en triángulo!*

CUANDO NO PODEMOS ALCANZAR A TOCAR A UN MIEMBRO DE LA FAMILIA, DIOS SI PUEDE

Tanto Chris como yo hemos tenido que viajar mucho en nuestros ministerios. No importa a dónde nos han llevado nuestros viajes alrededor del mundo, esa oración en triángulo no sólo envía a Dios con Sus respuestas hasta el otro, sino que también parece conectarnos de alguna manera.

Se siente una profunda soledad cuando Chris o yo debemos irnos lejos del otro. Y durante por lo menos treinta años he pedido a Dios: "Dios mío, llena a Chris de ti en su soledad... tal como yo Te siento llenarme cuando estoy lejos de él". Y no importa si he estado en Asia, Europa, Australia o Africa, he orado y Dios ha alcanzado a

Chris dondequiera que ha estado... y ha llenado el vacío en el corazón de Chris.

Y cuando Chris sufrió su operación de cáncer, no pude estar junto a él todo el tiempo mientras se recobraba. Pero me contó, como he dicho antes: "Podía sentirte orando. Sentía como si mi cuerpo ni siquiera tocara la cama. Me sostenía una cuna de oración".

Jehová, hasta los cielos llega tu misericordia, y tu fidelidad alcanza hasta las nubes.

Salmo 36.5

No hay límite hasta donde Dios pueda llegar. Y me asombra cómo el brazo de Dios puede girar 360 grados en ese triángulo de oración. Cuando le pedimos a El, no importa en qué lugar de la tierra, o incluso en el espacio, puedan estar los miembros de nuestra familia, el brazo de Dios los puede alcanzar.

CUANDO NO PODEMOS ENCONTRAR A NUESTROS SERES QUERIDOS, LA MANO DE DIOS PUEDE

Hay veces en que ni siquiera sabemos dónde está un miembro de la familia. No importa en qué zona de horario estoy, siempre llevo conmigo un reloj que tiene la "hora de casa". Pero, incluso así, no siempre puedo seguir la pista de dónde están los miembros de mi familia... ni ellos la mía.

Mientras volaba de regreso al hogar sola desde Bombay, India, la situación política del Oriente Medio era muy tensa. Mi vuelo incluía volar sobre aquellos desiertos en un avión de Air India, y mi esposo estaba muy preocupado. Habiendo sido entrenado como piloto militar, él seguía la pista de dónde estaba mi avión manteniéndose en contacto con el sistema de información de la aerolínea. Y se mantuvo levantado toda la noche, no sólo preocupándose, sino orando. Orando por su esposa, que estaba en algún lugar allá sobre aquellos hostiles desiertos.

Si tomare las alas del alba
Y habitare en el extremo del mar,
Aun allí me guiará tu mano,
Y me asirá tu diestra.

Salmo 139:9-10

Las comunicaciones electrónicas y las entregas por correo fallan. Cuando estaba en la India, me tomaba varias horas y a veces días hacer contacto telefónico con mi hogar, mientras que no se esperaba que mi suegra viviera mucho más. Una de las más grandes cosas acerca de la oración es que el Dios que las contesta es un Dios *omnipresente*. Aun cuando no es posible una llamada telefónica ni una entrega postal, todavía hay uno que puede y quiere trascender los kilómetros a través de continentes y océanos: *Dios*.

TAN CERCA Y SIN EMBARGO TAN LEJOS

Tanto la distancia entre usted y la escuela de su hijo, como un cuestionable evento social, o sólo "por ahí con la pandilla" pueden ser tan devastadores como si existiera un océano entre ustedes. Pero la mano de Dios puede alcanzar a los hijos en esos lugares también.

El aguijón de esas primeras separaciones familiares se redujo mucho para nosotros orando por nuestros hijos. Nosotros enviamos a nuestros pequeñines a adentrarse en un mundo cruel... no solos, sino con Dios. En nuestras "oraciones en la puerta del frente" orábamos específicamente por el abusador en el área de juegos, el difícil examen de ese día, un dolor de barriguita, o cualquier cosa que en ese momento estuviera alzándose ante ellos allá afuera. Nuestra mano no podía sostener la suya —y no debía—. Pero enviábamos a nuestros hijos afuera con la invisible mano de Dios estrechando las de ellos.

Desde el día en que nuestra Jan entró en el kindergarten hasta que nuestro hijo menor Kurt se graduó de la escuela superior, nunca dejamos de orar un día junto a la puerta del frente cuando se iban, tal como mencioné en un capítulo anterior. Admitiré que hubo momentos —cuando nuestros hijos eran adolescentes— en que se rebelaron, verbalmente, por tener que esperar en la puerta. Y a veces las oraciones tuvieron que ser sólo unas pocas palabras "disparadas hacia Dios a la carrera". Pero, mirando hacia atrás, sé cuán importante fueron aquellos ratitos de oración —para ellos y para nosotros—. Quitaron el miedo y nuestro proteccionismo y posesividad, cuando Dios tomaba el relevo... cuando nosotros no podíamos tener el dominio. Cuando orábamos por ellos, nuestros hijos sin saberlo tenían la misma seguridad que el salmista en el Salmo 73:23: *Con todo, yo siempre estuve contigo [Dios]; me tomaste de la mano derecha.*

La primera vez que llevé a una nietecita al preescolar, mi hija Jan me advirtió: "No olvides orar allí dentro del pasillo junto a la puerta. ¡Ella no entrará hasta que lo hagas!"

SEPARADOS TAN SOLO POR UNA ORACION

Aunque mi madre y yo llevamos una vida de "oraciones tocándonos" cada vez que estábamos juntas, la inmensa mayoría de nuestras oraciones las hicimos cuando no podíamos tocarnos. Y así sucede con casi todas las oraciones familiares. El porcentaje de veces en que la mayor parte de los miembros de la familia pueden tocarse mientras oran es relativamente escaso. Según los miembros de la familia crecen, van a la escuela, se mudan lejos o se casan, el contacto físico puede ser espasmódico cuando más. Siendo así, ¿qué podemos hacer cuando no podemos tocarnos?

Mi madre tenía la respuesta a eso también. Cientos de veces a través de los años me recordaba: *"Recuerda, Evelyn, sólo nos separa una oración"*. Lo decía tan terminantemente, sin cuestionamientos, sin vacilaciones. No era más que un hecho, ¡un hecho indiscutible!

El vivir a cientos de kilómetros de mi madre durante mi vida de adulta jamás rompió nuestra increíble unión. ¿Cómo manteníamos esa unidad? Era por su silenciosa búsqueda de mi mano y murmurándome cada vez que nos separábamos: "Nos separa tan sólo una oración". Se convirtió en nuestro secreto después que me casé, y luego seguí a mi esposo a su destino militar, nuestra universidad y su seminario y pastorados. Años después, la última llamada telefónica amMamá cuando yo iba de viaje al extranjero siempre incluía: "Recuerda, queridita, ¡sólo nos separa una oración!" calmando su aprensión maternal... y la mía.

Así que, en vez de separarnos la distancia a mi madre y a mí, nuestras oraciones han viajado como un triángulo a Dios y hacia abajo a la otra: la conexión entre nosotras misteriosa y divinamente ininterrumpida.

Cuando no podemos tocar al miembro de nuestra familia que lo necesita, Dios todavía puede conectarnos. Era la primera noche de Jan después de una extensa microcirugía en la Clínica Mayo, y no podíamos estar con ella. Padeciendo gran dolor, en medio de la noche me llamó a mi hotel, que estaba del otro lado de la calle.

"Oh mamá, me duele tanto; *¡por favor, ora!"* ¡Qué lucha estar separadas por tan corta distancia —y tan completamente— mientras yo pasaba el resto de la noche intercediendo a Dios por mi hija que sufría! A la mañana siguiente, cuando entré en su habitación del hospital, Jan sonrió débilmente y dijo: *"Gracias, mamá. La oración es como si alguien te tomara la mano desde larga distancia".*

UN ANCLA EN CASA

Es en extremo importante para los miembros de la familia que están lejos el tener un ancla en su hogar. Necesitan desesperadamente la seguridad de los restantes miembros de la familia, su preocupación por lo que ha sucedido —y su amor incondicional—. Necesitan un número de teléfono o una dirección que les proporcionará un ancla a que aferrarse; un lugar al cual dirigir sus gritos pidiendo ayuda.

Cuando las familias reciben llamadas pidiendo auxilio de aquellos que están lejos, puede apoderarse de ellos una impotencia aterrorizante. Un deseo de correr o volar inmediatamente hacia ellos... lo que por lo regular es imposible. El pánico puede apoderarse de ellos mientras padres y hermanos se preguntan cómo pueden ayudar. O pueden incluso descartar el problema porque saben que nada pueden hacer.

Pero qué privilegiado es aquel miembro separado de una familia que *sí* sabe lo que tiene que hacer. Cuya familia sabe que, aunque no puedan acercarse a su ser querido, hay alguien que *sí puede: Dios.* Cuán privilegiados si sus familias saben cómo *pedir.*

Lo que tendrá efectos palpables en circunstancias difíciles, lo más importante para el bienestar de los miembros ausentes de nuestra familia, no es nuestro cuidado o nuestro amor, con toda la importancia que éstos tienen. Es solamente Dios quien puede hacerlo. Y Dios se inclina para alcanzarlos e intervenir en su necesidad en respuesta a nuestras oraciones.

La oración eficaz del justo puede mucho.

Santiago 5:16B

Las llamadas pidiendo auxilio familiar debían suscitar más que preocupación, pánico o aun retraimiento —rehuyendo el prestar la ayuda pedida—. La oración ferviente y persistente de la familia en casa debe surgir espontáneamente.

ORACION POR CONEXION TELEFONICA

Nuestra familia ha mantenido ocupadas las líneas telefónicas de larga distancia desde que nuestro primer hijo se fue lejos a estudiar en la universidad. Nos ha parecido que esas cuentas telefónicas han sido una de las mejores inversiones que hemos podido hacer por nuestros hijos. En nuestra casa son familiares las llamadas urgentes de "Por favor, ora, ¡rápido!" o "Mamá, llama a la cadena de oración". Incluso las llamadas ordinarias casi siempre terminan con una promesa verbal de orar o una resolución silenciosa de multiplicar e intensificar nuestra oración por ellos.

Cuando Kurt y Margie estaban viviendo en Nueva York, evitaron un aborto en una jovencita llevándola a la casa de ellos. Pero no estaban preparados para su forma de vida: "Mamá, ¿qué tú contestas cuando le decimos que no está bien su costumbre de pasear en auto con una pandilla de adolescentes, tirando botellas a través de las ventanillas de otros autos, y ella, sorprendida, nos pregunta qué hacemos *nosotros* para divertirnos? Por favor, mamá, ¡ora!"

Cuando los miembros viven lejos de la familia, con frecuencia surgen situaciones que no pueden manejar solos. Pero no tienen que manejarlos solos. Una carta o llamada telefónica a una "orante" familia cristiana en el hogar lejano, eleva la oración a Dios; y aunque la familia no pueda ayudar en persona, Dios puede —y lo hace— ¡en respuesta a esas oraciones!

Precisamente cuando estaba escribiendo acerca de un ancla en el hogar, nuestro teléfono sonó. Era nuestra nuera —nuestra hija afectiva— Margie, que está embarazada. "Kurt está enfermo del estómago y no puede enseñar conmigo en la escuela dominical esta mañana. ¡Por favor, ora!" Y continúa: "Y me siento tan vacía esta semana.. con Jaime tan enfermo y yo todavía sin sentirme bien después de nuestro malestar del estómago. Peor todavía, Kurt escribió la lección hoy, y era quien iba a dirigir hoy. Tengo sus notas, pero sólo quince minutos para reunirlas".

Mi corazón se volcó hacia ella: "Margie" repliqué, "es en tu debilidad, como en la de Pablo, que el poder de Cristo te cubrirá. Yo lo sé: ha sido la historia de mi vida y siempre ha sido así conmigo. No te preocupes por lo que vas a decir. Tú has enseñado en esa escuela dominical durante muchos años. Así que deja que el Espíritu Santo traiga a tu mente las respuestas a sus preguntas de lo que Dios ha hecho por ti. ¡*Sé* que El lo hará!"

Mientras Margie estuvo enseñando, pasé mucho tiempo pidiéndole a Dios para que derramara su poder, no sólo sobre ella, sino sobre toda la clase. Uno de los mayores privilegios de mi vida ha sido hacer sentir a mis hijos que tienen un ancla en casa a donde ellos pueden llamar para que oren por ellos: en cualquier momento o en cualquier circunstancia.

UN ANCLA PARA DAN Y NANCY

De todas las oraciones telefoneadas a nuestra casa, las más frecuentes —con mucho— fueron de nuestra Nancy durante los tres años y medio del desastre laboral de Dan. Por vivir a miles de kilómetros de nosotros se podía permitir sólo escasas y breves visitas, pero el vínculo de oración jamás se rompió. La frase de mi madre: "Sólo nos separa una oración" se convirtió en una forma de vida para esta madre e hija también. A veces casi pienso que estamos tan unidas *porque* ella está tan lejos.

Sus necesidades no tenían fin... y las peticiones urgentes eran continuas. Día tras día ante ellos se elevaban montañas: desde la elección de un abogado hasta trabajar con la oficina del Senador Grassley, o presentarse ante el Comité Nacional de Méritos. ¡Sí que necesitaban oración!

Además Nancy telefoneaba porque la pequeña Kathy se había caído por la escalera y se había roto una pierna. Nancy estaba consiguiendo otro grado por extensión con obstáculos constantes. La cirugía que necesitaba Cindy se pospuso porque se descubrió que tenía un problema de sangramiento. Y así seguían llegando a casa las llamadas de S.O.S. Y nosotros seguíamos orando y orando.

Ustedes recordarán que las solicitudes de oración por teléfono se iniciaron en Rockford allá por 1968 cuando nuestras damas del grupo de oración "Qué sucede cuando las mujeres oran" experimentaron usando el teléfono para comunicar las necesidades de oración que dieron como resultado "las cadenas de oración telefónicas". Pero fueran las llamadas devueltas, con las respuestas, lo que las convenció, sin saberlo yo, que Dios realmente contesta cuando nos comunicamos por teléfono... si de verdad nos tomamos el tiempo de orar.

EN LAS PROPIAS PALABRAS DE NANCY

En sus propias palabras, Nancy nos cuenta aquí cuánto ha significado para ella la oración:

Muchas familias separadas por muchos kilómetros se mantienen en contacto por teléfono o por cartas. Desafortunadamente, muchas de esas comunicaciones degeneran de información a indiferencia o incluso a murmuración.

Yo crecí comprendiendo que Dios es una parte de las actividades y decisiones de cada día. Y siempre que llamo a casa, la conversación termina con: "Vamos a orar por eso"; y lo hacen. No hace falta que se trate de una crisis. El incluir a Dios, mediante la oración, en las actividades diarias del matrimonio, el empleo y la crianza de los hijos, mantiene a nuestra familia no sólo bien informada, sino también unida.

Cada vez que contamos algo, nos desahogamos o incluso oramos con un amigo o un consejero, puede ser muy beneficioso. Pero cuando nos desahogamos o contamos algo a un miembro de la familia, hay una dimensión adicional: la profundidad y permanencia del amor familiar es diferente. Y da lugar a oraciones intensamente personales y preocupadas. Y eso es lo que yo he sentido cada vez que he llamado a casa a través de esos muchos años.

CUANDO ELLOS ORAN POR NOSOTROS, EL BRAZO DE DIOS NOS ALCANZA

Uno de los más importantes regalos que yo he recibido en mi vida ha sido una cruz de oro con su cadena. Chris me la regaló cuando empecé a viajar mucho sola. La tarjeta decía: "Recuerda cuando estés allá lejos sola, que hay alguien en casa que te ama y ora por ti". Cuán a menudo, cuando las cosas se ponían difíciles, yo tomaba la cruz en mis manos y sentía la seguridad de esas oraciones de mi esposo.

Cuando fui a Seúl, Corea a enseñar en la Asamblea Internacional de Oración en 1984, Chris me dio una carta para llevarla siempre conmigo, que decía: "Tengo dos razones para escribir esta carta. Primera: espero que mientras la lleves, te recuerde constantemente *mis oraciones por ti*. Oración que da una sensación de su poder, su presencia y su capacidad de cubrir cada necesidad que tú puedas tener. El puede hacerlo. Segunda: que te recuerde cuánto te amo y cuán ansiosamente espero el día de tu regreso".

Las oraciones de Dan y Nancy también han fluido de ellos hacia mí. Yo también les cuento mis muchas necesidades, no me limito a orar por ellos. Aquella primera vez que le pedí a la pequeña Nancy en nuestro "momento de oración frente a la puerta" hace más de treinta años que orara por mí porque mami tenía un problema ese día, ha dado mucho fruto. Atesoro la libertad de pedirles que oren por mi ministerio, mi vida personal, por los comités en que trabajo y por mis relaciones. Estoy ansiosa por llegar al cielo y ver todas sus oraciones almacenadas en los cuencos dorados allí arriba.

He mantenido esa misma afinidad en la oración con Kurt a través de los años y ahora también con su Margie. En lo que se refiere a nuestra vida espiritual juntos, no hay sentimiento de superioridad o autoridad sobre ellos. No, yo admito ansiosamente mis necesidades también a ellos; ansiando sus oraciones por su madre. Es poner por obra el "llevar los unos las cargas de los otros" de Gálatas 6:2, en esta dulce y abierta relación familiar.

Como he mencionado tan a menudo en este libro, el apoyo de oración de Jan y Skip ha sido maravilloso. Muchas veces, ante lo profundo de la desesperación, la incapacidad para cumplir una tarea o la falta de sabiduría, he derramado las cargas de mi corazón en ellos. Y ellos han batallado ferviente y fielmente por mí ante el Trono de la Gracia. Jan y mi hijo afectivo Skip han sido unos de mis más fuertes apoyos orantes a través de los años; en casa y alrededor del mundo.

Cuando estoy en el extranjero, siempre llamo por turnos a casa a mi esposo y a las familias de mis tres hijos. Una vez en Aberdeen, Escocia, sentí una fuerte batalla espiritual durante el tiempo de oración del comité la noche antes de mi seminario. Telefoneé a Jan y a Skip, a quien les tocaba el turno de la llamada... esta vez pidiendo oración. La respuesta de Jan fue: "Esto es para ti, mamá, de Romanos 8:37: ¡*más que vencedores!* Cuando la releí a las 6 de la mañana del día siguiente, se me salieron las lágrimas... de alivio, de completa confianza en Dios, de victoria inminente. Y llegó.

Cuando regresé de mi gira de seminarios de oración por Taiwan, donde sentimos el maravilloso poder de Dios, Jan me contó que cada día, mientras estuve de viaje, ella había orado para que sólo se viera a Dios y que sólo El fuera glorificado. Y esa oración fue contestada.

Las oraciones de Jan para mis viajes al extranjero a menudo me han llegado escritas en notas. Mi primer viaje transoceánico me llevó sola a Australia en 1980. Me sequé las lágrimas durante todo mi viaje hasta Australia con su nota en que me decía que cada día, mientras yo estuviera fuera, ella y Skip se arrodillarían en el viejo butacón verde... y pedirían por mí. Y las preciosas notas de Skip siempre son las Escrituras que Dios le ha dado para mí mientras estoy fuera.

Y la nota de ella cuando salí para Sudáfrica, un país desgarrado por el terrorismo racial en aquellos momentos, enfatizaba que ella estaba orando acerca de mi *razón* para ir de Lucas 24:45-50: ...*que se predicase en Su nombre el arrepentimiento y el perdón de pecados en todas las naciones...* Dios contestó esa oración durante todo aquel conflictivo viaje.

Pero no tengo que estar del otro lado del océano para recibir notas de peticiones de mi familia. Mientras estaba escribiendo mi libro *Battling the Prince of Darkness* (Combatiendo al príncipe de las tinieblas), con frecuencia estaba tentada a suavizar algunas de las más ásperas verdades bíblicas acerca de Satanás y el infierno. Pero una nota de Jan, quien estaba a sólo a tres kilómetros —y que todavía mantengo pegada a mi computadora— fue la que me dio el atrevimiento divino. Era parte de la sección de la armadura espiritual proveniente de Efesios 6:13-20 donde Pablo pidió que quienes llevaran la armadura de Dios oraran por él:

> *Orando en todo tiempo ... por todos los santos; y por mí, a fin de que al abrir mi boca me sea dada palabra para dar a conocer con denuedo el misterio del evangelio, por el cual soy embajador en cadenas; que con denuedo hable de él como debo hablar.*

Efesios 6:18-20

¡Orar por intrepidez!

También estoy profundamente en deuda con mi hermana y cuñado, Maxine y Rudy, quienes oran fielmente por mí cada día mientras estoy de viaje. Cuando ellos estuvieron en las Filipinas en una misión limitada de dos años, nosotros mantuvimos su retrato en nuestro refrigerador y oramos por ellos cada día. Pero me abrumó cuando me contaron cuánto habían orado por mí durante toda mi estancia en la India. Como miembros de nuestro grupo "Orando las veinticuatro horas", ellos ponían las alarmas de sus despertadores y *se levantaban dos horas antes cada día para orar por mí y mi ministerio allí.* Por haber viajado mucho por todo el mundo, ellos comprendían los peligros y necesidades que yo podía tener.

Maxine también iba a su Biblia cada día y anotaba con la fecha correspondiente lo que Dios le había dado a ella para orar por mí según ella seguía mi itinerario. Aquí van algunas:

> Enviar ángel delante de ella para preparar su camino. Exodo 23:20.
> En Calcuta, esa vasta ciudad que necesita a Cristo... el poder está en las manos de Dios...
> *No con ejército, ni con fuerza, sino con mi Espíritu, ha dicho Jehová de los ejércitos* (Zacarías 4:6).
> Isaías 40:31 en ese clima caluroso de Bombay...
> *El ángel de Jehová acampa alrededor de los que le temen.* (Salmo 34:7).
> Romanos 16:20 —ese Dios aplastará a Satanás— por ella y los líderes de Operación Movilización...
> Ella, como Esteban en Hechos 6:8, será una mujer de Dios llena de gracia y de poder...
> Y en el camino de regreso, El preserva el camino de sus santos; como en Proverbios 2:8

Cuando murió mi madre sufrí una profunda pérdida en mi vida. El calendario de mi ministerio, mis llamadas telefónicas y mis cartas siempre producían no sólo su preocupación maternal, sino su profunda oración por mí. Pero ya no puedo enviarle un S.O.S. para que ella ore. Mas Dios ha puesto en otros corazones la carga de oración de mi madre. Tengo un extraordinario tesoro en las oraciones de mi familia por mí.

CUANDO NO QUIEREN DEJARSE TOCAR

Hay veces en que los miembros de la familia cortan delibera-damente el contacto físico. Un hijo huye de la casa o una esposa desaparece. También hay ocasiones en que los miembros de la familia podrían tocarse en la práctica, pero están emocionalmente distanciados y se niegan a comunicarse. Quizás se han distanciados de la familia deliberadamente por causa del pecado, la rebelión, la reserva, un estilo de vida independiente o un espíritu de rencor. Nos duelen los brazos de los deseos de abrazarlos... como hacíamos antes, pero él o ella no lo permitiría.

Recuerdo que una vez me dijeron, cuando anhelaba sentir el remedio de un abrazo de un miembro distanciado de la familia lejana: ¡"Lo *último* que ella desea es que tú la abraces!"

Eso es una señal de que los seres queridos necesitan su distancia; pero también es señal de que necesitan la oración más que nunca. En esas ocasiones, uno sólo puede mantenerse en espera con el corazón y la puerta abiertos para ellos... intercediendo. Es el momento de aferrarse sin vacilaciones al deseo y la capacidad de Dios para construir puentes que salven la brecha que separa a aquellos que se quieren. Es tiempo de orar profunda, ansiosa y persistentemente; a veces día y noche.

No hay distancia tan grande ni grieta tan ancha que detenga a la oración.

Oraciones de "entrega"

9

MUY TEMPRANO EN LA MAÑANA de Año Nuevo de 1990, yo permanecía en la cama, orando por cada hijo, nieto y por mi esposo, no sólo por un nuevo año, sino por una nueva década. Pedía por cada uno individualmente; por necesidades específicas y además porque Dios los llenara de sí. Entonces me envolvió una abrumadora sensación de que yo debía *entregarle* toda mi familia a Dios.

Los envolví a todos como un bulto en mi mente y se los entregué a Dios; a su entera voluntad: "Señor, haz con ellos todo lo que tú necesitas hacer, para que ellos sean como tú quieres que sean. Señor, te los entrego para que tú hagas lo que sea mejor para ellos... porque sé que tú nunca te equivocas. Señor, tú conoces cada faceta y cada paso del futuro de cada uno de ellos, ¡y tú no cometes errores jamás!"

Cuando tomé una sección de nuestro periódico, mis ojos cayeron sobre la foto del primer presentador de noticias por televisión de nuestra área, a quien veíamos todas las noches durante la década del cuarenta. Muerto. De la misma edad de mi esposo, Chris. Una ligera aprehensión se apoderó de mi corazón mientras me preguntaba: "¿Estaré entregando a Chris por *esa* razón?" Entonces clamé al Señor: "¡Pero *él* también es tuyo, Señor! ¡Igual que *yo!* No puedo entregar a todos los *demás* y no entregarme yo".

Ha habido muchas otras ocasiones antes —y después— en que Dios me ha pedido que ore para entregarle a un miembro de la familia para que El haga Su voluntad... no la mía. No ha bastado con una sola oración de entrega. Cuando hemos enfrentado alguna decisión difícil, ha habido que pronunciar la oración de entrega una y otra vez.

Pero esas no son oraciones fáciles de hacer. De alguna manera creemos que nos pertenecen nuestras posesiones humanas: aquél con quien nos casamos, los que nacieron de nosotros, nuestros padres, nuestros abuelos. Es muy difícil entregar a quienes llamamos la "familia" a la voluntad de otro... incluso si ese otro es Dios.

ENTREGANDOLO NO A CUALQUIERA.. SINO A *DIOS*

Más adelante durante ese año, mientras atravesábamos una crisis en la familia lejana (que atañía a algunos miembros de la familia a quienes yo había entregado en aquella mañana de Año Nuevo) Dios me habló muy poderosamente en 2 Timoteo:

Por lo cual asimismo padezco esto; pero no me avergüenzo, porque yo sé a quién he creído, y estoy seguro que es poderoso para guardar mi depósito para aquel día.

2 Timoteo 1:12

Caí de rodillas junto a mi escabel de orar y clamé: "Señor, te he entregado por completo a mi esposo, a cada hijo, cada nieto, mi servicio, mi voluntad, mi cuerpo, mi salud y mi fortaleza a Ti en muchas ocasiones. Ahora que estamos atravesando esta crisis, sé que tú *guardarás* a todos... ¡hasta ese día!"

Entregados no a *cualquiera* ¡sino a Dios! Yo sé en *quién (Deidad)* no en *quién* (humano) he creído. No se trata de entregar a los miembros de mi familia en las manos de un líder humano de una religión diferente, un consejero humano, un grupo parecido con un conjunto diferente de valores morales y sociales o un mentor humano diferente para guiarlos. No, ¡se trata de entregarlos al Dios omnisciente del universo! El sabe cuál será el final desde el principio, conoce todos los "porqués" y los "¿y si?" de nuestras vidas. Es el único capaz —y digno— para que le confiemos nuestras posesiones humanas.

¡Oh profundidad de las riquezas de la sabiduría y de la ciencia de Dios! ¡Cuán insondables son sus juicios, e inescrutables sus caminos!

Romanos 11:33

EL PUNTO DE VISTA DE DIOS EN NUESTRA ENTREGA

¡Qué aliviado debe sentirse Dios cuando le entregamos a alguien a quien amamos para que haga su voluntad! Aliviado porque ya no tiene que luchar con nosotros mientras tratamos de obstaculizar su perfecta voluntad en la vida de ese miembro de la familia. Aliviado de que al fin se retiren las barricadas que nosotros siempre estamos colocando a su paso cuando intenta tratar con nuestros seres queridos; y de que al fin hayamos confiado en El lo suficiente para no luchar contra lo que El sabe que es mejor.

Por supuesto, Dios es soberano. Y con frecuencia pasa por sobre nosotros para llevar a cabo su voluntad en un ser querido. Pero cuando nos aferramos tercamente a un miembro de la familia para hacer nuestra voluntad en ellos, damos lugar a un forcejeo entre su voluntad y la nuestra. Una lucha entre la voluntad divina y la voluntad humana.

Jesús, cuando enseñaba a orar la oración del Señor, dejó bien claro que tenemos que entregarle *nuestra* voluntad al Padre:

Padre nuestro que estás en los cielos,
Santificado sea tu nombre.
Vénganos tu reino.
Hágase tu voluntad,
En la tierra como en el cielo.

Mateo 6:9-10

Cuando tuvo lugar una lucha entre voluntades en el cielo, en el tiempo en que Lucifer (Satanás) quería ser como Dios, éste salió violentamente expulsado del cielo. Pero Dios trató mucho más amablemente con sus hijos en la tierra. Se limita a esperar a que nosotros *deseemos* su voluntad; y que entonces le entreguemos todas nuestras posesiones humanas *para que haga* su voluntad. Entonces puede hacerse su perfecta voluntad en nuestra familia en la tierra, tal como se hace ahora en todo el cielo.

Una mujer llamada Betty llamó desde Texas a fines de 1990 diciendo: "Estoy fuera de mí porque mis dos hijos soldados están en camino a la operación "Tormenta del Desierto" en Arabia Saudita y mi nuera ya está allí". Juntas oramos por teléfono, se los entregamos en las manos de Dios y le dimos las gracias por cualquiera que fuese su voluntad en sus vidas. Sintiendo la increíble paz de Dios, Betty me dio las gracias y colgó. Poco después una amiga íntima me llamó, y mencionó que cuando su hijo soldado estaba en Arabia Saudita y no pudo encontrar una Biblia para leer y alabar a Dios, empezó a examinar su relación con Jesús... y por primera vez lo aceptó como Salvador y Señor de su vida. *¡La voluntad de Dios!*

La entrega da libertad a Dios para derramarse sin trabas en las vidas de los miembros de la familia. Le da libertad para reprender y podar, en vez de aplicar nuestros "pañitos calientes", tratando de proteger a los miembros de nuestra familia de algo duro. La entrega le da libertad a Dios de llamarlos a su servicio, en vez de nuestro deseo de que nuestros hijos sean ricos y tengan éxito según las normas mundanas. Le da libertad para abrir esas fabulosas puertas del ministerio que nosotros hemos tratado de mantener cerradas con nuestras tercas voluntades.

ENTREGA DE PROFESIONES

Dios le da a cada uno de nuestros hijos talentos y habilidades, y parece muy natural que los padres deseemos que las utilicen para triunfar en la vida, para alcanzar la seguridad financiera y las comodidades que quizás les falten. Pero cuando entregamos nuestros hijos a fin de que usen esos talentos para cumplir la voluntad de Dios, cualquier cosa que siga, no siempre es fácil.

Podría relatar las innumerables peticiones hechas por la educación y la carrera de cada uno de nuestros hijos, pero algunas de mis oraciones de entrega por Kurt servirán como ejemplo de lo que se pidió por cada uno de ellos.

Nuestras peticiones por la voluntad de Dios en el futuro de Kurt empezaron cuando nació, pero se volvieron más importantes durante sus exámenes para entrar en el instituto preuniversitario. "Llama a la cadena de oración, mamá. Mañana son mis exámenes eliminatorios", me pidió nervioso. Cuando le contesté que ya yo había llamado y pedido que oraron por la voluntad de Dios con respecto a los resultados que obtendría al día siguiente, Kurt se puso la manos en las caderas y exclamó: "¡Ah bueno! ¡Quizás tenga la suerte de que la voluntad de Dios sea que salga suspendido!"

Entonces le expliqué a aquel ansioso estudiante que Dios, conociendo sus talentos y aptitudes, abriría y cerraría puertas de acuerdo a eso. "Y las puertas que Dios cierre pueden ser más importantes que las que abra, porque Dios sabe qué es lo mejor para ti, Kurt".

El pasó, y la razón que escribió en su solicitud para desear asistir al Colegio Bethel me produjo una gran emoción: "Crecí en un medio cristiano. Acepté a Cristo desde muy pequeño, y recientemente he reafirmado esa decisión. Creo que la voluntad de Dios en mi vida es lo más importante, y acudir a Bethel está en su voluntad".

Fue durante sus exámenes de admisión para su programa doctorar en Física que yo, no él, forcejé muy duro con la voluntad de Dios, tal como les conté antes. Mientras oraba durante aquellas tres horas, por dos días consecutivos mientras él se examinaba, la mayor parte del tiempo la dediqué a expresarle a Dios que me plegaba a su voluntad para la carrera de Kurt. Orando anegada en llanto, a las 8:20 de la primera noche, en voz alta me vacié de todo deseo que yo tenía para Kurt. Lo entregué a la voluntad de Dios, no la mía. ¡Entonces mi tiempo de oración se convirtió en adoración a Dios por lo que El es en la vida de mi hijo! El Dios que sabía los talentos que El había puesto en el momento de la concepción de Kurt... ¡y por consecuencia, cuál debería ser su carrera!

Cuando el entrenamiento doctorar terminó, surgieron más preguntas acerca de la voluntad de Dios. Mientras Kurt trabajaba en su primer empleo, puse un S.O.S. en la cadena de oración por teléfono: "Pidan para que Kurt sepa cuál es *exactamente* la puerta que Dios ha abierto para él". Entonces experimenté uno de los más preciosos momentos que haya pasado nunca con mi hijo. Al arrodillarnos juntos en mi escabel de oración, Kurt me apretó la mano y acercó su cabeza a la mía mientras forcejábamos con Dios... entregándoselo una vez más a Dios para la puerta que *El* abriera.

Kurt estaba luchando con sus últimos exámenes doctorales a la vez que sostenía las entrevistas relacionadas con los lugares en que deseaba vivir. Un lunes por la mañana, Margie, Kurt y yo nos apretábamos sentados a la mesa de la cocina, tomados de las manos y pidiendo: "¡Sólo tu voluntad, Dios mío!"

Cuando se iba para entregar una presentación en solicitud de empleo a una compañía en perspectiva, Kurt se detuvo y pidió:

"¡Oh Dios mío! ponme donde yo sea *más valioso para ti.* Padre, ahora que voy a entregar esta solicitud, hazme lo que tú quieres que yo sea. Señor, si mi orgullo necesita que ellos me restrieguen la nariz en el polvo con su reacción, Dios mío, tú sabes que no deseo que eso suceda, pero si tú consideras que yo necesito esa clase de respuesta, la acepto, Señor".

Las interrogantes de Kurt eran las usuales a través de los tediosos meses de buscar la voluntad de Dios: "¿Cómo puedo esperar tanto, mamá?" "¿Cómo puedo saber en realidad cuál es su voluntad?" Y finalmente, exasperado, me miró y me dijo muy serio: "¿Por qué Dios simplemente no la escribe en el cielo?"

Durante todo este tiempo, Kurt y Margie asistieron en Urbana a la "Conferencia cristiana de misiones fraternales entre universidades", porque estaban luchando por saber si era la voluntad de Dios —o no— que ellos fueran a China a llevar la Palabra valiéndose de sus muy necesitados conocimientos profesionales como maestros o permanecer en Norteamérica. Ya habían orado, pero en esos momentos su oración por la voluntad de Dios subió de punto. Y mientras ellos estaban allí, yo oraba sin cesar: "Señor, no permitas que se dejen llevar por las emociones hacia algo que tú no deseas y que no es un llamado". Y también: "Señor, condúcelos a la persona o grupo exacto con que tú deseas que ellos hablen. No permitas que se desvíen si tú los estás llamando para las misiones extranjeras. *Dios mío, solamente tu voluntad. ¡Ni más ni menos!*

Al regresar de Urbana, donde muchos ejecutivos de misiones les habían asegurado a Kurt y a Margie que por supuesto tenían plazas para ellos en China, enseñando inglés y física, ellos oraron y pidieron. Entonces nos arrodillamos en el escabel de oración y tuve el gran privilegio de orar con y por ellos una vez más: "Oh Dios mío, si es tu voluntad, no permitas que se desvíen. Pero no les dejes partir si ésa no es tu voluntad prioritaria para ellos. No permitas que se adelanten a tu tiempo. Prepáralos todo lo que necesiten y durante todo el tiempo que haga falta". Tanto Kurt como Margie, después de años de presiones de todas clases por conocer la voluntad de Dios para quizás ir a China, estaban sometiendo a Dios el ir —o no ir— en ese momento... o después.

Y también estaba el deseo de Kurt durante años de ser parte de mi ministerio, deseo al cual se añadía Margie que sentía lo mismo. Mientras los tres nos sentábamos tomados de las manos en nuestro sofá, soñábamos despiertos y conversábamos acerca de eso... y se lo entregábamos a Dios para que hiciera Su voluntad. Mientras escribo esto, Kurt agrega lo siguiente: "Aún hoy la historia no ha terminado. Mi primer empleo fue temporal y alejado de ambas familias. En retrospectiva comprendemos que Dios supo que yo había sido 'el hijo de Harold' y 'el hijo de Evelyn' durante demasiado tiempo. Yo necesitaba seguir a Dios por mi propio *compromiso* personal, no por presión del grupo cristiano".

Los padres sienten la tentación de orar por un inmediato salario alto, contactos de negocio importantes, y éxito de un día para otro, pero el renunciar a lo que nuestros corazones desean que ellos hagan es diferente. Sin embargo, nuestro Dios omnisciente sabe el resultado de cada movimiento en la vida de nuestros hijos, y si Lo dejamos, los dirigirá en la forma en que sólo El sabe que es la mejor para ellos. Nuestro versículo familiar, Romanos 8:28, dice que Dios hará que terminen bien todas las cosas para quienes lo aman, sólo si están llamados conforme a *sus* propósitos, no al de sus padres.

En mi Biblia está marcada mi oración por los miembros de mi familia (como la oración de Epafras): *Siempre rogando encarecidamente por vosotros en sus oraciones, para que estéis firmes, perfectos y completos en todo lo que Dios quiere* (Colosenses 4:12).

LA ENTREGA DE JAN... EN SUS PROPIAS PALABRAS

A continuación, la experiencia de entrega de Jan, como le pedí que la relatara:

> Cuando después de años de tratar de concebir, Dios nos envió el bebé que había de convertirse en nuestra Jenna, no hay palabras para describir nuestra alegría. Muchas veces antes que naciera di gracias a Dios por el privilegio de gestar aquella criatura. ¡Entonces un día sucedió! Dios dijo: "Quiero que me la devuelvas".
>
> "¿Qué quieres decir con eso de que quieres que te la devuelva? Después de toda esta espera y la cirugía, ¿quieres que te la entregue?" Mientras mis emociones se precipitaban en una profunda sima, todavía escuchaba la vocecita que repetía: "Quiero que me la devuelvas".
>
> Entonces comprendí que tenía que entregarle aquel bebé a Dios *para que El hiciera su voluntad.* A partir de ese momento empecé a jugar una partidita. Mi mente decía: "Si le entrego mi bebé a Dios, El me permitirá conservarlo". Pero la otra parte de mi cerebro me respondía: "¡Tonta! ¿Piensas que Dios es tan estúpido que no puede

ver tus intenciones?" *Razoné que si tenía intenciones de hacer lo que Dios me pedía, iba a tener que hacerlo, sabiendo que Dios podía tomarme la palabra... y que yo podría aceptarlo si El lo hacía* .La oración se hizo mucho más difícil de pronunciar en ese punto. Yo sabía que tenía que hacerla y que la haría, pero todavía me tomó varios días antes de ser capaz de decir: "Dios mío, esta criatura es tuya. Si algún día llega a conocerte (por medio de la salvación), y si está ahora más cerca de ti de lo que nunca lo estará, entonces tómala ahora, antes que nazca".

Fue la oración más dura que yo haya pronunciado jamás. Pero la hice totalmente consciente... aunque El me tomara la palabra. Desde su nacimiento, he tenido que devolverle a Jenna de nuevo en diferentes ocasiones, pero comparadas con aquella primera, éstas han sido insignificantes, y yo sigo repitiéndome *de quién es hija ella en realidad.*

En relación a otras experiencias de entrega, Jan recuerda:

Muchos años después, mamá se estaba preparando para viajar a Sudáfrica. Todo esto en la época de máxima efervescencia de la guerra civil entre las tribus de ese país, mientras era común el linchamiento colocándoles a las víctimas una goma de automóvil alrededor del cuerpo, rociándolas con gasolina y prendiéndoles fuego; esa muerte demora veinte minutos. Mientras mi madre preparaba su viaje, conversamos acerca de los mártires y lo que Dios les tenía reservado... y como ella le había pedido a Dios, años antes, ser uno de ellos para El (vea Apocalipsis 6:9-11). Poco después, Dios me despertó a medianoche diciéndome: "Quiero que me entregues a tu madre para que sea una mártir". Ahora bien, una cosa es entregar a alguien que está en su casa horneando galleticas, y otra muy distinta es entregar a alguien que sale de viaje a dar conferencias acerca del perdón ante audiencias eterogéneas en medio de una atmósfera explosiva. Entregarla para que vaya al extranjero, está bien. Incluso para que muera. ¿Pero entregarla para que sea torturada? "Dios mío, ¿cómo puedes pedirme semejante cosa?" Y entonces seguía escuchando la vocecita: "Para gloria mía".

Después de horas de forcejear y sollozar, llegué a la decisión: "Si quieres llevártela, está bien, Dios mío; si mis hijos pierden a su abuela, incluso si es torturada por ti, estoy de acuerdo." *Y yo sabía por mi anterior experiencia, que cuando lo dijera, tenía que hacerlo conscientemente... porque El podía tomarme la palabra.*

Pensé que me había ganado un descanso, pero a la noche siguiente estaba despierta otra vez. Sólo que esta vez se trataba de mi bebecita Crista. "La quiero... para mártir". Tan sólo de escribir sobre eso me produce escalofríos. "Pero Dios mío... ¿Crista? No es más que una bebita". Pero la vocecita insistía: "La quiero". Así que temblando y sollozando, me paré junto a su cunita y la entregué... para lo que el Señor quisiera hacer con ella. El pensamiento de que mi hermosa bebita fuera torturada, aun por Cristo, era y sigue siendo muy difícil. Pero sé sin la sombra de una duda que Dios es soberano, y que *cualquier cosa que suceda, El será suficiente.*

Yo espero que Dios no me tome la palabra, pero sé que puede hacerlo. Y si lo hace, yo estaré de acuerdo.

ORACIONES DE ENTREGA: NO SON UN SEGURO DE VIDA

Jan y yo hemos hablado mucho acerca de si Dios, cuando nos prueba, *quiere sólo que estemos dispuestos* a entregar a nuestros seres queridos como Abraham a su hijo Isaac... o si en realidad El *nos tomaría la palabra en nuestras oraciones de entrega.* Dios le había dicho a Abraham en Génesis 22:2: *Toma ahora a tu hijo, tu único, Isaac, a quien amas, y vete a tierra de Moriah, y ofrécelo allí en holocausto sobre uno de los montes que yo te diré.* Y Abraham, con el corazón destrozado, había obedecido a Dios hasta el punto de atar a Isaac, colocarlo sobre el altar, y levantar el cuchillo para degollarlo. (Una misionera en Taiwan, Jeanne Swanson, me dijo que tratara de insertar el nombre de mi hijo en lugar del de Isaac.) Pero entonces el ángel del Señor llamó a Abraham desde el cielo, diciéndole que no degollara a su hijo, *porque ya conozco que temes [reverencias] a Dios, puesto que no me rehusaste tu hijo, tu único* (Génesis 22:12). Y entonces Dios milagrosamente suministró el carnero para el sacrificio. *¡Todo lo que Dios quería era que Abraham estuviera dispuesto!*

Dios tampoco ha tomado ninguno de los seres queridos que Jan le entregó. Pero este ejemplo bíblico no es necesariamente lo que Dios hará en toda circunstancia en que le entreguen un ser querido a su voluntad. Cuando Dios nos prueba como hizo con Abraham, no está obligado a decir: "Ahora que me has obedecido y has entregado tu posesión a mi voluntad, permitiré que se haga tu voluntad".

"Mamá —me advirtió Jan—, es importante darse cuenta de que, por haberle entregado a alguien o algo a Dios para que haga Su voluntad, eso no significa que El hará lo que *nosotros* queremos. *¡La entrega no es una póliza de seguros!"*

LA BENDICION DE OBEDECER Y ENTREGAR

En la historia de Abraham e Isaac, el ángel llamó a Abraham desde el cielo una segunda vez y le dio una *recompensa* de Dios por haber estado dispuesto. *"Por cuanto has hecho esto, y no me has rehusado a tu hijo, tu único hijo [dice el Señor], de cierto te bendeciré.... En tu simiente serán benditas todas las naciones de la tierra, por cuanto obedeciste a mi voz* (Génesis 22:16-18).

Cuando le hemos entregado todos los miembros de nuestra familia a Dios, El ha derramado sus bendiciones sobre nosotros también. Hemos tenido una nueva comprensión del valor precioso de cada miembro de la familia para nosotros y para Dios, lo que da por resultado una mucho más dulce relación en el seno de la familia. El agradecimiento por cada miembro de la familia es mucho mayor.

Y en las oraciones de entrega surge una nueva comprensión de que le pertenecen a El y no a nosotros. Como lo expresó Jan: "La entrega de la autoridad y el control de los seres queridos es liberadora, porque cuando uno *los* entrega, *uno* queda libre de la responsabilidad y la preocupación de lo que pueda sucederles". Esto no quiere decir que quedemos relevados de la responsabilidad de cuidar de ellos o de preocuparnos por su bienestar, o de orar intercediendo por ellos. No, eso se multiplica después que se los hemos entregado a Dios. *Sino que ellos están entonces en las manos del Dios todo amor, todopoderoso del cielo... ¡que durante todo el tiempo fue su dueño!*

LA ENTREGA REQUIERE FE EN QUIEN ES DIOS

Pero el ser capaz de entregar mediante la oración a nuestros seres queridos para que queden sujetos a la voluntad de Dios y no a la nuestra, requiere una fe inquebrantable en quién es Dios.

Recordarán que antes mencioné que Jan fue a la Clínica Mayo para someterse a una extensa microcirugía para corregir un problema que le había impedido concebir un hijo. Durante diez años Skip y Jan habían entregado a Dios el asunto de tener un hijo. La noche antes que Jan viajara a la Clínica Mayo, varios de nosotros nos encontramos para orar por ella. Arrodillados, imponiéndole todos las manos, Jan temblaba mientras lloraba y luchaba, y le entregaba otra vez el asunto de tener un hijo a Dios. Pero lo que dijo cuando se puso de pie puso de manifiesto lo que pensaba realmente de Dios: "Ay mamá —sollozó mientras nos abrazábamos y llorábamos juntas—, si Dios no tiene un bebé para mí, ¡yo *sé* que El tiene algo mejor!"

La oración más dura que pronuncié mientras Jan estaba arrodillada fue renunciar a mi privilegio de ser abuela. Pero lo hice. Y la respuesta que anegada en lágrimas le di a ella fue: "Jan, si Dios no te da este bebé, puede ser que ahora que eres médico, en alguna parte El tenga un millón de bebitos que El quiere que tú tengas en tus brazos".

CUANDO DIOS NOS TOMA LA PALABRA EN UNA ORACION DE ENTREGA... DE MARGIE

A petición mía, mi nuera Margie relató el siguiente tierno incidente de una entrega en su propia familia:

Cuando uno sujeta apretadamente en la mano lo que uno ama, no es fácil abrir esa mano y ver cómo el objeto de nuestro afecto se aleja. Especialmente cuando ese objeto es nuestro hijo, que encierra no sólo nuestro afecto, sino todo nuestro tiempo, talentos, sudor, lágrimas y nuestra propia vida invertida en una hermosa persona a quien llamamos nuestro hijo.

Creo que entregar a un hijo es una de las pruebas más difíciles de la tierra. Por eso Dios le pidió a Abraham que le entregara a Isaac. Y el mismo Dios del cielo estuvo dispuesto a servirnos de ejemplo, tal como nos dice Romanos 8:32: *El que [Dios] no escatimó ni a Su propio Hijo, sino que lo entregó por todos nosotros...*

Yo tenía trece años cuando vi a mis padres entregar a mi hermano mayor Bob. El era un muchacho brillante y muy popular en la escuela. Le encantaban la pelota y el fútbol, y recibió el premio al atleta más completo de toda la escuela. Papá y él jugaban juntos en los equipos de verano y constituían el dúo de padre e hijo más unidos que he visto nunca. Bob era un cristiano muy consagrado durante toda su educación secundaria, y los entrenadores y compañeros de clase podían apreciar el cambio que Jesús operó en su vida.

Cuando Bob se graduó de la secundaria inició su propio negocio a los dieciocho años, asociándose con la gran compañía local de Tractores Caterpillar. La vida era hermosa.

Recuerdo el día en que Bob regresó a casa después de inscribirse en la universidad con las manos cargadas de los nuevos libros de texto. El futuro lucía brillante, pero a principios del verano había empezado a padecer de sudores nocturnos. Los doctores estaban perplejos y los atribuían a la tensión. Más tarde los médicos diagnosticaron el padecimiento como histoplasmosis, una enfermedad provocada por los hongos en los pulmones que después atacaron el cerebro de Bob. Nunca llegó a asistir al primer día de clases en la universidad.

Los dos años siguientes fueron una sucesión de viajes al hospital, los últimos seis meses de ellos en jornadas de cuatro horas de ida y otras cuatro de vuelta hasta un centro médico metropolitano mucho mayor. Papá, por tener que trabajar, viajaba cada fin de semana para ver a mamá y a Bob. Mamá veía empeorar por día a su hijo, y atravesó por pruebas médica una tras otra que constituían verdaderas pesadillas. Durante todo este tiempo nuestros padres y nosotras, las tres hermanas, nos reuníamos espontáneamente a orar. De vez en cuando escogíamos un día para ayunar y orar por Bob; incluso nuestra hermanita de once años se nos unía. Lo que nos ayudó a sobrevivir aquella ordalía fueron aquellos tiempos de oración y las oraciones de nuestra familia menos allegada, además de las oraciones que sin pedírselas elevaron cientos de cristianos.

Después de dos años en hospitales, Bob regresó a casa, al tener esperanzas los médicos de que se recuperara un tanto. El saludable jugador de fútbol era un guiñapo en silla de ruedas, incapaz siquiera de alimentarse por sí mismo. Vi volverse musculosos los brazos de mi madre de tanto levantar a su hijo. Sin embargo, ¿cómo perder la esperanza?

Mientras mamá luchaba cada día, oraba: "Dios mío, hágase tu voluntad, y no la mía". No obstante, papá no podía orar de esa manera entregando a Bob. Pensaba que pedir que se hiciera la voluntad de Dios era demostrar falta de fe o debilidad. Se preguntaba: "¿No sería abandonar toda esperanza?"

Dios estaba preparando a mi hermana mayor, Vicki, para ser la primera en llegar al punto de entregar a mi hermano Bob dos semanas antes que mamá y papá lo hicieran. Cuando la carga de la enfermedad de Bob pesó más y más sobre la familia y sobre Bob, mi madre y mi padre se pusieron de acuerdo en una decisión sumamente difícil: juntos debían llevar a Bob al altar de Isaac. Debían ir solos hasta el "lugar alejado" de Abraham (Génesis 22:4). Debían abrir sus manos aferradas y presenciar la obra de Dios.

Finalmente, pudieron pedir juntos: "Padre, hágase tu voluntad". Una semana después Bob murió mientras dormía. Habían terminado dos años de lucha.

La entrega —dándole todo a Dios— pidiéndole a Dios "no se haga mi voluntad, sino la tuya" permeó toda la vida de Jesús. ¿Podemos hacer menos?

ORACIONES DE ENTREGA: NO SON UN CERTIFICADO DE DEFUNCION

La entrega no causa la muerte, pero nos prepara a *nosotros* para que nuestro ser querido pueda volver a su hogar. Una mujer se me acercó poco después de asistir a mi seminario de oración. Llorando me preguntó: "¿Es que yo maté a mi padre? El había estado muchos años en prisión cuando lo entregué a la voluntad de Dios en su seminario. Semanas después recibí una notificación de que mi padre había muerto en prisión y, debido a que habían perdido su expediente, no me habían notificado antes. Cuando verifiqué la fecha de su muerte —sollozó—, ¡era el mismo día en que lo entregué! ¿Es que yo lo maté?"

"No, tú no causaste su muerte —le aseguré—, la entrega solamente te preparó a *ti* para su muerte".

Cuando le entregamos un ser querido a Dios para que haga su voluntad, somos nosotros, no el ser amado, los que nos preparamos para la muerte inevitable. No matamos a ningún ser querido.

Aunque no entregué a ninguno de mis abortos ni al bebé que me nació muerto a Dios hasta mucho después de haber atravesado la angustia espantosa de perderlos, nuestra Judy fue diferente. Padeciendo de espina bífida, vivió paralizada de la cintura para abajo durante siete meses, y después de ese tiempo el médico nos dijo que la lleváramos directamente al hospital desde su consulta... porque no podía sobrevivir.

Esa noche, en la oscuridad de mi habitación en Stanchfield, sufrí lo indecible orando de rodillas hasta el amanecer. Forcejé y batallé hasta que al final pude entregarla a la voluntad de Dios... no la mía; hasta que pude entregarla a *El para que la tuviera*... no Chris ni yo. Pero yo no la maté porque al fin fui capaz de entregarla a la voluntad de Dios. No, eso sólo me preparó para perderla. Y dos meses después la colocaron en aquel pequeño ataúd. Sentía la angustia pero ya no luchaba. Había entregado a Judy en los brazos amantes de Dios.

LUCHAS FAMILIARES POR EL PODER

En todas las familias hay luchas por el poder, conscientes o subconscientes. Los chiquilines luchan por afirmar su personalidad. Los preescolares compiten con sus padres por el control mientras son estudiantes modelos en la escuela. Los de primaria tratan de sustituir la familia con la aceptación de su grupo. Los adolescentes luchan por descubrir qué lugar ocupan en la escala familiar de importancia. Los jovencitos batallan por ser independientes de toda la familia. Los cónyuges tratan de dominar el tiempo y la atención de su pareja. Las esposas luchan por convertirse en las mujeres que Dios las hizo en una sociedad dominada por el hombre. Los esposos tratan de aferrarse a su autoridad sobre todos los otros miembros de la familia mientras atraviesan diversos estados. Así que ¿cómo podemos resolver esta lucha milenaria por el poder en las familias?

Aunque puede no ser fácil, hay una sencilla oración que podemos pronunciar que acabará con la lucha por el poder en el seno de la familia: cada miembro de la familia entregándole en oración a cada otro miembro de la familia a la voluntad de Dios, no la suya.

ENTREGARSE UNO MISMO

Las oraciones más duras de pronunciar para mí son aquéllas en que debo escoger entre la familia y Dios. A veces parece que me tiran del corazón con fuerza en direcciones opuestas: Dios y la familia.

La meta de mi vida ha sido ser conformada a la imagen de Jesús el Hijo de Dios (Romanos 8:29). Y de El se dice en Hebreos 10:7: "Entonces dije: 'He aquí que vengo, oh Dios, para hacer tu voluntad'". También es ésta mi única idea del Señor, lo que significa que soy una que ha entregado al Señor su voluntad, no su modo de vida solamente.

En 1980 Dios empezó a llamarme para ganar a los perdidos del mundo para Jesús, y desde entonces me ha repetido el llamado. Me sentí completamente quebrantada cuando Dios me llamó otra vez, con las palabras de Jesús en Lucas 15:4, a olvidarme de las noventa y nueve y salir a encontrar a la oveja perdida. Clamé entonces: "Dios mío, ¡llévame donde *tú* me quieras!" Puesto que viajar significaba dejar a mis dos nietas recién nacidas, sollocé y pedí: "Señor, llena mis brazos vacíos con un pecador que encuentre a Jesús en la India. No, Señor, ¡con muchos!" Y precisamente el año pasado en nuestro retiro "Señor, cámbiame" del comité ejecutivo, clamé a Dios: "No importa *cuál sea el costo,* terminaré lo que me has encargado hacer: ganar a los perdidos!" Y ahí es cuando llegan las gozosas recompensas de Dios:

> *Y cualquiera que haya dejado casas, o hermanos, o hermanas, o padre, o madre, o mujer, o hijos, o tierras, por mi nombre, recibirá cien veces más, y heredará la vida eterna.*

Mateo 19:29

He batallado a fondo con la forma en que puedo llevar a cabo lo que Jesús me dijo claramente en Mateo 10:37:

> *El que ama a padre o a madre más que a mí, no es digno de mí; el que ama a hijo o hija más que a mí, no es digno de mí.*

Pero la respuesta está en la palabra de Jesús *más.* Son mis prioridades... y el equilibrio.

Cumplir la voluntad de Dios incluye todas las facetas de mi vida: ministerio y familia. Es imperativo equilibrar las dos de acuerdo con la perfecta voluntad de Dios, pero no siempre es fácil. El mantener mis prioridades igual que las prioridades de Dios para mí, requiere evaluación y entrega constantes de ellos a Dios una y otra vez.

Me produce un gran placer servir a mi familia, como estoy segura que Dios desea que así sea. Soy plenamente feliz cuando estoy rodeada de toda mi familia, entregándomeles en cuerpo y alma. Sin embargo, existen estas repetidas llamadas profundas de Dios y mis repetidas entregas de mí misma a su voluntad. Y he llorado ante Dios tratando de discernir su equilibrio soberano. Pero el secreto está en entregar tanto a mi familia como a mí misma a la voluntad de Dios.

DIOS ESCOGE, NO YO

Mi esposo dejó su primer pastorado después de sólo tres años y medio. Yo había logrado que las cortinas al fin quedaran bien en aquella enorme rectoría nueva, y cuando nos mudamos a nuestra casa estilo colonial en Rockford, ¡ninguna de las cortinas quedaba bien! Me había desgarrado el separarme de toda aquella gente que había aprendido a amar profundamente en aquel primer pastorado, ¡y me molestaba tener que pasar por aquello cada tres años! *Pero dentro de mí sabía que quien escogía no era yo... ni Chris, sino Dios.* Antes de aquella primera mudada yo había orado y pedido por cada iglesia donde Chris había presentado su candidatura, y sentí que Dios me había mostrado cuál había escogido El. Pero me aferré firmemente a mi creencia de que Dios tenía que decirle *a Chris* dónde El quería que lo sirviera como joven pastor... no *a mí.* Yo tenía que someterme a la voluntad de Dios... y entregar a Chris para que la siguiera.

La siguiente mudada de Rockford después de catorce años y medio fue todavía más duro para mí entregar a mi esposo, porque él dejaba el pastorado para irse a trabajar y enseñar en el Seminario y Universidad Bethel. Estábamos en el auge del proyecto "Qué sucede cuando las mujeres oran" en aquella iglesia, y me preguntaba si Dios, por primera vez, se equivocaba. De veras que me lo parecía. Pero llegó mi entrega de todo a la voluntad de Dios, no la mía. Y entonces vi cómo Dios, que nunca se ha equivocado, abría puertas más allá de cualquier cosa que yo jamás hubiera podido planear o escogido para nosotros en el nuevo lugar de servicio.

Aunque ha habido veces en que he batallado para poner en práctica mi profunda convicción de entrega, Dios me ha dado la gracia y la fuerza para actuar de esa forma con cada miembro de mi familia.

LA ORACION DE ENTREGA DE MI ESPOSO

Mientras yo daba seminarios en Japón, un reportero mundano en Tokio, reflejando el sentir de su sociedad dominada por los hombres, me preguntó durante una entrevista: "¿Cómo toma su esposo el hecho de que sea usted la maestra y oradora?"

Señalando con la cabeza a mi esposo, que estaba al otro lado del salón, le contesté: "El está sentado allá. ¿Por qué no le pregunta a él?"

Me quedé estupefacta y emocionada con la profunda respuesta de mi esposo. En las propias palabras de Chris, a continuación está su respuesta al periodista:

Yo creo que el esposo cristiano es la cabeza espiritual de su hogar, puesto que Dios le ha encargado cuidar de su esposa e hijos física y espiritualmente. La Biblia dice que aquéllos a quienes se ha confiado algo son sus administradores; por lo tanto el esposo y padre es el tesorero de los dones y talentos que Dios ha otorgado a su esposa e hijos. Como apoderado él es *responsable* no sólo de dejarlos en libertad para que utilicen los talentos que Dios les ha dado, sino que debe animarlos y ayudarlos para que lo hagan. Por otra parte, como administrador de estos miembros de la familia, el esposo *rendirá cuentas a Dios* si les ha puesto obstáculos o los ha ayudado en el uso de los talentos dados por Dios.

Se requiere de los administradores, que cada uno sea hallado fiel.

1 Corintios 4:2

Y aquí tienen una ampliación de las creencias de Chris acerca de los esposos como administradores:

Está sucediendo una gran tragedia en la Norteamérica cristiana. De alguna forma hemos llegado a creer que solamente los hombres pueden ejercer los talentos dados por Dios a sus hijos. No hay base escritural para que sólo una parte de los hijos de Dios reciban y usen los dones y talentos otorgados por Dios. Y si Dios ha confiado un talento o don a un miembro del hogar, entonces todo en esa casa debe alentarlo. Si no es así, el administrador ha fracasado en su responsabilidad y cae dentro de la categoría de siervo infiel, malo y negligente de Jesús (ver Mateo 25:26 y Lucas 19:22).

Con frecuencia me preguntan qué siento porque Dios use a mi esposa fuera de casa. ¿No debería ser yo quien llevara a cabo el ministerio que ella ejerce... en vez de ella? Quizás fuera así... excepto por una cosa: fue ella la llamada y dotada por Dios para ministrar en la forma en que lo hace. Eso no lo decidí yo... sino Dios. Mi lugar, y mi gozo, es actuar lo mejor que puedo para alentarla y ayudarla en el ejercicio de los talentos y el llamado de Dios.

Hace años tuve que entregar humildemente en oración a mi esposa, mis hijos y todo lo que soy a la perfecta voluntad de Dios. Esto a veces ha significado separación y soledad, pero también estoy contento de saber que Dios lo hace todo bien; y me recompensa con la sensación de saber que al entregarlos yo también he hecho bien todas las cosas y he ejercido fielmente mi administración.

Un joven pastor me dijo hace poco: "No creo que yo pudiera nunca entregar a mi esposa para que estuviera lejos de mis hijos y de mí. Su lugar es cuidar de nosotros". Mi respuesta fue: "¿Aunque *Dios* la llame?"

Cuando tanto el esposo como la esposa desean honestamente la voluntad de Dios para ambos —y para cada uno de ellos— esa divina voluntad nunca los separará, no importa lo que suceda. La voluntad de Dios jamás provoca actitudes, creencias o actos conflictivos. Cuando surge un conflicto, es porque interviene la voluntad humana, no la de Dios.

EL SECRETO DE TODO

El secreto de la armonía en la familia es que cada uno de los miembros deseen la voluntad de Dios para los demás, en vez de querer salirse con la suya.

Casi cincuenta años de entrega de la familia me han enseñado que Dios no es un capataz rudo sentado arriba en el cielo, frotándose las manos en espera de que le entreguemos a alguien para echarse sobre él. ¡No! Cuando le entregamos a algún miembro de la familia para que haga su voluntad en él, se abren las puertas del cielo y eso permite que se derramen sobre nosotros todas las bendiciones que Dios nos tenía guardadas. Y cuando decidimos que se lo vamos a permitir, no se limitan a gotear desde arriba. No, cuando le entregamos a un miembro de la familia a Dios, El, que todo lo sabe, nos inunda desde el cielo con sus bendiciones perfectas para el bien de todos: nuestros seres queridos... ¡y nosotros!

Las oraciones en
los nacimientos familiares

10

YO ME HABIA SENTIDO ESCEPTICA acerca de permitir que nuestra nieta Jenna de casi tres años de edad estuviera en el salón durante el nacimiento de su hermanita. Pero su mami y su papi, Jan y Skip, ambos médicos, lo deseaban, y habían preparado a Jenna mes tras mes durante el embarazo con su propio "manual del bebé", que explicaba detalles como la sustancia extraña que cubriría a la bebé, el corte del cordón y lo que era esa cosa (grapa) que sobre-saldría del cordón umbilical. Los síntomas prematuros de Jan dos días antes nos dieron a Jenna y a mí la oportunidad de relacionarnos bien con el entorno del hospital y la sala de partos. Pero yo no estaba preparada para la profunda experiencia emocional y espiritual que resultó ser el nacimiento de nuestra Crista.

La noche antes Chris había regresado de un viaje fuera de la ciudad y se había reunido con Jenna y conmigo. Los tres permane-cíamos de pie esperando "en alerta" ante la puerta del salón de partos durante las últimas contracciones fuertes de Jan. De repente Skip abrió la puerta y nos hizo señas de que entráramos rápido. Yo contuve el aliento. El salón estaba electrizado con el inminente nacimiento. Cargué a Jenna, pero ella reconoció los pasos que le habían enseñado por su librito y se percató de todo.

Pero cuando la cabecita asomó, de repente sentí la presencia de Dios llenando el salón. Me conmocionó la abrumadora dimensión espiritual que permeaba, sí, casi saturaba, la atmósfera. *¡Nacimiento! Dios estaba allí; invisible, pero llenando el salón con su presencia.* Invisible y sin embargo, tangible. Poderoso, más placentero. Etéreo y no obstante real como el aire que estábamos respirando. "¡Dios!", clamó en silencio mi corazón una y otra vez.

La unidad de la familia era asombrosa. Las lágrimas corrían por las mejillas de Jan cuando acomodaron a Crista —rápidamente enjugada y envuelta en una manta— en sus brazos. Jenna había preguntado si la gente lloraría, y Skip le había dicho: "Sí, pero serán lágrimas de gozo porque estaremos muy contentos, no lágrimas tristes".

Con frecuencia en el pasado, e incluso hoy, el nacimiento ha sido reducido a un proceso médico solamente, con salones de partos estériles, aislamiento de la madre —a menudo de su propio esposo— y salida rápida del recién nacido hacia un cunero limpio y estéril. ¡Qué triste! ¡Cuánto se pierde! *El nacimiento es el proceso en que Dios da inicio a una nueva vida en la tierra.*

A Jenna le habían hablado de la "sangre", y esa fue la única cosa que no le gustó del nacimiento. Ni su médico; tampoco a nosotros. De repente, mientras manipulaba la placenta, salió un chorro de sangre que empapó sus pantalones, camisa, zapatos, el piso e incluso salpicó la pared tras él. Rápidamente saqué a Jenna al corredor y los ayudantes pusieron a la recién nacida, todavía sin limpiar y envuelta en la primera manta, en brazos de Chris... y corrieron por el pasillo con la parturienta en la camilla hacia cirugía: Jan había perdido la mitad de su sangre y ahora luchaban por salvarle la vida.

Crista apareció poco antes del mediodía y nos habíamos olvidado por completo de la hora. Así que decidimos que Chris llevara a Jenna a la cafetería, y yo permaneciera en el salón de partos con Crista. Todos los demás estaban sumamente ocupados tratando de salvar la vida de Jan.

Yo no estaba preparada en absoluto para la siguiente hora, sola con esta recién nacida. Mientras me paseaba con ella, el vínculo era increíble. La estreché contra mí, hablándole sin cesar, emocionada mientras ella me apretaba el dedo con su puñito y la ayudaba a chuparse el dedito cuando lloraba.

Mas por encima de todo oraba. Le repetía a Dios la Escritura que El me había dado para Crista... el Salmo 22:9:

Pero tú eres el que me sacó del vientre.

A lo largo de toda esa larga espera mantuve una calma y una paz increíbles, pidiendo continuamente a Dios aquella seguridad.

Dios me había dado la Escritura el día en que se esperaba el nacimiento de Crista, el 6 de agosto de 1985, después que había estado orando largo rato antes del alba por el momento del parto y otras preocupaciones concernientes al alumbramiento. Cuando abrí mi Biblia esa mañana, fue en el Salmo 22; y enseguida mis ojos cayeron en el versículo 9. Al instante supe que se refería a ese día, aquel en que Jan daría a luz. Y la promesa para mí fue que serían las manos divinas de Dios las que en realidad traerían al mundo a la bebé, no las del tocólogo ni las del médico asistente/esposo Skip.

Pero no fue hasta el 21 de agosto que supe por qué me había hecho falta aquel versículo de Dios. Mientras ellos luchaban para salvar la vida de Jan y yo me paseaba con la recién nacida en brazos, sentía una calma y una paz increíbles en tanto oraba el Salmo 22:9. Y de la fe inquebrantable en lo que Dios me había dado quince días antes provino mi convicción de que *sus manos estaban allí, y de que El lo dominaba todo; ¡no importaba lo que sucediera!*

Sí, Dios llenó aquel salón de sí mismo tan poderosamente como en ninguna otra vez lo he sentido. Pero de todas formas yo necesitaba comunicarme con El... mediante la oración.

LA FUNCION DEL ESPIRITU SANTO EN EL NACIMIENTO

La otra oración importante que pronuncié en aquel salón de partos fue: "Señor, llénala de ti". Puse mi mano sobre la diminuta de Crista mientras oraba: "¡Oh Dios mío, llénala con tu Espíritu, tu Santo Espíritu!" Entonces coloqué mi otra mano sobre su cuerpecito mientras seguía orando por ella.

A través de los años he pronunciado muchas oraciones relacionadas con la función del Espíritu Santo en mi familia, sobre todo en los nacimientos. No he tratado de entender muchas de ellas teológicamente, sino que me he limitado a decir lo que Dios me hablaba en la Biblia según la leía.

Todas nuestras cuatro nietas fueron concebidas poco antes de Navidad. Durante muchos años me he detenido un tiempo en la historia de la Navidad en mis devociones las semanas que preceden a estas festividades. Así que muchas de las cosas que he pedido a Dios relacionadas con nuestras bebés en camino, provienen del primer capítulo de Lucas. Y he descubierto que la historia de la Navidad está muy cargada con la actividad del Espíritu Santo.

La Navidad en que Jenna y Cindy estaban empezando a crecer como diminutos embriones, Dios empezó a mostrarme al Espíritu Santo en Lucas 1. Leyendo lo relativo al ángel que le prometió a Zacarías que el hijo de su esposa, Elisabet, sería lleno del Espíritu Santo antes del nacimiento (1:15), me puse a pensar en el derecho que yo tenía de orar pidiendo eso para mis nietas en la matriz de sus madres. Me di cuenta de que, estar destinado a ser Juan el Bautista, aquel feto tenía un llamamiento y función especiales de Dios en la tierra; pero mi corazón clamaba a Dios para que les otorgara todo lo que El tenía destinado de sí mismo a mis nietas que todavía eran embriones.

También fue el Espíritu Santo, no un humano, el que produjo la concepción de Jesús en María. Y yo sabía que aquel milagro era unicamente para Jesús, el preexistente Hijo de Dios que venía a la tierra. Cuando el segundo par de primas, Kathy y Crista estaban escasamente en camino, pedí: "Oh Dios mío, Espíritu Santo, *muévete sobre* nuestras pequeñitas como lo hiciste sobre María en la Anunciación. Muévete sobre los cuerpos de sus madres en todo lo que eres... tu santidad, tu poder, ¡tu todo!"

Y mientras las madres de aquellas dos primas las llevaban en sus matrices durante la Navidad, mi oración por ellas fue de Isaías 44:3: *Mi Espíritu derramaré sobre tu generación, y mi bendición sobre tus renuevos.*

Y la petición que sin cesar repito por nuestros hijos y nietos es que Dios bondadosamente derrame su Espíritu Santo sobre todos ellos.

Entonces fue cuando pedí: "Espíritu Santo, ¡llena esos diminutos pequeñines con la plenitud de la Divinidad!" basada en la oración de Pablo de Efesios 3:19. Y añadí: "No sólo a ellos sino, como desde Pentecostés, llénanos *a todos nosotros* —padres y abuelos—

con la plenitud de la Divinidad para que también nosotros podamos ser todo lo que tú quieres que seamos".

Pero también comprendí, por Lucas 1:80, que Juan el Bautista, aunque lleno del Espíritu Santo desde antes de nacer, de todas formas necesitaba crecer y "volverse fuerte en espíritu". Todavía me pregunto, con la multitud presente en la circuncisión de Juan el Bautista (ver Lucas 1:66): "¿Quién pues, será este niño?" Así ha sido con todos mis nietos. Aunque Dios decida contestar todas esas oraciones prenatales mías, todavía tendrán que crecer en Dios... y pasar por el trance que les otorgará la salvación eterna: recibir a Jesús como su Salvador y Señor personal. Y por eso todavía estamos orando que el Espíritu Santo sea el implementador de la voluntad de Dios en sus vidas cada día mientras crecen.

En estos momentos estamos esperando nuestro séptimo nieto. A Margie, la esposa de Kurt le toca dar a luz dentro de tres meses mientras escribo este capítulo. Así que ahora tengo un nuevo proyecto de oración. Y precisamente esta mañana le dije a Margie que casi cada día le pido a Dios que envíe a su mensajero, el Espíritu Santo, para que se mueva sobre ella, proteja y llene al pequeñín todavía no nacido con todo lo que Dios desea que él sea.

LA ORACION RECONOCE LA FUNCION DE DIOS AL HACER BEBES

Las oraciones que he pronunciado durante todos mis embarazos y aquéllas de todos mis nietos han sido sacadas de la Palabra de Dios en la Biblia. Algunas de las más significativas e importantes fueron las que consolidaron en mi corazón la convicción de *quién* estaba trabajando en formar aquellos pequeñines... exactamente mientras sucedía.

Pocos días después que supimos que Jenna y Cindy habían sido concebidas, leí en el Salmo 119:73: *Tus manos me hicieron y me formaron.*

Y mi corazón clamó en oración: "Dios mío, son tTus manos las que están haciendo nuestros bebés".

Mientras nuestras hijas y nueras han estado embarazadas, mi casi diaria petición por los bebés en formación ha sido: "Dios mío, en tanto que cada pequeña célula se multiplica, protégela de divisiones deficientes y malformaciones que producirían defectos de nacimiento". Con frecuencia, oraba: "Padre, hoy mientras cada célula se subdivide, hazla conforme a como tú quieres que sea ese bebé. Controla los genes. Dirige la multiplicación".

Exactamente cuando Kathy y Crista acababan de ser concebidas oré a Dios con sus mismas palabras de reafirmación de su parte en la formación de los bebés, y el horror de los abortos, del Salmo 139:13 y 16:

Porque tú formaste mis entrañas;
Tú me hiciste en el vientre de mi madre....
Mi embrión vieron tus ojos,
Y en tu libro estaban escritas todas aquellas cosas
Que luego fueron formadas,
Sin faltar una de ellas.

ESCRITURAS DE DIOS PARA LOS NACIMIENTOS FAMILIARES

Dios me ha dado muchas Escrituras especiales para nuestros nietos. El 3 de diciembre de 1984 nos llamó Jenna: "Vamos a tener un bebé", gritó muy feliz en el teléfono. Después de correr allá a ver a la nueva mamá y futura hermana, Chris y yo oramos juntos: "Haz que ese niño sea todo lo que tú quieres que sea".

A la mañana siguiente hicimos una oración de profundo agradecimiento a Dios. Jan había tenido que someterse otra vez a la microcirugía en la Clínica Mayo a fin de concebir a este chiquitín, y me agité, casi me preocupé, porque si la concepción no tenía lugar pronto, la cirugía sería en vano. Así que primero tuve que pedirle a Dios que me perdonara mi falta de fe. Para después orar dándole las gracias, no sólo por el embarazo, sino porque El conociera el grupito de células que estaba dentro de la matriz de Jan. El potencial de aquella vida había sido puesto allí por El, quien había planeado ya su futuro según su voluntad.

La Escritura que Dios dio para aquel futuro bebé, Crista, fue el Salmo 78:6-7:

Para que lo sepa la generación venidera y los hijos que nacerán; y los que se levantarán lo cuenten a sus hijos, a fin de que pongan en Dios su confianza, y no se olviden de las obras de Dios; que guarden sus mandamientos.

Sí, ¡la Escritura de Dios para el embrión de Crista!

Debido a que Jan había pagado tan alto precio mediante la cirugía otra vez por su segundo embarazo, la recién embarazada Nancy tuvo la consideración de esperar un poco para anunciarnos su gestación. Quería que Jan disfrutara sola un tiempo de los primeros planos. Pero Dios, sin comunicación humana, me había dado carga para que orara por el bebé de Dan y Nancy durante dos semanas. Así que oré en obediencia estricta al estímulo de Dios. Pronuncié las mismas oraciones, pidiéndole a Dios que llenara de sí mismo a aquel pequeñín y que protegiera y guiara y guardara cada división mientras las células originales florecían... del mismo modo que estaba orando por el bebé de Jan. Las oraciones que pronuncié acerca del Salmo 139:13-16 de Dios formando bebés en la matriz antes que se conocieran no fueron sólo por Jan, sino también por Nancy. Entonces, el 10 de enero, Cindy, la hermanita de tres años nos llamó para contarnos que iban a tener un bebé: "¡Y está en la barriguita de mami!", gritó en el teléfono. Cuando le pregunté si ella amaba al hermanito y si estaba contenta de que fueran a tener un bebé, me contestó con resonantes: "¡Sí!" Y recibí la confirmación de la carga que Dios me había puesto en la oración... ¡incluso antes que yo supiera del bebé!

El 14 de julio de 1985, justo un mes más o menos antes que Crista y Kathy nacieran, la Escritura que Dios me dio para ella fue el Salmo 100:3: *El [Dios el Señor] nos hizo, y no nosotros a nosotros mismos.* ¡Qué reafirmación de Dios para que supiéramos que aquellas bebés casi a punto de nacer estaban hechas, no sólo por sus padres y madres, sino en realidad por Dios!

Cuando estaba por nacer el hermanito de Jenna y Crista, me sentía emocionada porque Dios contestara mi oración por su Escritura, dándome el pasaje que seguía inmediatamente al de Crista, el Salmo 22:9:

> *El que me hizo estar confiado desde que estaba a los pechos de mi madre. Sobre Ti fui echado desde antes de nacer; desde el vientre de mi madre, Tú eres mi Dios.*

Salmo 22:9-10

Pero lloré considerando por qué aquel pequeñín que llegaba tendría necesidad de confiar en Dios. Entonces me regocijé en su promesa, con el salmista, *¡de ser de Dios desde el vientre de su madre!* Con gozo y seguridad acepté de Dios que El guardaría a

Brett hasta el momento en que fuera lo bastante grande para aceptar a Jesús personalmente.

El versículo de nuestro nieto James también fue especial. Yo había estado orando durante muchos días pidiéndole a Dios un versículo para él, y en la mañana de su nacimiento, el 26 de septiembre de 1990, Dios me guió claramente al Salmo 121:8:

Jehová guardará tu salida y tu entrada, desde ahora y para siempre.

Era tan claramente de Dios. Y las lágrimas me salían cada vez de más adentro, mientras más hondo iban calando en mi corazón las palabras: "Desde ahora" —su nacimiento— "y para siempre" —en su vida y por la eternidad—. ¡Así era como Dios iba a guardarlo! "Gracias, Dios mío —oré—, por mucho más de lo que yo había esperado. No puedo contener las lágrimas que me brotan de los ojos y me corren por las mejillas".

La mamita del niño, Margie, había estado preocupada por esto y había orado por la salvación definitiva de su hijo por nacer. Qué emoción tan grande nos produjo a las dos el versículo de Dios para James.

ORACIONES DE ENTREGA

Efesios 3:20 fue muy especial para nuestra Margie. Ella tenía la referencia grabada en el anillo de boda de Kurt, y aun su suegro, Chris, la había puesto en el cuadrado que le correspondía en el edredón que todos los parientes habían hecho colectivamente como regalo de boda sorpresivo para Kurt y Margie. Pero tomó un significado redoblado después de haber tratado de tener un bebé durante un año, y sentirse un poco descorazonada pues ya tenía treinta y dos años. Fue entonces que Kurt y Margie oraron Efesios 3:20 en relación con un bebé:

Y a aquel que es poderoso para hacer todas las cosas mucho más abundantemente de lo que pedimos o entendemos, según el poder que actúa en nosotros.

"Padre —pidieron—, esta es nuestra oración por hijos... o si no, pon tú 'mucho más de lo que pedimos o entendemos'".

Margie explicó: "Este es nuestro reconocimiento de que si Dios no nos daba un hijo, era porque tenía algo mucho mejor para Kurt y para mí". (Se parecía tanto a lo que Jan había dicho la noche antes de su operación, que ellos pensaban la capacitaría para concebir a Jenna.) "Pero —continuó Margie—, esa oración la hicimos el 9 de enero de 1990, ¡y ya hacía dos semanas que yo estaba embarazada de James sin saberlo!"

Ha habido muchas difíciles oraciones de entrega de nacimientos en mi vida. Después de mi varoncito abortado y mi niñita nacida muerta, por fin entregué mi siguiente aborto cuando Dios me dio Romanos 8:28: *a los que aman a Dios, todas las cosas les ayudan a bien, esto es, a los que conforme a su propósito son llamados.* Y después vino la entrega de Judy, aquella terrible noche, después que nos dijeron que no podría vivir. Pero ha habido otras, igual de difíciles.

Nuestros médicos Jan y Skip habían anunciado su primer embarazo tocando a nuestra puerta y preguntándonos si queríamos ver una foto de su bebé. Sorprendidos y emocionados dijimos que por supuesto que queríamos. Y entonces sacaron rápidamente una foto de ultrasonido del útero de Jan con su bultito en el mismo medio: "¡Ahí está nuestro bebé!", sonrieron rebosantes de satisfacción. Pero sólo dos semanas después Dios nos llamó al padre de aquel bebé y a mí a pronunciar una dolorosa oración, cuando Jan y Skip estaban asistiendo a mi seminario de oración en Calvary Church, St. Paul. Durante nuestra enseñanza para "orar dentro de la voluntad de Dios", le pedí a todos que pensaran en la cosa más importante para ellos, y que entonces, en una oración en voz alta, que la entregaran a Dios para que hiciera su voluntad. Yo siempre oro lo mismo que le pido a todos los participantes que hagan, e inmediatamente supe que lo que yo tenía que entregar a Dios era aquel bultito que estaba en la foto de ultrasonido. Con el corazón destrozado, lo hice. Tan pronto como terminamos, Skip corrió hacia la plataforma y me estrechó entre sus brazos. Con los ojos de ambos llenos de lágrimas, sollocé: "¡Oh Skip, adivina lo que acabo de entregarle a Dios!" "Ya lo sé —lloró él—, ¡yo también lo hice!" ¡Entregar a la voluntad de Dios el bebé que El convertiría en nuestra Jenna!

En la primavera de varios años después, mientras enseñaba el mismo seminario, llegué al punto en que le pedía a todos que le entregaran a Dios la cosa más importante en nuestras vidas. Inmediatamente pensé en los hijos (mis nietos) que les nacerían a Jan y a Nancy el verano siguiente. Recordé fugazmente mis propios dos bebés con espina bífida (uno nacido muerto y Judy), el cordón enredado alrededor del cuello de Cindy en el momento del parto, y la posibilidad de problemas físicos con estos dos nietos por nacer también. Pero, con lágrimas en los ojos, oré: "Señor, te entrego dos bebés *normales y saludables* ¡Hágase tu voluntad, no la mía!" Dos posesiones muy preciosas, ¡entregadas! Pero Dios nos dio dos vivarachas bebitas: nuestras Crista y Kathy.

Las oraciones de entrega pueden —y deben— terminar en alabanza, porque le hemos entregado nuestro hijo a nuestro Dios que nunca comete errores, que sabe qué será lo mejor para el futuro, y que hace todas las cosas para el bien de aquellos que lo aman y que son llamados de acuerdo con su propósito. Recuerdo que al final no solamente le entregué mi segundo aborto, sino que di gracias a Dios por habernos mostrado mediante Romanos 8:28 que El no había abandonado su trono, y que lo sucedido había sido para nuestro bien... porque nosotros no hubiésemos podido regresar para cursar siete años más de universidad y seminario con tres pequeños, el padre de Chris muerto y el mío inválido.

Pero no fue hasta después que nacieron gravemente afectados nuestro bebé nacido muerto y Judy, que comencé a ver las alternativas de Dios en los embarazos. De pronto empecé a darle gracias a El porque aquellos dos embarazos hubieran terminado en aborto; porque sólo Dios sabía lo que aquellos bebés podían haber sido. Para entonces yo había aprendido a confiar tanto en Dios que me salió del corazón agradecerle que posiblemente El había evitado una situación grave para Chris y para mí.

El Salmo 100:3-5 expresa muy bien por qué lo alabamos después de entregarle un hijo a El:

> *Reconoced que Jehová es Dios;*
> *El nos hizo y no nosotros a nosotros mismos;*
> *Pueblo suyo somos y ovejas de su prado.*
> *Entrad por sus puertas con acción de gracias,*
> *Por sus atrios con alabanza;*
> *Alabadle, bendecid su nombre.*
> *Porque Jehová es bueno;*
> *para siempre es su misericordia,*
> *Y su verdad por todas las generaciones.*

ORACIONES DURANTE EL PARTO

La hija de Sally mi secretaria, Sue Moore, ha trabajado para mí durante muchos años. Acaba de tener su segundo hijo, y le pregunté si podía contar una experiencia muy especial que ella y su esposo Jeff tuvieron durante el parto de este bebé. Sue relata:

> Cuando Jeff oraba en voz alta durante mis contracciones, pedía que Dios me relajara. Dios contestó esas oraciones. Sentía que la tensión y el miedo desaparecían. Creo que ése fue el factor principal que redujo mi labor de parto de más de dieciséis horas con mi primer hijo, hasta menos de seis horas esta vez [aunque Sue tuvo una bebé de nueve libras y una onza].
>
> También en tanto Jeff me daba masaje en mi adolorida espalda, luchaba por alcanzar bien abajo hasta la parte inferior de mi espalda mientras yo yacía en la mesa de partos. "¡Dios, de alguna manera permíteme llegar abajo donde le duele!", pedía. Pronto Dios contestó su oración, como si le alargara el brazo a Jeff. Sentí la mano de Jeff incluso más abajo de donde más me dolía! Estos sucesos hicieron que yo sintiera que Jeff y yo no estábamos solos. Era como traer un amigo allá adentro con nosotros. ¡Me sentí amada y cuidada por *un gran Dios!"*

Chris y yo tuvimos nuestros hijos en los años en que no se permitía la entrada de los padres al salón de partos durante el nacimiento. Pero el recuerdo vívido de Chris mientras se paseaba impaciente fuera del salón donde yo estaba dando a luz era el de *orar.* Aunque no podía estar allí para ayudar, mi esposo sabía bien que había uno que podía —y estaría— conmigo: *Dios.*

Cada uno de los padres de nuestra familia podría contar de su propia oración por sus bebés. Pero toda nuestra familia está enfrascada en orar por cada nacimiento en la familia. Se llaman por teléfono unos a otros para contarse las últimas noticias, e individual y colectivamente como familia respaldamos a la madre, al padre y al recién nacido. Oramos para que Dios lo controle todo, le pedimos que alivie el dolor y el posible miedo, y en ocasiones pronunciamos oraciones de honda preocupación. Pero entonces, mientras nace el pequeñín, las oraciones de alabanza resuenan por todo el ámbito familiar.

LA ORACION DE UNA ABUELA EN EL PARTO

Ha habido oraciones especiales que como abuela también he pronunciado durante el mismo parto de nuestros nietos, y la duración e intensidad de las oraciones han sido tan variadas como las circunstancia que las provocaron. Pero siempre incluían e implicaban al Dios del cielo en un aspecto muy especial —aunque a veces fugaz— del parto.

El día en que Nancy esperaba a su primer bebé, Cindy, estábamos de vacaciones en Michigan. Sintiéndome tan inútil y alejada, oré y oré que Dios me permitiera estar cerca de ella en el parto. Cuando empezó a sentir los dolores de parto, en vez de irme a pescar en el lago Michigan, me senté junto a un teléfono en el pueblo; *esperando y orando.* Pero aquellas contracciones, y mis oraciones, ¡se prolongaron durante cinco días! Al final simplemente volé a casa para estar cerca de ella. (Con frecuencia me he preguntado si aquella larga labor de parto fue la respuesta de Dios a mi solicitud.)

Kathy la segunda hija de Nancy también se demoró. Yo había planeado el inicio de mi seminario de otoño en una fecha en que se suponía que ya habría pasado el parto para estar segura de que estaría allí en el nacimiento de Kathy, pero la demora de Nancy de dos semanas y media arruinó mis planes. Cuando Kathy nació, yo estaba en un avión en camino a Omaha, Nebraska. Qué difícil fue para mí abordar aquel avión y sentir que me llevaba mucho más lejos de la vida que surgía. Pero el estar a 30,000 pies de altura y a cientos de kilómetros de distancia no me impidió orar. Cerré los ojos para que la azafata no me molestara con bebidas o comida... y oré.

Puesto que hacía sólo dos semanas que Jan había perdido la mitad de su sangre en el parto de Crista, oré por la seguridad de Nancy. Y pedí que no le faltara el oxígeno al cerebro de la criatura si el cordón estaba enrollado alrededor del cuello de ésta como había sucedido tres veces con Cindy. Creo que oré por todo lo que podía pensar una abuela que ha perdido cuatro de sus propios hijos; con ansiedad y aprensión crecientes dentro de mí. Pero de repente Dios me trajo a la mente Filipenses 4:6:

> *Por nada estéis afanosos, sino sean conocidas vuestras peticiones delante de Dios en toda oración y ruego, con acción de gracias.*

Sin pensarlas ni buscarlas, brotaron de mi interior oraciones de acción de gracias y permearon todo mi ser. De alguna forma dejé de pensar en posibles problemas terrenos y pensé en Dios. Otra vez me recordaba que El es quien saca a los bebés de la matriz.

En el momento en que el avión aterrizó, corrí al teléfono más cercano, marqué el número del departamento de obstetricia del hospital ¡y pronto escuché el saludable vagido de Kathy, mientras la enfermera sostenía el teléfono cerca de ella! ¡Dios me había contestado!

Cuando Jan tenía programado el parto de su primera hija, Jenna, le pedí a Dios que me enseñara nuevas dimensiones de oración. Y así lo hizo. Jan, que ya se había atrasado diez días, tenía que pasar dos días haciendo exámenes de medicina interna, de ocho horas cada uno, como antes mencioné en un capítulo anterior. Así que le pedí a Dios que me enseñara cómo orar por ella durante aquellas sesiones de ocho horas dos días consecutivos.

Dios empezó enseñándome cómo perseverar todo ese largo tiempo en oración, orando primero por mi propia limpieza (para que yo pudiera orar con poder) y después pidiéndole al Espíritu Santo que dirigiera mi oración (para que ésta estuviera de acuerdo con la voluntad de Dios).

Entonces me enseñó la realidad de las manos de Jesús en una sorprendente sucesión de acontecimientos. Una oración decía: "Jesús, mantén firme la mente de Jan; que no sienta confusión ni miedo". También: "Llena su mente con tu capacidad de recordar; tan sólo la cantidad que tú sabes que ella necesita". Después le pedí que su mano guiara la mano con que ella escribía, estabilizándola, dirigiéndola, aclarando los rasgos. A continuación la oración fue en el piano, mientras yo cantaba: "Precioso Señor, toma *su* mano; levántala, permite que se sostenga; si está cansada; si se siente débil, si está estropeada". La siguiente oración fue pidiéndole a Jesús que pusiera sus manos de autoridad y poder sobre su espalda, en sus hombros. Le pedí que Jesús mantuviera sus manos sobre las glándulas y sustancias químicas que desencadenan el parto hasta que hubiera terminado sus pruebas... porque esos exámenes no se celebraban más que una vez al año, y si no lograba terminarlos, tendría que estudiar y hacerlo todo otra vez al año siguiente. Según le preguntaba a Dios lo que a continuación necesitaba ella, Su respuesta era: "La parte baja de su espalda". Y después era el peso en el cuello del útero: "Oh Jesús, que tus manos sostengan a esa criaturita, para que Jan no sienta su peso mientras tiene que estar sentada durante todas esas horas". Las oraciones continuaban con: "Tiene frío. Confórtala, Señor", y pidiendo para que se aliviara la terrible tensión en las emociones de Jan y, por consecuencia, en la bebé.

Yo anoté cada momento en que Dios me avisó para que orara por aquellas necesidades específicas, y más tarde, Jan y yo revisamos las notas de los dos días. Estupefacta comprobó que las horas coincidían exactamente con los momentos en que sintió aquellas necesidades determinadas.

Días después empezó el parto de Jan, y esta vez le pedí a Dios que me enseñara *cómo* esforzarme junto a ella en oración. Y El me enseñó una nueva dimensión de la oración que yo no había conocido nunca. La profundidad de la oración era como yo recordaba los esfuerzos del parto, excepto que era espiritual. No puedo explicarlo, pero lo sentí muy hondo mientras estuve orando.

El nacimiento de Brett fue muy emocionante, con Chris y yo vigilando a las dos hermanitas, Jenna y Crista, en el salón de partos. Yo me aferré a las dos niñas; pero en el momento en que Brett estaba saliendo, me tapé los ojos. La enfermera sonrió y dijo: "Ella no va a tener problemas. Está muy bien". Pero yo sabía algo que ella no sabía: que Jan había perdido la mitad de su sangre, y casi su vida, en el parto anterior. Pero Dios estaba allí otra vez, y el regocijo de aquella nueva vida explotó en el salón. ¡Dos horas después celebramos todos juntos en la habitación de Jan con una comida china mandada a buscar! Una vez más, Dios contestaba nueve meses de oración.

Empezamos a orar por el pequeño James de Kurt y Margie cuando recibimos una tarjeta de felicitación dedicada "Para mis abuelos", con una foto de ultrasonido. El bebé Christenson se excusaba porque la foto dejaba que desear... pero que él no tenía más que seis semanas. Diariamente yo pedía por aquel manojito de células de la foto, mientras se subdividía y crecía. Y mientras Margie estaba de parto de nuestro pequeño James, pronuncié todas las oraciones que había dicho por las cuatro nietas anteriores. Pero Dios añadió una oración especial por Margie mientras daba a luz. No estoy segura de todas las clases de trabajo de las que Jesús estaba hablando en Mateo 11:28, pero a través de esas horas de su primer parto, oré las maravillosas palabras de Jesús por Margie:

Venid a mí, todos los que estáis trabajados y cargados, y yo os haré descansar.

Cualquier mujer que haya dado a luz sabe lo que significa estar cargado antes que llegue el bebé. Y el agotamiento de estar embarazada nueve meses, además de que la fatiga que se siente durante el parto es muy real. Pero pude orar llena de confianza en que Jesús estaría allí... y que le daría a ella el descanso que tanto necesitaba.

El momento del parto es sumamente especial para una familia... y maravilloso para pronunciar todas esas oraciones especiales.

ORACIONES QUE CREAN UN VINCULO

El vínculo que se crea entre los adultos que lo cuidan y un recién nacido, tiene lugar casi automáticamente al nacer, y con la madre, incluso antes del parto. Pero ese vínculo también es importante para otros miembros de la familia. Hay una relación especial que puede y debe desarrollarse, que le da a los hijos una sensación muy necesaria de ser amado y estar seguro en una relación familiar.

Aquella primera hora que pasé con Crista mientras Jan estaba en cirugía dio lugar a un fuerte vínculo. Sin embargo, el vínculo se formó de una manera muy distinta con Cindy y con Jenna: Cindy estaba recién nacida y Jenna se demoraba cuando me llegó la hora de salir de viaje hacia la India. Yo acababa de llorar leyendo las palabras de Lucas 14:33: *Así, pues, cualquiera de vosotros que no renuncia a todo lo que posee, no puede ser mi discípulo.* Ya yo le había preguntado si El se refería también a los nietos. Y su respuesta afirmativa había requerido mi difícil y llorosa promesa de obedecerlo sin importar el precio... incluso dejar los nietos.

Aunque yo sabía que era su voluntad, luché largo tiempo con no dejar a mi diminuta primera nietecita, Cindy, y, todavía peor, quizás estar en la India cuando su prima, Jenna, naciera. Pero una de mis mayores preocupaciones era no poder establecer ese vínculo con aquellas dos nietecitas. Y se añadía a mi inquietud, el hecho de que sus abuelas paternas, Esther y Ruby, se harían cargo de ellas y establecería el vínculo con ellas... en mi lugar.

Así que oré y pedí a Dios que de algún modo milagroso nos uniera... mientras nos separaba medio mundo. Cuando regresé a casa después de seis semanas en la India, yo debía haber sido una completa extraña para aquellas dos bebitas. Pero me esperaba una fabulosa sorpresa: Dios había escuchado mis ruegos. Estábamos —y seguimos estando— estrechamente unidas unas a otras... ¡como los nietos y las abuelas y abuelos deben estarlo!

Pero todavía tengo que estar lejos de Cindy y Jenna mucho tiempo, y estaba preocupada de que no estuviéramos tan unidas como estaríamos si yo permaneciera junto a ellas. Pero Dios me libró de esa carga también. Cuando Cindy tenía solamente tres meses, en la fiesta de cumpleaños de su papi, me rodeó con sus piernecitas, echó la cabecita hacia atrás, me miró a los ojos y se rió como diciendo: "¡Abuela! ¿verdad que es magnífico?" Y me reí con ella, sabiendo que *era* magnífico... nuestro vínculo! *La respuesta de Dios a mis oraciones relativas a Cindy.*

Después, cuando Jenna tenía ocho meses, la llevé en mis brazos durante un largo viaje, y ella también me rodeó la cintura con las piernecitas y enterró la cabecita en mi hombro. Así se mantuvo aferrada, como una forma de decirme: "¡Te quiero mucho, abuela!" Y yo le acaricié la espalda y le murmuré en la orejita: "¡Abuela también te quiere mucho, Jenna!" ¡Unida a Jenna!

Pido sin cesar por mantener un fuerte vínculo con todos mis seis nietos, pues tenemos que estar separados por la distancia y mis calendarios de trabajo muy activos. Y yo busco cada minuto que puedo robarle a mis ocupados programas para pasarlos con ellos, a veces a la fuerza, porque no son todo lo abundantes que quisiera. Pero el vínculo existe, no por el roce diario, sino por Dios... en respuesta a las oraciones de una abuela.

UN DON DE DIOS

Nuestra oración —mía y de Chris— por la familia se desarrolló gradualmente. En primer lugar, nosotros siempre dedicamos el hijo que esperábamos en cada uno de mis nueve embarazos, en el mismo momento en que sabíamos que estaba en camino. Entonces llegamos al punto de pedir mucho por tener bebés que fueran saludables y vivos. También orábamos por cada uno de ellos a lo largo de todo el embarazo. Pero era en el momento mismo del nacimiento cuando lo dedicábamos especialmente en oración a Dios. Eran suyos... para que hiciera su voluntad. Ellos eran sus dones para nosotros mientras estuvieran vivos. Sabíamos muy bien que eran los regalos que El nos hacía: *He aquí, herencia de Jehová son los hijos* (Salmo 127:3). Este salmo se cita con frecuencia en las celebraciones de nacimientos, bautizos, "baby showers" y en las tarjetas que anuncian nacimientos. Y la mayoría de los cristianos lo cree.

Pero me pregunto cuán a menudo practicamos lo que dice. Sí, los hijos son un regalo... pero no de un humano. Son un regalo del Señor. Así que Dios merece —y espera— que se cuente con El en cada aspecto de la concepción y el nacimiento.

¿Y cómo contamos con El? Mediante la oración. Oraciones para pedirle un hijo, después oraciones entregándole nuestras voluntades a El, peticiones de protección mientras el bebé se desarrolla, y oraciones de acción de gracias. Y algunas veces, cuando todo no ha salido bien en el parto, puede ser que haya oraciones de cólera hacia Dios, oraciones contándole nuestro dolor, pero después al final oraciones en acción de gracias; porque sabemos que El hace bien todas las cosas.

Orando cuando mueren los seres queridos

11

ALGUNAS VECES DIOS NO contesta nuestras oraciones relacionadas con la muerte de algún ser querido en la forma en que esperamos. Por ejemplo: a lo largo de muchos años le pedí a Dios que me permitiera estar junto a mi madre cuando muriera. Ella había vivido una vida tan cerca del Señor, que yo deseaba presenciar cómo Dios la llevaba ante su presencia. Sin embargo, por vivir a 640 kilómetros de distancia una de la otra, en el fondo de mi corazón sabía que era muy improbable que yo pudiera estar cerca de ella si moría de repente.

Un día mientras desayunábamos durante nuestras vacaciones en agosto de 1986 en las orillas del lago Michigan, a veinte minutos en auto de donde vivía mamá, un carro entró a toda velocidad en la entrada de garaje y el conductor me gritó: "¡Corre, Evelyn, que tu madre está enferma! ¡Muy grave!" Instintivamente supe que había muerto; supe que me había perdido sus últimos momentos en la tierra.

Mientras el auto parecía arrastrarse saliendo del centro turístico hacia el pueblo, las preguntas se amontonaban en mi mente: "¿Por qué no estuve con ella si nos separaban sólo minutos?" "¿Por qué Dios no contestó mis oraciones, permitiéndome estar en el pueblo en lugar de en aquel chalet?" "¿Por qué aquel chalet alquilado no tenía teléfono para que pudieran haberme mandado a buscar de inmediato?"

Estaba sentada atontada. ¿Era que Dios con toda intención me había negado lo que durante tantos años le había pedido? ¿Se había *negado a contestar* mi persistente petición deliberadamente?

Cuando llegué a su casa, confirmé mi presentimiento. Mamá había muerto de un infarto. Con gran discernimiento, la familia y los paramédicos habían decidido no mantenerla viva por medios artificiales. De ninguna forma ni ellos ni yo deseábamos mantener viva mecánicamente a mamá. Durante años ella le había pedido a quienes oraban con ella que pidieran que ella muriera rápidamente cuando le llegara el turno. Bueno, ¡al menos Dios había contestado *sus* oraciones!

Mi hermana Maxine y su familia estaban de pie en silencio, formando un grupo en el salón, interrogándome con los ojos. Se dirigieron hacia el portal, y caminé de prisa con ellos, temiendo lo que me esperaba. Me senté junto a mamá en el sofá donde la habían acostado y abracé su frágil cuerpo. Estrechándola contra mí, apreté mi mejilla contra su plateado cabello. Y de repente sucedió:

Sentí como electricidad que provenía de su cuerpo. No lo comprendí, pero allí estaba. Muy real y poderosa. Casi tangible. Percibí muy agudamente su espíritu saliendo de este mundo y entrando en el cielo... y a mamá no sólo escuchando cantar a los ángeles, sino cantando con ellos. Los presentes confirmaron que todo lo que yo decía era: "¡Mamá, estás cantando con los ángeles! ¡Mamá, estás cantando con los ángeles!"

Yo siempre había creído que, sin importar con cuánta entereza yo había enfrentado otros anteriores desastres, la muerte de mi madre me destrozaría. Sabía en el fondo de mi corazón que esa sería una pérdida que no podría soportar. Habíamos estado demasiado unidas. Pero no sollocé incontrolablemente, ni sentí una espantosa congoja, sino una innegable certeza de que ella había entrado en el cielo. En lugar de mi esperado colapso, me encontraba formando parte de aquella indescriptible escena terreno-celestial. Mis sentidos espirituales estaban increíblemente conscientes de un fantástico drama celestial.

Aquella noche, mientras yacía en mi cama en la oscuridad, las imágenes se atropellaban en mi mente: los ángeles cantando; mi madre cantando con ellos; yo formando parte de la escena. Entonces empecé a preocuparme: ¿era todo imaginación mía de tanto desearlo? ¿Fue mi desesperado anhelo de estar con ella lo que me hizo *pensar* que estaba presente en los breves momentos en que la vida estaba abandonando su cuerpo? Aquella experiencia ¿era real o sólo fruto de mi enfebrecida imaginación?

Comencé a luchar con las preguntas otra vez, pero esta vez pidiéndole al Señor que me aclarara las ideas. Le pregunté por qué no nos había dado tiempo para despedirnos. Le pregunté cómo pudo negarme una solicitud que había sido tan importante para mí. ¿Es que El no había comprendido, o siquiera oído, todos mis años de oración?

Pero con la respuesta de Dios sufrí una conmoción: le oí claramente decirme: *Pero si te escuché; ¡ella esperó por ti!*

Aunque Dios no la contestó de la forma en que yo quería, la respondió de una forma mucho más allá de lo que pude haber imaginado. La respuesta de Dios fue que *¡El le permitió a ella esperar por mí hasta que yo pudiera formar parte de su entrada al cielo!*

TODAS LAS MUERTES NO SON IGUALES

A la mañana siguiente, cuando llamé a la presidenta de mi comité de oración para decirle que mamá había muerto, todavía sin comprender lo sucedido le conté mi experiencia en su muerte. "Oh —replicó—, eso se parece mucho a lo que acabo de leer en el libro de Catherine Marshall acerca de que ella supo que su esposo Peter, no había fallecido aún cuando los paramédicos lo declararon muerto después de su fatal ataque cardíaco". Me ayudó mucho saber que alguien en quien confío tanto como Catherine Marshall había tenido la misma experiencia.

Pero todavía no estaba satisfecha. Aún me preguntaba si todo no había sido mi imaginación delirante ... debido a mi apasionado deseo de estar con ella cuando muriera. Algo renuente me acerqué a mi hija Jan y le conté la historia. Me contestó: "Eso no me sorprende, mamá. Sé por experiencia que todo el mundo no se muere igual. Pero la ciencia médica no tiene los instrumentos para medir eso. Como médico que trabaja mucho con cardiología, he tenido que firmar muchos, muchísimos certificados de defunción, pero cuando uno entra a la habitación no siempre es igual. Algunas veces no hay absolutamente nada; sólo un cadáver. Pero otras veces es diferente. Todavía hay algo ahí. Puedo percibirlo. Lo sé". Entonces Jan añadió: "Esa es la diferencia entre el resucitar y el mantener un cuerpo andando con bombas. La ciencia médica puede mantener las funciones básicas del cuerpo, pero la persona no está viva. Si uno puede resucitarla, traer de vuelta a la vida a una persona, entonces esa persona no estaba realmente muerta. El alma no se había ido".

Jesús se refirió a eso en las muertes de la hija de Jairo y de Lázaro. De la primera El dijo: *No está muerta, sólo dormida*; y los dolientes se rieron de El sabiendo que estaba muerta. Pero Lucas 8:55 dice que *entonces su espíritu volvió*. Después, cuando Sus discípulos creyeron que El les había querido decir que Lázaro estaba dormido, también les aclaró: *Lázaro ha muerto*. Y había estado muerto en la tumba cuatro días (Juan 11:11-14). Cualquiera que fuera la condición, Jesús tenía poder sobre ambos. Y El tenía poder para hacer que mamá esperara por mí.

LAS ORACIONES EN QUE ESCUCHAMOS

Las más importantes oraciones que hacemos en ocasiones de muertes familiares, son las oraciones en que escuchamos. La muerte es un momento en que necesitamos *recibir de Dios,* cuando nos hace falta oír lo que El tiene que decirnos.

La noche en que murió mi madre, yo le había hecho a Dios miles de preguntas. Pero no me las contestó hasta que no me quedé quieta: escuchando. Fue entonces que Dios pudo hacer llegar sus divinas respuestas a mi agitado cerebro —durante su turno en la conversación de la oración—, dejando evacuadas divinamente mis preguntas.

Cuando recibimos la noticia de que la muerte de un miembro de la familia es inevitable (en una enfermedad terminal), o es inminente (en cualquier momento) o ya sucedió (es demasiado tarde para impedirla), es normal bombardear a Dios con preguntas como: ¿Por qué así? ¿Por qué ahora? ¿Es posible? Preguntas propias de quien está confuso y desconcertado. De quien está disgustado y le pregunta a Dios por qué lo ha permitido. Por qué no ha hecho el milagro que El es capaz de hacer cuando se lo hemos pedido durante tanto tiempo. *Pero por lo regular nos limitamos a preguntar, sin dar tiempo para esperar a que Dios nos conteste.*

La única forma en que podemos descubrir que Dios puede ser suficiente para todas nuestras necesidades en momentos como esos, es *dejar de hablarle a El* y permitir que nos demuestre quién es El realmente: el omnipotente Dios del cielo. El Salmo 46:10 dice: *Estad quietos y ¡conoced que yo soy Dios!*

RESPUESTAS EN LA PALABRA ESCRITA DE DIOS

Hay ocasiones en mi aflicción en que voy directamente a la Biblia para encontrar el consuelo y explicaciones que necesito. Pero muchas veces, mi acongojado cerebro todavía no es capaz de leer. Es entonces cuando el Espíritu Santo de Dios realiza una de sus más importantes obras: recordarnos lo que Jesús nos ha dicho antes (ver Juan 14:25-26). Eso fue lo que sucedió la noche en que mamá murió, y a mi mente acudió rápidamente *"No os entristezcáis como los otros que no tienen esperanza"*. Era el tercer miembro de la Trinidad recordándome lo que yo había guardado en mi mente años antes de la Palabra de Dios... y necesitaba en ese momento.

Esa es una de las razones por las que es tan importante que permanezcamos en la Palabra de Dios; leyendo, estudiando, memorizando, guardando *sus* palabras en nuestros corazones. Cuando Rollie, mi padrastro, murió y no tuve tiempo de correr a mi Biblia para buscar consuelo en camino hacia el funeral, el Espíritu Santo me recordó: *Por qué buscáis entre los muertos al que vive? no está aquí, sino que ha resucitado* (Lucas 24:5-6), como los ángeles les dijeron a las mujeres que buscaban a Jesús, la misma mañana de su resurrección, en aquella primera Pascua Florida.

Por otra parte, si recordamos Escrituras, estaremos seguros de que las ideas que nos vienen a la mente provienen de Dios. En momentos de aflicción, la mente puede jugarnos malas pasadas. Y podemos fantasear, imaginándonos lo que tan desesperadamente quisiéramos que fuera verdad: ver al ser querido todavía vivo; regresando a la tierra... perfecto. Eso fue lo que me sorprendí haciendo fugazmente cuando murió nuestra pequeña Judy. La veía descender sonriendo a través del techo de la atestada iglesia —sin parálisis— hasta nuestros brazos que la esperaban. ¡Sana!

Pero aquel espejismo no provenía de Dios. Era mi mente ayudándome a evadirme por un tiempo del golpe. Pero Dios me trajo suavemente a su verdad, día tras día y semana tras semana, tanto recordándome sin cesar las Escrituras memorizadas, como hablándome directamente de la Biblia cuando buscaba en ella sus respuestas. Era su forma de producir la cicatrización verdadera que El sabía que yo necesitaba tan desesperadamente. Es sabio de nuestra parte sumergirnos por completo en su Palabra ahora, convirtiéndola en parte inquebrantable de nuestras creencias... para que estén listas a fin de que el Espíritu Santo las use al ayudarnos cuando nos abate la aflicción.

ORACIONES SIN PALABRAS

Pero a veces la congoja es tan profunda que no nos salen las palabras, y es como si todo nuestro ser estuviera entumecido, por lo que es imposible orar. Es entonces cuando Dios acude, sin usar palabras tampoco, sino con El mismo. Dios hizo eso conmigo cuando nuestra bebita nació muerta. La Segunda Guerra Mundial estaba en su apogeo y era escaso el tratamiento médico adecuado para los civiles en el país. Mi horrorosa labor de parto me dejó a penas con vida. Una ambulancia me llevó hasta casa de mamá, donde luché con la muerte de mi bebé durante dos días, en medio de la negrura que parecía rodearme. No le dirigí ni una palabra a Dios... ni El tampoco me habló. Sólo sentía su amoroso cuidado llenando poco a poco con El mismo el vacío que yo sentía. Con su amor, su consuelo, su seguridad ... y su sanidad.

LO QUE ELLOS VEN

Cuando un ser querido está muriéndose, es cuando necesitamos ver lo que ellos están viendo, como tan a menudo sucede. Un momento en que las cosas de esta tierra de verdad empiezan a nublarse, a la vez que el pasado con todo su dolor y pesares se borra, mientras el resplandor de las puertas del cielo aumenta su brillo.

En las muertes de nuestra familia, esa experiencia ha sido muy real. Mi padre había estado en coma durante semanas, pero de pronto se recuperó, miró hacia el cielo, levantó sus manos como si tratara de alcanzar algo, y gritó: "¡Jesús!" Entonces cayó de espaldas sobre las almohadas... muerto. Nuestra propia diminuta Judy, también en coma profundo, alzó la manecita que durante tanto tiempo había estado exánime sobre la cama como tratando de alzar algo... y cayó hacia atrás... definitivamente. Con frecuencia me he preguntado acerca de los ángeles que mamá y yo oímos y a los cuales ella pareció unirse cantando. Yo no los vi. Pero ¿los vio ella... mientras aquella chispa de vida se escapaba de su cuerpo?

Mi padrastro, Rollie, se pasó todo su último día mirando con atención hacia una esquina superior de su habitación del hospital, desentendido de la gente y de lo que sucedía a su alrededor y entonces se fue a estar con el Jesús a quien había servido tan fielmente toda su vida.

Nuestra hija Nancy me contó que cuando ella está trabajando en el hospital con pacientes a punto de morir, con frecuencia miran atentamente a una esquina del techo. Sin embargo, no están mirando *allí,* sino más allá, con sus ojos fijos en *algo.*

Pero aquí hace falta una advertencia: no debemos esperar que nuestros seres queridos sean bienvenidos en el cielo al morir si no han recibido a Jesús como su Salvador y Señor. En Juan 14, cuando Jesús dijo a sus discípulos que El se iba a preparar un lugar para ellos (quienes creían en El), Tomás dijo: *Señor, no sabemos a dónde vas; ¿cómo, pues, podemos saber el camino?* Entonces Jesús contestó muy clara y definidamente:

> *Yo soy el camino, y la verdad, y la vida; nadie viene al Padre, sino por mí.*

> Juan 14:6

¿Qué ven los creyentes? ¿Es el lugar que Jesús dijo El se iba a preparar para sus seguidores? ¿Las muchas moradas, mansiones, que Jesús les dijo habían en la casa de su Padre? Ciertamente ven más que el túnel que muchos ateos ven al morir. Más que la brillante luz al final de ese túnel. No, si en realidad sus nombres están escritos en el Libro de la Vida del Cordero (ver Apocalipsis 21:27) por haber recibido de veras a Jesús como su Salvador, ellos están viendo las glorias de su nuevo hogar en el cielo.

Nuestra familia se había reunido para una visita privada en el funeral aquella mañana veraniega de domingo antes del entierro de mi madre. Estaban abiertas las ventanas de una iglesia cercana, y de pronto su conjunto de cobres llenó triunfalmente el aire con las notas de "Nosotros le contemplaremos". Nuestra Nancy me contó que ella había sentido la abrumadora sensación de que los cielos se abrían y que la canción se cumplía... porque ella *supo* que abuelita estaba contemplando a su Salvador.

LA OPINION DE DIOS ACERCA DE LA MUERTE

Cuando salí de Minnesota para la India en 1990, todos los miembros de mi familia gozaban de salud. Estaba muy lejos de pensar en la muerte. Pero una llamada telefónica que al fin dio conmigo en Calcuta cambió todo eso. La madre de mi esposo estaba en coma... y ninguno de los médicos esperaba que sobreviviera. Yo tenía que salir inmediatamente para Hyderabad, luchando por decidir si proseguía con la gira nacional recién comenzada o volar de regreso inmediatamente. El coordinador de mis seminarios,

Juliet Thomas, me deslizó en la mano una notita —justo antes de comenzar el seminario— que yo no había tenido tiempo de leer. Entre bastidores de aquel auditorio en Hyderabad, estaba tratando de recobrar la compostura, mientras mi corazón se agitaba como un loco a causa de las noticias que acababa de recibir. Teniendo por delante todo un día de enseñar a aquella enorme muchedumbre, me senté en una banqueta mirando al suelo, tratando de dejar de pensar en abuela Chris y concentrarme en lo que tenía que enseñar. Recordando la nota de Juliet, la abrí y leí: "Salmo 116. Evelyn, este salmo es muy precioso para mí". En tanto buscaba apresuradamente el salmo en mi Biblia y comenzaba a leer, mis ojos cayeron de inmediato en el versículo 15:

Estimada es a Jehová la muerte de sus santos.

De pronto mi corazón se volvió no a Minnesota, ni a la India, sino al cielo. Y a Dios: sentado allí arriba con una sonrisa en su rostro, muy feliz de que una de sus siervas escogidas estaba muy próxima a reunirse con El. Y todos mis sentimientos se volvieron al revés. Vi el punto de vista de Dios acerca de la muerte, no el lado humano de perder a un ser querido que todos estábamos sintiendo. El lado de Dios de aguardar con júbilo y con ansia el regreso al hogar de su amado.

AGRADECIDAS ORACIONES DE MUERTE

Cuando se acerca la muerte de un miembro de la familia, con frecuencia se ruega a Dios en oración que permita al ser querido quedarse tan sólo un día más, o una semana o un mes. Y a menudo se recurre a procedimientos médicos drásticos para lograr esos deseos. Y después, cuando ese ser querido muere, vienen muchas clases de oraciones lamentándonos. Dios espera que nos lamentemos y sabe que nuestro bienestar emocional depende de eso. Pero tarde o temprano, en estas etapas debe presentarse otro paso en la oración de la muerte: *¡la de gratitud!* ¿Gratitud? ¿Por qué?

La presidenta de mi cadena de oración por teléfono, Jeanne, había estado cuidando de su moribunda madre de noventa y cinco años. Pero cuando murió y el entierro terminó, Jeanne me dijo: "La echo mucho de menos. Pero, asombrosamente, siento que me invade una tremenda sensación de *agradecimiento*. Agradecimiento porque ella acaba de deslizarse hacia otra fase de su vida. Mamá no ha muerto, sino que está en la siguiente etapa de su vida en otro lugar. ¡Me siento tan agradecida!"

Al regresar a visitar la casa de mi madre dos años después de su muerte, me sorprendió el espíritu de agradecimiento que seguía embargándome; todavía echándola mucho de menos, pero envuelta en una actitud de agradecimiento. ¿Por qué? Una vez más, Apocalipsis 21:4 se hacía realidad para mí:

Enjugará Dios toda lágrima de los ojos de ellos; y ya no habrá muerte, ni habrá más llanto, ni clamor; ni dolor.

Me vienen a la mente tres seres queridos relacionados con esto: Mi madre, como ya mencioné, tuvo una vida muy dura. Mi padre fue un inválido durante años. El cuerpecito paralizado de nuestra Judy gradualmente no pudo soportar la fiebre cada vez más alta, que la volvió de roja hasta púrpura al final. Y muchas, muchas veces he orado a Dios dándole las gracias porque ellos ahora están disfrutando de la vida sin jaleos y dolores que este versículo asegura.

Cuando mis seres queridos han muerto, he pronunciado oraciones de gratitud a Jesús porque con su muerte y resurrección, El puso fin a los tormentos de la muerte (Hechos 2:24). Le he agradecido que por medio de su muerte El haya vencido al diablo, quien tenía el poder de la muerte (Hebreos 2:14). Y he musitado oraciones de gratitud porque Jesús liberó a aquellos que mediante el miedo a la muerte estaban sujetos a servidumbre toda su vida (Hebreos 2:15). "¡Gracias, Jesús!"

¿Dónde está, oh muerte, tu aguijón? ¿Dónde, oh sepulcro, tu victoria?

1 Corintios 15:55

Otra sorpresiva gratitud surgió cuando mi madre estaba en medio de la lectura de mi entonces recién editado libro *"Qué sucede cuando Dios contesta"*... y de repente murió. En el momento me dolió que ella no hubiera terminado el libro, porque yo había deseado mucho que ella leyera en las páginas finales acerca de dónde se conservaban y resaltaban todas sus oraciones de toda la vida, en cuencos de oro. Entonces detuve en seco mi pensamiento y clamé: "Dios mío, gracias te doy pues ella no tiene que leerlo ya en un libro. *Gracias a ti, ahora ella ve esas oraciones suyas que tu has guardado hasta el día final.* (Ver Apocalipsis 5:8 y 8:3-4.)

Por otra parte, cuando muere un ser querido que siempre nos respaldó fielmente en oración, sentimos una pérdida terrible. ¿Cómo podemos orar para darle gracias a Dios por eso? Mamá fue quien más poderosamente nos respaldó en oración, y esa pérdida me cayó encima a mí... hasta que medité en cómo Dios se ocupa en realidad de contestar las oraciones. El jamás le pone el cuño de "caso terminado" después que ha contestado por primera vez, sino que continúa respondiendo vez tras vez mientras haga falta. Aunque la Biblia nada dice de que mamá está orando ahora de nuevo, fui capaz de orar *agradeciéndole a Dios que yo todavía siga recibiendo los beneficios de todas esas oraciones que durante años mamá hizo por mí.*

Un día en sus últimos años, le dije amorosamente: "Mamá, ¡tú no puedes morir!" Sorprendida me preguntó por qué no, y le contesté: "Porque yo necesito que tú sigas haciendo esa oración diaria que pronuncias por mí, de que no me vuelva orgullosa". Pero Dios todavía sigue utilizando esa oración en mi vida hasta hoy.

Cuando Nancy, todavía abrumada por la pena, se preguntaba si abuelita, ahora que estaba en el cielo, podía verla desde allí, le contesté: "Eso no lo sé, Nancy; pero lo que sí sé es que todas esas oraciones que ella pronunció por ti te seguirán a lo largo de toda tu vida".

Otra de las razones para la oración de gratitud es la reunión en el cielo: ¿Tiene mamá en sus brazos a Judy ahora? ¡Tanto como quería a Judy! ¿Y estará cargando en brazos a la bebita nacida muerta? Mamá fue la que permaneció a mi lado durante aquellos dos terribles días completos de trabajo de parto; y quien escogió la más linda ropita de Judy para enterrarla con ella. Y aquel primer aborto, cuando mamá colocó con tanto cuidado al diminuto feto de niño en un joyero de terciopelo azul y lo enterró a la sombra del árbol de nuestro jardín. ¿Están todos reunidos en el cielo, cantando y clamando juntos? Yo creo que sí. "Oh Padre, *¡gracias a ti!"*

LO QUE MI MADRE DEJO TRAS DE SI

Una de mis más sentidas oraciones de gracias en la muerte de mamá fue por lo que ella había dejado tras de sí. Cuando revisamos todas sus posesiones, todo lo que encontramos caía dentro de una de dos categorías: Jesús o su familia. Todos sus libros, revistas, cartas, cancioneros, notas, fotos e incluso su chequera, eran exclusivamente de su familia o del Señor.

Sus posesiones personales reflejaban las palabras del apóstol Pedro acerca de lo que él había enseñado cuando supo que "en breve debía abandonar el cuerpo": *También yo procuraré con diligencia que después de mi partida vosotros podáis en todo momento tener memoria de estas cosas* (2 Pedro 1:14-15). Mamá de veras nos dejó la herencia de la cual canta Steve Green en la canción de Jon Mohr "Encontrarnos fieles":

> Después que todas nuestras esperanzas y
> sueños han venido y se han ido,
> Y nuestros hijos han repasado todo lo que dejamos atrás;
> Que las pistas que descubran,
> Y los recuerdos que se encuentren,
> Sean la luz que los conduzca,
> Al camino que cada uno de nosotros debe encontrar.[1]

El haber descubierto todos esas pertenencias personales tan piadosas hizo que mi corazón se colmara de gratitud a Dios por ella. Y eso multiplicó mi resolución de ser y hacer lo mismo para mis hijos y todos los que vinieran detrás de mí.

De una forma muy parecida a como recuerdo a mi madre, mi esposo Chris tiene recuerdos muy especiales de su padre, Rudolph, un hombre insólitamente piadoso y un hombre de oración. Cuando Chris tenía casi tres años de edad, la familia Christenson se mudó a una casa nueva de estreno, y un día antes que se colocara el gran césped y las aceras, Rudolph llegó a almorzar. Detrás de él venía el pequeño Chris, luchando por colocar cada pie sobre las huellas que había dejado su padre. Triunfalmente declaró: "¡Mira mami, vine todo el camino a casa sobre las huellas de papi!" Y mi oración todavía es: "Gracias, Dios mío, por darnos a Chris y a mí tan piadosos ejemplos. Que seamos siempre personas de profunda devoción y oración como fueron mi madre y los padres de Chris".

---

1 "Find us Faithful" escrito por Jon Mohr. © 1987 Birdwing Music (Una División de The Sparrow Corp.) Jonathan Mark Music (Admin. por Gaither Copyright Mgt.). De el álbum "Find Us Faithful" por Steve Green, © 1988 The Sparrow Corp. Todos los derechos reservados. Derechos internacionales asegurados. Usado con permiso.

ORACIONES DE VICTORIA EN LA MUERTE

Muchas horas después, durante aquella noche de insomnio tras la muerte de mi madre, pronuncié muchas más "oraciones de muerte". Oraciones que muchos cristianos han pronunciado cuando un ser querido se ha ido al cielo.

Experimentando una extraña paz y falta de congoja transida de pesar, oré: "Dios mío, se supone que yo estuviera desconsolada. Pero el terrible vacío se ha llenado con algo muy positivo". Entonces sentí aprehensión al recordar que una de las etapas de la aflicción es no enfrentar la realidad. "Dios mío —clamé en la oscuridad—, ¿es que no estoy enfrentando los hechos? ¿Estoy sufriendo alucinaciones?" Pero Dios me libró de mis temores muy suavemente, aunque con claridad, trayéndome a la mente una Escritura que yo había usado muchas veces como esposa de un pastor para consolar a quienes habían perdido a un ser querido; una Escritura que me vendría bien a mí también al perder a mi madre. Del mismo Dios vino la explicación de mi falta de aflicción devastadora:

> *Tampoco queremos, hermanos, que ignoréis acerca de los que duermen [han muerto], para que no os entristezcáis como los otros que no tienen esperanza.*

> 1 Tesalonicenses 4:13

¿Por qué no sentimos desconsuelo? Porque tenemos esperanza; esperanza en Jesús que no conocen aquellos que no lo tienen a El. Y no sólo tenemos la esperanza de reunirnos con ellos en la eternidad, sino la impresionante escena que Pablo describe a continuación para que nos alentemos unos a otros... cuando Jesús regrese:

> *Porque si creemos que Jesús murió y resucitó, así también traerá Dios con Jesús a los que durmieron en él. ... Porque el Señor mismo con voz de mando, con voz de arcángel, y con trompeta de Dios, descenderá del cielo; y los muertos en Cristo resucitarán primero. Luego nosotros los que vivimos, los que hayamos quedado, seremos arrebatados juntamente con ellos en las nubes para recibir al Señor en el aire, y así estaremos siempre con el Señor.*

> 1 Tesalonicenses 4:14, 16-17

MARGIE RECUERDA UNA EXPERIENCIA

Margie, la esposa de Kurt, vaciló un poco antes de contar la extraordinaria experiencia por la que pasaron ella y su familia cuando la muerte de su hermano Bob (ver Capítulo 9) porque, decía ella: "Es como un regalo muy especial entregado personalmente a mi familia —que necesitaba de un consuelo extra— por un Padre celestial muy amoroso". Pero decidió contarlo para "ilustrar cuánta esperanza y gozo pueden encontrar los que están pasando por ese sufrimiento. Esos sentimientos contrarios pueden coexistir —señaló—, pero el sufrimiento debe descansar sobre la base de la esperanza que tenemos en Jesús... o la congoja puede ser demasiado grande". A continuación su relato:

Incluso en la muerte, la mano de Dios puede descender hasta alcanzar al verdadero creyente para darle consuelo y compasión difíciles de comprender. La noche en que murió mi hermano Bob, ninguno de nosotros quería irse a la cama y quedarse solo. Así que unimos dos camas cameras. Pero antes que mis padres y nosotras, las tres hermanas, descansáramos las cabezas en las almohadas, nos arrodillamos y oramos, como tantas veces habíamos hecho durante la enfermedad de mi hermano. Oramos pidiendo paz y la posibilidad de dormir. Y vino la paz; casi como una gruesa y pesada manta que cubriera el salón. La paz de Dios: segura, tibia, confiada, la clase de paz que "sobrepasa todo entendimiento" (Filipenses 4:7)

Pero Dios nos tenía reservado más. La noche del funeral de mi hermano Bob, dos amigos de la escuela de mi hermana mayor estaban paseando por el parque. Rich era un buen amigo de la familia, pero Kevin sólo conocía de nuestra lucha contra la enfermedad de Bob; nunca lo había visto. Mientras caminaban y comentaban los sucesos del día, Rich se detuvo de pronto, aparentemente congelado e incapaz de moverse. Ambos sintieron una presencia extraña. Kevin agarró el brazo de Rich y explicó una visión que estaba teniendo en ese momento: Había dos personas en el claro cielo de finales del verano, ambas brillantes y resplandecientes. Uno parecía ser Jesús y el otro era un muchacho de cabello rubio y brilloso. Su rostro resplandecía lleno de luz; las facciones eran difíciles de detallar, pero la forma y el cabello se distinguían bien.

Rich y Kevin corrieron a nuestra casa y papá abrió la puerta. Los vi de pie en el umbral, todavía con los ojos desorbitados y temblorosos, contándonos lo que habían visto. Papá tomó la foto de la graduación de Bob y Kevin dijo que sí, que ¡ese era el muchacho que estaba con Jesús en el cielo de la noche!

Nos llenamos de asombro por lo maravilloso de la visión ¿Por qué era Dios tan bondadoso como para enviar la visión a una familia acongojada y sufriente? No sabemos por qué, pero sabemos que Dios lo hizo; y que El es soberano. También estoy segura, aunque ya lo sabíamos por las Escrituras, que Dios deseaba que estuviéramos seguros de que no atravesamos solos las puertas de la muerte como si fuera un viaje corriente.

No, ¡Jesús está ahí!

CORONACION, NO CULMINACION

Periódicamente la muerte ha herido nuestra familia. Dos abortos y en el medio una hijita nacida muerta, ésta última exactamente cinco semanas después de la muerte de mi suegro. Pocos años después, mientras asistía a una convención en Amsterdam, Holanda, sentí una abrumadora necesidad de llamar a casa. Mi alegre "Hola" se convirtió en helado silencio mientras mamá me contaba los detalles horribles del asesinato de mi sobrino. El era el único hijo de mi único hermano. mamá me contó cómo le habían dejado caer encima deliberadamente un pesado objeto mientras inspeccionaba ya tarde una obra en construcción. Mi primer pensamiento fue para su esposa embarazada, Estefanía. ¿Qué efecto le estaría haciendo ese impacto? ¿Y al bebé por nacer? Dos semanas después nació el bebé, y llamaron a mamá para darle la noticia. Pero esa fue la última llamada que recibió mi madre: a los pocos minutos moría ella misma.

Mas a lo largo de todo había victoria. Cuando mi esposo predicaba en el funeral de mi madre, nos hizo sostener en la mano el obituario que nos habían entregado al entrar, y dijo: "Ustedes no tienen en la mano un obituario. Eso es un *billete para una coronación*. Esta no es la culminación de la vida de Edna Moss, sino más bien su coronación: la celebración de una victoria mientras uno de los siervos escogidos de Dios entra en su presencia. Nuestra oración de victoria es: Coronación... ¡no culminación!

Entonces los justos resplandecerán como el sol en el reino de su Padre. El que tiene oídos para oír, oiga.

Mateo 13:43

Oraciones especiales para ocasiones especiales

12

LAS TIENDAS DE TARJETAS DE FELICITACION rebosan de tarjetas con buenos deseos para todos los gustos y toda clase de destinatarios, deseándoles buena suerte, animándolos, y llenándolos de bendiciones para cada ocasión que pueda imaginarse. La gente gasta grandes cantidades de dinero y de tiempo enviándoselas a otra gente en sus días especiales. Es importante que nos recuerden en los momentos especiales de nuestra vida. Podemos alegrarnos, sentir gratitud por la delicadeza de nuestros amigos, y aun sentir que crece nuestra autoestima, pensando que somos importantes para alguien. Todo esto es muy bueno. Pero la fuente de todos estos deseos es humana, y en realidad tiene poco o ningún poder para conseguir lo que se les deseó en la tarjeta.

Pero hay una comunicación para ocasiones especiales que está más allá de la esfera humana. De veras puede traer al destinatario lo que le deseó el remitente. Se llama oración.

Pedir por la gente especial en sus días especiales les trae a su vida la energía de Dios. Nuestros "mejores deseos" en realidad se convierten en influencia divina, favor divino y bendiciones divinas... *cuando oramos.*

DIAS ESPECIALES DE LOS MIEMBROS DE LA FAMILIA

A lo largo de los años he pronunciado oraciones especiales por cada miembro de la familia en sus días señalados. Es el "día de la oración intercesora" de ese individuo. Reservo un tiempo adicional para cada miembro de la familia cuando es el día de su cumpleaños, su boda, su graduación o cualquier otra fecha importante en su vida. Ese ser querido consigue el grueso de mi tiempo de oración intercesora de ese día.

Sin embargo, éstos no son únicamente mis humanos deseos para ellos. No. Antes de empezar a pedir por ellos, paso un tiempo en oración, pidiéndole a Dios que me dirija hacia una Escritura en particular *que El tiene para ellos, en esa ocasión especial.* A veces me toma varios días. Y cuando Dios me recuerda una Escritura para la persona, o durante mi lectura devocional me detiene al llegar a un versículo que El le dedica a esa persona, eso es lo que pido en oración para ese miembro de mi familia. Las oraciones para días señalados son muy preciosas para mí.

ORACIONES PARA CUMPLEAÑOS FAMILIARES

Dios me ha dado innumerables oraciones de cumpleaños para mi esposo, mis hijos, mis nietos, mi madre, mi padre, mi hermana y mi hermano, algunas de ellas muy especiales.

Transcurría el verano de 1988 y Jenna fue la primera nieta para quien Dios me dio un versículo de cumpleaños muy particular. Todas mis nietas cumplían años en un período de pocas semanas, y yo había estado orando desde mucho antes para que Dios me diera los versículos para sus cumpleaños. El de Jenna vino el 18 de julio, dos meses antes de que yo necesitara incluirlo en mi oración intercesora por ella; y que se lo diera después en su tarjeta.

El verano anterior, tanto Cindy como Jenna me habían regalado una pluma sumamente importante para ellas. La de Jenna era una multicolor pluma de pavo real que coloqué en mi Biblia al azar en el capítulo 31 de Proverbios. Muchas veces había visto aquella pluma mientras buscaba otra cosa en mi Biblia, y siempre me había detenido a pronunciar al menos una corta oración por ella, a menudo mientras acariciaba la sedosa pluma en tanto oraba.

Pero en aquel día de inicios del verano, mientras oraba sentada en la desierta orilla del lago Michigan, me sentí compelida a orar por el versículo del cumpleaños de Jenna. Así que volví a Proverbios 31 y a la pluma de Jenna, e inmediatamente mis ojos cayeron en la segunda mitad del versículo 30:

La mujer que teme a Jehová, ésa será alabada.

Traté de leer y aplicar la primera parte de ese versículo: *Engañosa es la gracia, y vana la hermosura;* pero por alguna razón, no encajaba. Eso no era lo que Dios me estaba dando para Jenna. Más tarde Jan, su madre, casi se alarmó pensando que Dios podía haber estado refiriéndose también a aquel lado negativo. Pero le aseguré que, por mucho que traté de leer todo el versículo, Dios definitivamente me dijo que El se refería a la segunda mitad, acerca de que sea alabada la mujer que reverencia al Señor.

¡Qué maravilloso versículo para una preciosa niñita que estaba empezando a crecer hacia la adultez! ¡Qué promesa para el futuro de parte de Dios: que si ella lo reverenciaba, sería alabada. No alabada por su gracia o su hermosura, que sólo son engañosas y vanas, sino alabada por su hermosa vida reverenciando al Señor! *¡Mi oración de cumpleaños para Jenna!*

La pluma especial de Cindy vino también en el verano de 1987. Caminábamos por la orilla del lago Michigan, y ella quedó fascinada con las plumas de gaviota y empezó a coleccionarlas. Me dio una de sus preferidas, que coloqué en mi Biblia, y durante todo el año que siguió, cada vez que al abrirla veía la pluma de Cindy, oraba por ella. Mientras estaba lejos de ella durante el siguiente invierno, acariciaba la suave pluma, recordando cómo acariciaba también su suave carita mientras oraba por ella aquel verano.

Para mi sorpresa, el lugar donde coloqué la pluma de Cindy aquel verano anterior, fue también donde Dios tenía esperando el versículo para su cumpleaños del año 1988. Mientras recorría otra vez aquella misma orilla, las plumas de gaviota que encontraba a mi paso me recordaban orar por Cindy, lo que hacía. Cuando me sentaba a leer mi Biblia, instintivamente me volvía a la pluma de Cindy. Y allí estaba, en efecto, de parte del Señor. Casi saltándome de la página. La promesa para el próximo cumpleaños de Cindy:

Porque con alegría saldréis.

Isaías 55:12

187

Pero no me imaginaba cuán importante Dios sabía que sería ese versículo para Cindy. No fue hasta varios meses después que una conmocionada Cindy me llamó para anunciarme con firmeza: "Abuela, tengo un nuevo nombre. Ahora me llamo Rebeca. Yo quería tener un nombre bíblico, pero mis padres no me lo pusieron. Y a mí no me gusta mi nombres de 'Cinthia Joy (Alegría)' porque no está en la Biblia. Así que me lo cambié".

"Pero queridita —contesté, emocionaba por su deseo de tener un nombre bíblico, pero también alarmada por la urgencia de la situación—. ¿No recuerdas tu pluma y el versículo de Isaías 55:12 para tu cumpleaños, *porque con alegría (Joy) saldréis*? Tú *sí* tienes un nombre bíblico. El nombre de 'Alegría' se menciona más veces en la Biblia que ningún otro nombre dado a cualquiera. Fíjate en el cuadro de tu habitación que deletrea J-O-Y (Alegría) de la Biblia que abuela te dio. Y recuerda lo que el ángel les dijo a los pastores aquella primera Navidad: que él traía buenas noticias de gran 'alegría' para todo el mundo: el Bebé Jesús. Y, amorcito, el segundo fruto del Espíritu Santo es 'alegría'. La Biblia está llena de la palabra *alegría*".

Año tras año he orado por esa alegría para Cindy. Y el verano de 1991, Dios me dio otra dimensión de su alegría de cumpleaños para la Cindy que ahora tiene nueve años. ¿Cuál será la alegría de ella? ¡El gozo de Jesús que El dejó para nosotros en la tierra! Y, asombrosamente, fue su gozo cuando se disponía a ir hacia la cruz (Juan 15:11). Cuando le conté a Cindy acerca de la nueva dimensión de su versículo de cumpleaños y le expliqué que era la alegría de Jesús durante un momento triste cuando se disponía a ir hacia la cruz, Cindy contestó pensativa: "Abuela, Jesús les dio su alegría ¡porque El ya no la necesitaría más en el cielo!"

No, Jesús no necesitaría esa clase de alegría en un cielo perfecto, pero El sabía que Cindy la necesitaría aquí en la tierra. Muchas veces he pronunciado esa oración por Cindy, y muchas veces, también, cuando las cosas se hacen difíciles, le he recordado su precioso nombre y regalo de cumpleaños de parte de Jesús: ¡alegría¡

OTRAS DOS ORACIONES DE CUMPLEAÑOS

Crista y Kathy estaban cumpliendo precisamente tres años en el verano de 1988 cuando Dios me dio aquellos versículos escogidos para Jenna y Cindy. Y El tenía uno para Crista y Kathy también.

El de Crista al principio me intrigó porque parecía tan maduro y adelantado para una niñita tan pequeña. Pero yo sabía que era de parte de Dios y escribí en su postal de cumpleaños:

"Querida Crista: He orado y le he pedido a Dios que me dé un versículo de la Biblia para tu cumpleaños. Entonces volví la página donde estaba lista para leer mi Biblia ese día, e inmediatamente mis ojos cayeron en estas palabras para ti: Bienaventurados los que oyen la palabra de Dios y la guardan. (Lucas 11:28).

"Crista, eso significa que Dios desea que tú escuches sus palabras en la Biblia y hagas lo que dicen. Amorcito, eso te fortalecerá como cristiana y contentará mucho a Dios. Te amo, queridita, con todo mi corazón".

Abuela

La palabra "antes" que inicia el versículo de Crista es parte de la respuesta de Jesús a la mujer que, en el versículo anterior, ha dicho: *Bienaventurado el vientre que te trajo, y los senos que mamaste.* Pero Jesús contesta: *No, son aquellos que escuchan la Palabra de Dios y la obedecen los que son bienaventurados".*

Según Crista ha ido creciendo, se ha ido aclarando el "porqué" de este versículo. No solamente es muy difícil para un pequeñín filtrar todas las fuentes de sabiduría que se disputan la atención de sus tiernas mentes (ver Santiago 3:15), sino que la verdadera obediencia de la Palabra de Dios ya no se enseña casi, incluso en muchos medios cristianos. De alguna manera hemos empezado a leer 2 Timoteo 3:16. *Toda Escritura es inspirada por Dios, y útil para enseñar*, y nos hemos detenido ahí. Hemos olvidado que el enseñar tiene que aplicarse porque la Escritura también es buena "para redargüir", "para corregir", y "para instruir en justicia". A Crista, Dios le estaba diciendo que según ella creciera, El quería que ella escuchara sus palabras en la Biblia, con seguridad para una correcta doctrina, pero también para obedecer lo que dijera. ¡Qué precioso privilegio que el mismo Dios le diga a ella lo que la va a bendecir! *Qué oración de cumpleaños para Crista.*

Para el cumpleaños de Kathy en 1988 yo estaba preocupada porque Dios me había dado un versículo de la Escritura para todas las otras nietas, pero nada definido para ella. El día de su cumpleaños, durante su tiempo adicional de oración, me había dado la idea de pedir reclamando que la sangre de Jesucristo la protegiera de los ataques de Satanás. Entonces oré y pedí que Dios enviara a sus ángeles para que la protegieran. Y que sus ángeles la rodearan. Al día siguiente de su cumpleaños, yo seguía orando igual, incluso pidiéndole a Dios que me diera el versículo cuando llegara *su* momento. Dios había llegado a regañarme en Lucas 12:26 por seguir insistiendo en pedírselo. Sin embargo, al tercer día después de su cumpleaños, mientras oraba por ella, de pronto me percaté de que *Dios me había estado dando la Escritura para el cumpleaños de Kathy.* ¡Yo había estado orándolo todos aquellos tres días!

Pues a sus ángeles mandará acerca de ti, que te guarden en todos tus caminos.

Salmo 91:11

El versículo de cumpleaños de Kathy eran en realidad dos. Dios me trajo primero a la mente Hebreos 1:14, *¿No son todos [los ángeles] espíritus ministradores, enviados para servicio a favor de los que serán herederos de la salvación?* Pero era solamente para recordarme la explicación de la tarea de Dios para los ángeles. El Salmo 91:11 era el versículo especial para Kathy.

Dos años después que Dios lo había dado en 1988, el versículo de Kathy cobró actualidad súbitamente para aquella niñita y para nosotros. Después de encontrarnos en Washington, D.C., me había quedado dos días más para pasar con la familia el lunes 4 de julio. Cuando regresamos a casa de la iglesia el domingo, me senté entre la niñas en el asiento trasero del auto, y leímos en la Biblia y comentamos sus versículos de cumpleaños correspondientes: alegría y ángeles. Kathy me había preguntado: "¿Qué hacen los ángeles, abuela?" Y hablamos acerca de cómo nos protegen de todo daño.

A la siguiente mañana Dan, Nancy, las niñas y yo viajamos en auto a través de las montañas Blue Ridge hacia las Cuevas de Luray para el paseo del día de fiesta. Subiendo por una estrecha carretera que casi no tenía cuneta, doblamos una curva cerrada. Entonces vimos horrorizados que un camión cruzaba la línea amarilla hacia nosotros. De pronto el camión torció varios pies para embestirnos de frente. Dan giró con violencia el timón, sacudiéndonos en todas direcciones... y el camión nos pasó rozando. Después de recobrar el aliento y tranquilizarnos, comentamos y dimos gracias a Dios por la protección de los ángeles *en aquel momento.*

Después de visitar la cueva, seguimos viaje a través de la zona montañosa para cenar en una antigua hacienda de 200 años, convertida en restaurante. Tras jugar con sus preciosos caballos y gaticos, regresamos al auto para volver a casa. Dando marcha atrás en aquel camino montañoso, tanto Dan como Nancy habían mirado con cuidado a ambos lados para asegurarse de que no venía ningún vehículo. Pero en el momento en que estábamos atravesando la carretera, mientras doblábamos hacia la izquierda para subir la montaña, un auto salió disparado por lo menos a noventa y cinco kilómetros por hora desde la cima hacia nosotros. Cuando el chofer pisó con fuerza los frenos, el auto culebreó violentamente, rozándonos casi por dos veces. Mientras Dan retrocedía a toda velocidad, el otro auto se detuvo al fin justo frente a nosotros. Una vez que hubo pasado un poco el susto, recordamos a los ángeles. Esta vez la realidad de su existencia y el agradecimiento que sentimos hacia ellos fueron mucho más intensos. Se nos hizo mucho más obvio a todos que de verdad habíamos necesitado —y habíamos tenido— *la protección de los ángeles de Dios.*

Dios me ha dado muchas más Escrituras acerca de la protección que los ángeles nos han estado brindando durante todos estos años; y como Dios sabía que las íbamos a necesitar, yo las he orado por todos nosotros.

ORACIONES DE CUMPLEAÑOS PARA NIÑOS

Todavía James y Brett no habían nacido cuando Dios me dio unos versículos especiales de cumpleaños para nuestras cuatro nietas. Pero cuando nacieron los varones, Dios me mostró muy claramente sus versículos.

El día en que debía nacer Brett, estaba leyendo en mi devocional el Salmo 51, y leí:

> *Los sacrificios de Dios son el espíritu quebrantado; al corazón contrito y humillado no despreciarás tú, oh Dios (v. 17).*

Recordando que Jan estuvo a punto de morir mientras daba a luz a su última hija Crista, lloré con esta Escritura. Pero entonces pedí: "Dios mío, si ésta no es la Escritura para este nuevo bebé, por favor dámela".

¡Y no era! El me guió con firmeza hacia el Salmo 22; y para mi sorpresa, a las palabras que seguían a la reafirmación de *pero tú eres el que me sacó del vientre* (v. 9a) que me habían sostenido a través de aquella primera hora después que nació Crista mientras estaban luchando por salvar la vida de Jan. Lloré otra vez, con otra clase de lágrimas, cuando Dios me dio claramente las palabras (vv. 9b-10) para nuestro bebé a punto de nacer Brett Jezreel Johnson:

> *El que me hizo estar confiado desde que estaba a los pechos de mi madre. Sobre ti fui echado desde antes de nacer; desde el vientre de mi madre, tú eres mi Dios.*

Mis temores del porqué este bebé tuviera que confiar desde muy pequeño, y de por qué tuviera que ser echado sobre Dios desde que naciera, pronto se convirtieron en la maravillosa promesa de que ¡Dios sería su Dios desde el vientre de su madre! Y el día en que nació Brett, oré con gozo y victoria en mi corazón, sabiendo que Dios era su Dios.

También el versículo de James vino de Dios después que oré durante muchos días sin cesar para que me lo diera. El 26 de septiembre de 1990, Dios indicó al fin "Salmos", y me volví al Salmo 121 donde parecía estarme dirigiendo. Anoté en mi Biblia: "Lloré mucho. Definitivamente es el versículo 8".

> *Jehová guardará tu salida y tu entrada desde ahora y para siempre.*

Las lágrimas me seguían corriendo mientras estas palabras penetraban cada vez más profundamente en mi corazón. Mi pregunta de "¿Cuándo el Señor guardará su salida y su entrada?" quedó contestada: "Desde ahora" —al nacer— y "para siempre" —hasta la eternidad—. Lo escribí en letras mayúsculas con tres signos de admiración. ¡La reafirmación de Dios en mi corazón de la eternidad de James! La promesa me envolvió por completo mientras lloraba delante de Dios: "Gracias, Señor", oré sorprendida y abrumada de agradecimiento. Este versículo estaba tan por encima de lo que esperaba que no podía contener las lágrimas.

Mientras escribo esto hay un nuevo bebé Christenson en camino. El segundo hijo de Kurt y Margie, nuestro séptimo nieto, se espera pronto. ¡Y estoy impaciente por saber cuál Escritura el Señor le tiene reservada a este bebé cuando nazca!

CELEBRACIONES DE CUMPLEAÑOS

Los cumpleaños siempre han sido muy especiales en nuestra casa. Cada homenajeado desayuna en la cama, y es el rey o la reina de ese día. Adornamos la casa con globos y cintas, y forramos de colores brillantes todos los paquetes de regalos. Usamos ese día la mejor vajilla y cubiertos de plata o escogemos platos, servilletas y mantel con un tema cuidadosamente escogido. El homenajeado selecciona entonces su menú y postre favoritos, y nos reunimos todos los miembros de la familia que podemos para celebrar. Puedo recordar muchas veces en que me he sentido abrumada con todas la expresiones de amor, en medio del tibio resplandor de las velitas de cumpleaños.

Pero además de todo esto, hacemos algo mucho más importante: siempre incluimos la *oración de cumpleaños.*

Esta es para dar gracias a Dios por habernos dado a esa persona tan preciosa, y para pedir las bendiciones especiales de Dios para ella en el año que sigue. Por lo regular, la oración la pronuncia el "mayor" de la familia: papá, mamá, abuelo, abuela o bisabuela.

Quien ora por los niños es abuela Chris. Ahora que ya tiene noventa y dos años, ha pedido estas bendiciones sobre sus propios hijos hasta el septuagésimo cumpleaños de su hijo Chris. Uno que tuvo un significado muy especial fue cuando él cumplió sesenta y cinco, y abuela Chris le dio gracias a Dios por su abundante misericordia y dirección a través de todos esos años, y pidió sus bendiciones y guianza para Chris durante sus años de retiro.

En julio de 1986, mi madre, abuela Moss, pronunció una de las más sentidas oraciones especiales de cumpleaños en nuestra familia. Todos sus biznietos se habían reunido en una cabaña del lago Michigan para una fiesta de cumpleaños muy singularmente combinada. Todos aquellos biznietos eran preciosos para abuela Moss, y ella había vivido sacrificándose por ellos, y por sus nietos y sus hijos toda su vida. Así que todos estábamos muy emocionados porque ella, a sus noventa y un años, apareciera en nuestra cinta de video familiar orando por aquella colección de sus biznietos.

Mientras sostenía en la cadera a Crista que era una bebita y contemplaba sus preciosas posesiones familiares, alzó su voz al Dios que conocía tan bien para decir: "Mientras te contemplamos ahora, Dios mío, tenemos tantas cosas que agradecerte". Y desde el fondo de su alma brotó: "Comenzamos agradeciéndote, Señor, por el privilegio que nos has concedido de estar juntos hoy. Tantos de nosotros estamos aquí..." Y prosiguió con su meta primordial para su vida y la de su familia: "Y queremos tenerte en primer lugar en nuestras vidas, y agradarte en todo lo que hagamos y digamos".

Y antes de agradecer a Dios la maravillosa comida y las manos que la habían preparado, abuela Moss pronunció la última oración que habría de hacer en público por alguien: *Sus bendiciones para toda su descendencia.*

"Y te pedimos, Dios mío, que bendigas a todos y a cada uno, especialmente a aquellos que están celebrando su cumpleaños. Dios, te pedimos que vengas y bendigas sus vidas, y les ayudes a crecer para ser maravillosos hombres y mujeres cristianos. Y te daremos la honra y la gloria. Amén". Al finalizar aquella semana, abuela Moss cayó muerta, fulminada por un infarto. ¡Aquella oración de cumpleaños fue su bendición final!

EL CUMPLEAÑOS DE JESUS

La primera fiesta que un niño parece entender es su propio cumpleaños, con el soplar las velitas y los miembros de la familia cantando "Feliz cumpleaños". Comprendiendo que nuestra primogénita Jan entendía lo especial del día de cumpleaños, decidimos ayudarla a comprender las Navidades con un pastel de cumpleaños con velitas para Jesús.

A través de los años, ésta ha sido parte de nuestra fiesta familiar de Navidad: el pastel de cumpleaños o el postre de fantasía para Jesús, las velitas que soplar para Jesús, el cantar el "Feliz cumpleaños, querido Jesús" y la *oración de cumpleaños* que pronunciamos por Jesús, tal como lo hacemos por ellos en sus cumpleaños. Al principio la oración se limitaba a darle las gracias a Jesús por haber nacido en la tierra; poco a poco fue haciéndose más profunda, según los niños fueron madurando espiritualmente... hasta que pudieron comprender que le diéramos gracias por haber sido nuestro Salvador y por salvarnos de nuestros pecados.

Esta celebración les enseñó mucho a nuestros pequeños: desde muy temprano en sus vidas se percataron de que Jesús era una persona real, y de que el cumpleaños de Jesús era tan importante para El como el nuestro era para nosotros. Aprendieron a darle a Jesús el amor que recibíamos en nuestros cumpleaños. Dejó bien claro en sus pequeñas mentes que la fiesta de Navidad era por el nacimiento de Jesús y no por Santa Claus o por los regalos. Y convirtió a Jesús en esa persona muy selecta, rey por un día... y en un final, Rey de todos los días de nuestras vidas.

CONVIRTIENDO LA NAVIDAD EN ALGO ESPECIAL... DE JAN

Todos nuestros hogares familiares tienen días señalados que celebran y que se han vuelto una tradición. Y Chris, como pastor durante la mayor parte de su vida adulta, mantiene a toda nuestra familia muy al tanto de la significación espiritual de cada día de fiesta a través de su prédica y del énfasis en todo el calendario de celebraciones de la iglesia. Pero al cabo de cincuenta años de matrimonio se han acumulado demasiadas oraciones de fiesta para que quepan en un libro, así que he escogido sólo algunas.

Nuestra hija Jan opina:

> Los días especiales son maravillosos. Las fiestas hacen que prestemos atención a conceptos que se pierden en el torbellino de la vida diaria familiar. Cuando nuestros hijos eran muy pequeños, Santa Claus y el Conejo de Pascua eran figuras muy importantes en sus vidas. Pero yo sentí un profundo deseo de explorar con ellos los cimientos de nuestra fe a través de las verdades cristianas de esas fiestas.

> Me sorprende la penetración de los niños cuando piensan y su capacidad para captar profundos conceptos espirituales. Con razón se emplea tanto tiempo y energía en estimular el intelecto de nuestros hijos. Pero ellos necesitan estimulación espiritual adecuada para no atrofiar su crecimiento organizado por Dios, y no desarrollarse como chicos espiritualmente desvalidos.

> No obstante, los niños con frecuencia comprenden mejor las ideas cuando se les presentan gráficamente. Jesús sabía esto y por eso nos habló en parábolas a todos. Los días señalados nos dan la oportunidad de traducir los conceptos en "parábolas visuales" para que, antes que tratemos de orar en términos abstractos con nuestros hijos, ellos sean capaces de comprender los conceptos de nuestras oraciones en días de celebración.

> La Navidad es una de esas épocas especiales maravillosas; una época de reuniones familiares. Me duele, sin embargo, ver cuánto perdemos cuando dejamos a Jesús en el pesebre. La Navidad no es la fiesta de un bebé. Es el principio del desenvolvimiento del plan de Dios para la redención, la primera escena de la Obra de Su Pasión. Prestar atención únicamente al bebé en el pesebre y los

acontecimientos relacionados con El, por muy milagrosos que sean, es perder de vista quién era aquel niño. No era un dulce niñito, era el omnipotente y victorioso Salvador del universo. Sólo cuando comprendemos esto podemos comenzar a entender la naturaleza verdaderamente increíble de lo que sucedió en Belén.

Semanas antes de Navidad en vez de usar el tradicional calendario de advenimiento y las velitas, nuestra familia empieza nuestro viaje a través de las cuatro veces que nosotros consideramos que Cristo viene al creyente. Sus "advenimientos" si se quiere, y encendemos la vela de cada semana durante nuestro desayuno especial del domingo por la mañana.

La primera mañana de nuestros "advenimientos", encendemos la vela rosada cuando dice uno de los niños: "Jesús vino en la carne". Entonces oramos dándole gracias al Hijo de Dios por haber venido en la carne, dejando atrás el cielo para echarse encima el dolor de la humanidad por nosotros.

La segunda vez que Cristo viene a una persona en la salvación es en el acto en que ella lo recibe como Salvador. Después de encender la vela roja en esas mañanas, otro niño dice: "Jesús viene a nosotros con su sangre". Entonces oramos dándole gracias por su sangre salvadora. Hemos tenido muy buenas conversaciones entre todos nosotros acerca de lo que significa personalmente para nosotros y lo que Jesús hizo para que fuera posible.

Cristo también viene al creyente cuando éste muere: nuestro tópico para la tercera semana. Jenna escoge una vela azul para que la encendamos ese día. Otro de los niños dice entonces: "Jesús viene a nosotros cuando morimos". El concepto de la muerte ha fascinado a nuestros hijos, y esto nos ha dado la oportunidad de conversar acerca de lo que es la muerte... y de lo que no es. Entonces oramos juntos agradeciéndole a Dios que nos haya proporcionado la vida eterna con El.

La última vez que Cristo viene al creyente es cuando regresa a la tierra en el juicio final. Mientras encendemos esa vela blanca, uno de los niños repite: "Jesús viene por nosotros en el Juicio Final". Qué hermoso cuadro podemos pintar —y lo hacemos— de un Cristo victorioso viniendo por nosotros en toda su gloria, y Satanás derrotado para siempre. *Entonces estamos listos para la Navidad.*

En la víspera de Navidad toda nuestra parentela se reúne y después de la cena leemos al unísono la historia de la Navidad en Lucas 2. Entonces opinamos acerca de lo que Jesús querría como regalo de cumpleaños. Los niños deciden (a veces con ayuda) que El quiere nuestros corazones. Pero nuestros corazones están sucios, y no podemos darle a alguien un regalo de cumpleaños sucio. Así que debajo de cada plato hay un corazón rojo con una etiqueta negra pegada. Pasamos un rato callados mientras cada uno le pide a Dios que lo perdone por la "mancha negra". Después se la arrancamos, la arrojamos en el fuego del hogar, y entonces colocamos el corazón limpio en una caja envuelta como un regalo de cumpleaños. Cuando todos han terminado, los niños ponen la caja bajo el árbol de Navidad y cantan "Feliz cumpleaños, querido Jesús". Atesoro ese dulce momento de introspección que a las niñas les gusta preparar.

MI PRIMERA NAVIDAD COMO ABUELA

La primera víspera de Navidad en que tuvimos nietas, el gozo y el amor que se derramaron fue algo increíble. La emoción de los suaves juguetes de peluche y las ropitas, y la diversión de las bebitas con las preciosas envolturas de colores más que con los regalos, hicieron de aquellas Navidades algo verdaderamente especial. Pero cuando se aquietaron los ánimos, tuve el maravilloso privilegio, como abuela recién estrenada, de acostar a cada una de nuestros tesoritos. Pero una noche tan especial como esa, no la malgasté en historias de Santa Claus y de los renos, ni siquiera en cantar villancicos como canciones de cuna. No, éste era el momento de las *oraciones especiales de Navidad*.

Mientras Jenna se acurrucaba en mis brazos, puse mi mano sobre ella y oré en voz alta. Primero fue "Feliz cumpleaños, Jesús". Después di gracias a Dios por Jenna, le pedí otra vez que la llenara con su Espíritu Santo, y le di un largo beso en aquella frente que amaba tanto.

Qué hermoso fue mecer la bebita Cindy hasta que se durmiera aquella noche mientras ella se acurrucaba. La abracé y le di gracias por todos los abrazos y "quieros" que me había dado aquella tarde. Y entonces puse mi mano sobre ella y le pedí a Dios que la llenara y la hiciera exactamente la niña que El había planeado que ella fuera. Una vez más, ese era el momento precioso de oración en aquella noche especial de su vida: ¡La oración de Navidad!

LA PASCUA EN LA CASA DE SKIP Y JAN

Jan habla acerca de la Pascua en el hogar de los Johnson:

De todas las festividades, la Pascua es el punto de partida de nuestra fe. Sin embargo, puede llegar a perderse entre los conejitos, los huevos y los vestidos nuevos. No podemos decir que todas esas cosas son malas; nosotros también tenemos conejitos y huevos, y a veces, vestidos nuevos. Pero considero necesario insistir en que nos concentremos otra vez en las cosas que de verdad constituyen la Pascua.

La Pascua sin el Cristo resucitado saliendo de la tumba es una fiesta sin fuerza. Nuestra preparación para este día especial comienza varias semanas antes de Pascua cuando Skip trae a nuestro corredor la enorme cruz de seis pies hecha a mano y colgamos nuestro "velo" púrpura en la puerta más cercana. Este corredor comunica todas las áreas de nuestra casa, y a veces cuando veo de reojo uno de estos recordatorios de la Pascua, me trae todo un torrente de pensamientos acerca del precio que nuestro Señor tuvo que pagar por mi pecado. Y elevo una oración de agradecida adoración a través de mis lágrimas.

Nuestra mesa de comer tiene encima nuestra corona de espinas con cuatro velas que representan los conceptos de la redención. Cada año, mientras coloco las velas en este centro de mesa, invariablemente me pincho los dedos. Y mientras me limpio la sangre, pienso en la cabeza sangrante de Jesús.

El domingo encendemos la primera vela. Le damos gracias a Dios por su plan para la redención. Es maravilloso darse cuenta de que soy lo suficientemente importante para El como para que haya muerto por mí. Y nunca se da por vencido con nosotros. El Domingo de Ramos encendemos una vela púrpura en recuerdo de la entrada triunfal de Jesús, y juntos damos vivas al Rey de reyes: Jesús.

El Viernes Santo es siempre un día muy impresionante para nosotros mientras encendemos la vela rojo sangre y le pedimos a Dios que derrame la sangre de Jesús sobre nuestra familia. Hay poder en la sangre, y éste flota en el aire mientras proseguimos. Con clavos de cuatro pulgadas y un martillo, clavamos en la cruz cintas rojas que simbolizan nuestros pecados. Resulta casi insoportable escuchar los golpes del martillo. ¡Cómo debe haber sido aquella primera vez! No puedo expresarlo con palabras y me arrodillo al pie de la cruz y ruego que la sangre siga cubriendo mis pecados.

Entonces celebramos una Comunión como familia, sentados en el suelo entre la cruz y el velo púrpura. Qué tiernos momento hemos compartido conversando acerca del perdón y del significado del velo partido en dos, igual que el velo del Templo quedó sobrenaturalmente rasgado de arriba abajo cuando Jesús murió. Fue entonces que la pequeña Crista de tres años oró: "Siento mucho, Dios, haber quebrantado tus mandamientos". Juntos oramos, agradeciéndole a Dios su casi increíble acto de amor. Entonces rasgamos nuestro velo en dos de arriba abajo.

Amanece la mañana de Pascua y nuestra vela blanca en la corona de espinas nos recuerda el poder candente de la Resurrección. Me imagino la escena de Cristo saliendo con una explosión por el techo de la tumba en un relámpago de energía como la nuclear. Hablando de fuentes de energía alternativa: Cristo es la fuente de energía alternativa inextinguible y final.

Aunque todas esta celebración fue preparada para nuestros hijos, he descubierto que yo he ganado quizás más que ellos. Incluso aquéllos de nosotros que pensamos que conocemos el verdadero significado de la Pascua, necesitamos estar parados al pie de la cruz con un martillo... y sentir los golpes.

ORACIONES DEL DIA DE DAR GRACIAS EN CASA DE LOS THOMPSONS

Nancy nos ofrece un vistazo de cómo ella y su familia celebran el Día de Dar Gracias:

Nuestras más especiales oraciones de Acción de Gracias vinieron de una fuente inesperada. Siempre habíamos pensado que sabíamos lo que significaba ser agradecido cuando nuestra enorme parentela de tíos, tías, primos y abuelas se reunía con nuestra familia allegada para una suntuosa cena de Acción de Gracias. Y de todo corazón nos uníamos con cualquiera de los mayores de la familia que dirigiera en la mesa la oración de Dar Gracias, agradeciéndole a Dios todas las bendiciones que todos habíamos experimentado durante el año anterior. Entonces nos reuníamos alrededor del piano y cantábamos juntos el "Coro Aleluya" del *Mesías* de Handel que da paso a la temporada de Navidad. Sí, la vida era buena, y estábamos agradecidos.

Pero durante nuestros años difíciles a causa del despido injustificado de Dan, aprendimos lo que era el verdadero agradecimiento. Nuestra oración en nuestra cena de Dar Gracias era una increíblemente sincera acción de gracias.

Era interesante escuchar a nuestras Cindy y Kathy decir sus oraciones de Acción de Gracias. Ya no eran la acostumbrada lista de gracias por papá y mamá y abuela y abuelo. Durante los momentos realmente difíciles, los niños comprenden lo que es el verdadero agradecimiento. De pronto, en las oraciones de nuestras hijas, y en las nuestras, había un sincero agradecimiento por la abundante cena que había en nuestra mesa... y una profunda gratitud hacia Dios porque había sido El en realidad quien había cubierto todas nuestras necesidades.

UN "ARBOL DE ACCION DE GRACIAS"

En casa de Jan, cada primer día de noviembre empiezan a concentrarse en ser agradecidos sacando su "Arbol de dar gracias". Es un juego de ramas de yeso blanco, en las cuales cuelga cada uno todos los días una hoja, dando gracias a Dios por la persona o cosa cuyo nombre han escrito en la hoja. "Pero lo que nos hace realmente agradecidos", dice Jan, "es guardar las hojas en una bolsita, y sacarlas al año siguiente y ver lo que Dios ha hecho en respuesta a esas oraciones".

ORACION DE BODAS DE KURT

Kurt escribe acerca de oraciones especiales relativas a bodas:

Hay muchas razones para orar antes y durante una boda. Una boda es la culminación de meses de trabajo, y con frecuencia oramos pidiendo que los acontecimientos del día se sucedan en la forma en que los hemos planeado. También pedimos seguridad al viajar para los muchos amigos y parientes que asistirán. Pero hay dos cosas mucho más importantes que poner delante de Dios en oración.

Primera, una boda puede ser la única ocasión en que nuestros amigos inconversos entren en una iglesia. Aunque a veces no testificamos en nuestro lugar de trabajo o escuela, una boda ofrece una excelente oportunidad para declarar públicamente nuestra fe en Dios. Debemos asegurarnos de que el Evangelio quede claramente expuesto durante la ceremonia, y debemos orar para que el Espíritu obre en los corazones de nuestros invitados inconversos. Debemos orar como si ellos hubieran aceptado una invitación a una reunión evangelística, porque lo han hecho. Una boda es un ejemplo de un novio terrenal esperando a su novia, y esto puede ayudar a entender a los inconversos que Jesús, el Novio celestial, está esperando por ellos.

Pero el objetivo primordial de nuestras oraciones es pedir las bendiciones de Dios en la creación de una nueva entidad: el matrimonio. Cuando pedimos las bendiciones de Dios en el matrimonio, no estamos pidiendo salud o riquezas ni fama. Le estamos pidiendo a Dios lo mejor para nuestras vidas, por su voluntad. Así como cada uno de los dos debe haber buscado su voluntad por separado, del mismo modo debe la pareja, como uno solo, buscar juntos su voluntad. Tal como Jacob luchó con Dios en la noche buscando su bendición, así una pareja debe luchar en oración; luchar para entregarle sus planes preconcebidos, sus esperanzas egoístas, y sus voluntades al Dios que todo lo sabe y jamás se equivoca. Ninguna otra preparación hace tanto para garantizar el éxito de un matrimonio a los ojos de Dios.

Margie y yo podemos mirar atrás al inicio de nuestra vida juntos y saber que esas son oraciones que hicimos... y que Dios está en el cimiento de nuestra unión.

Kurt había sido el fotógrafo en muchas bodas y conocía bien el torbellino que precede a la mayoría de esas ceremonias. Así que cuando él y Margie planearon las horas de preparación en la iglesia antes de su boda, separaron un período de media hora para orar. Le pidieron a toda la familia allegada, a los participantes de la ceremonia y a los pastores que separaran ese tiempo para reunirse con ellos en una habitación para orar. Fue una oración profunda y conmovedora cuando cada uno de nosotros oró por el novio y por la novia y por la ceremonia. Y la planificación de aquel momento de recogimiento con Dios nos sacó de aquel caos vertiginoso anterior a la boda, aquietó nuestros corazones e invitó a Dios no solamente a estar allí, sino a dominar la situación. Aquella media hora también produjo una atmósfera especial de presencia de Dios para la misma ceremonia mientras caminábamos desde el cuarto de oración hasta el santuario. Incluso muchos invitados lo comentaron. Fue uno de los momentos de oración más significativos de toda mi vida.

ORACION DE BODAS DE CHRIS

En todos los matrimonios de nuestros hijos —Jan con Skip, Nancy con Dan, y Kurt con Margie— su padre, Chris, ha tenido el maravilloso privilegio de oficiar en sus ceremonias. Y con eso vino la oportunidad de orar la primera oración por cada pareja recién casada como "los dos que se convierten en uno en Dios" en uno de los días más especiales de sus vida. *¡El día de su boda!*

En la emoción de agregar otro hijo o hija a nuestra familia, y sin embargo, en realidad entregar uno de los nuestros a otro, Chris recuerda haber orado esta clase de oración desde el fondo de su corazón de padre, por nuestros hijos mientras cada pareja se estaba casando:

Amado Padre, desearía haber tenido la pluma de un salmista o la lengua de un ángel para agradecerte lo que estás haciendo. Pero,

Padre, con una voz muy humana te pediré que añadas la unción de tus bendiciones sobre estos dos. No te pido que vayan por la vida sin experimentar pruebas. Por favor, dales las suficientes para que se mantengan a los pies de la cruz. No te pido que vayan por la vida sin congojas, sino que tu presencia pueda ser su compañera diaria a través de ellas. No te pido que les concedas grandes riquezas, sino que les des lo suficiente para que puedan gozar de la vida juntos.

Padre, mientras ellos marchen por la vida, te pido que no sólo quienes los rodeen, sino ellos mismos puedan declarar honestamente que marchan de mano con su Salvador, Jesús, y por eso todas las cosas se han vuelto más preciosas.

Así que, Dios, te los entrego a ti, y te pido que los hagas la clase de gente que tú has planeado que sean como nueva pareja: ahora uno en ti. En el nombre de Jesús. Amén.

Fue en nuestra propia boda, el Día de los Enamorados de 1942, que Chris y yo nos arrodillamos y pronunciamos una oración muy especial. Estábamos muy conscientes de que muchos de nuestros seres queridos no habían recibido a Cristo como su Salvador personal todavía, así que deseábamos dar testimonio ante ellos durante la ceremonia de boda mientras nos comprometíamos a servir a Dios a lo largo de nuestro matrimonio.

El padre de Chris hizo una cruz de tres pies de alto con suaves luces en ella; cubrimos la cruz con lirios y la colgamos frente a la galería del coro de nuestra iglesia. Cuando nos arrodillamos bajo ella, nuestro solista cantó: "Bajo la cruz de Jesús, contento permaneceré". Aunque era para declarar a los presentes que permaneceríamos firmes junto a la cruz de Jesús, mientras estábamos arrodillados allí Chris y yo pronunciamos nuestro propio compromiso matrimonial: permanecer a los pies de la cruz de Jesús durante todo nuestro matrimonio.

Cincuenta años después, el Día de los Enamorados de 1992, mientras celebrábamos con toda nuestra familia aquel día especial de nuestra vida, Chris y yo nos arrodillamos de nuevo... mientras nuestra familia cantaba: "Bajo la cruz de Jesús, contento permaneceré".

Y ahí es donde hemos estado durante todo nuestro matrimonio: bajo la cruz de Jesús. Confiando en Dios mediante la oración en todos nuestros días especiales... y en los corrientes también. *¡Y ha dado resultados!*

La razón sobrenatural para orar

13

LA UNICA RAZON para que las familias necesiten orar, es porque en la tierra se libra una fiera batalla sobrenatural, y los recursos, la sabiduría y el poder humanos no son suficientes para ganarla.

Todas las cosas que hacen necesaria la oración familiar —la rebelión, la disensión, la falta de perdón, la violación, la infidelidad, la enfermedad, el dolor, la angustia y la condenación eterna— las trajo a la tierra Satanás. Dios creó su mundo perfecto, pero cuando Satanás tentó a Eva a pecar en el huerto del Edén, Adán y Eva cayeron. Esto abrió la puerta para que Satanás trajera toda esta maldad al planeta Tierra. Y todavía él es la fuente de todo eso en la tierra; y por consiguiente, en nuestras familias.

LA ORACION ES NUESTRA ARMA SOBRENATURAL

Puesto que la fuente de todo lo que atormenta a nuestras familias es sobrenatural, necesitamos armas sobrenaturales para combatirlo. Esto queda muy claro en 2 Corintios 10:3-4:

Pues aunque andamos en la carne, no militamos según la carne; porque las armas de nuestra milicia no son carnales, sino poderosas en Dios para la destrucción de fortalezas.

El único que puede proporcionarnos la victoria sobre todo este mal que atormenta a nuestras familias es Dios. Y la oración es el medio de reclutar su ayuda para nuestras familias en esta batalla sobrenatural. Cuando oramos, Dios interviene en el problema sobrenatural con su sabiduría y su poder sobrenaturales. Por eso nuestra arma sobrenatural es la oración (ver Efesios 2:18-20).

Es verdad que Dios es soberano, y que El interviene en los problemas de nuestras familias si así lo decide, *pero la única forma de que podamos reclutar su ayuda, es mediante la oración.* La oración es la comunicación sobrenatural con un Dios sobrenatural que después puede alcanzar sobrenaturalmente a nuestras familias y producir la reconciliación, la curación, la paz y el amor sobrenaturales que los miembros de nuestra familia necesitan.

¿PUEDEN LAS FAMILIAS ELUDIR ESTOS ATAQUES MALIGNOS?

¿No deberían estar libres de estos ataques de Satanás un esposo y una esposa que han puesto a Cristo como cabeza de su hogar? Si leen la Biblia, oran fielmente y crían a sus hijos "como se debe", ¿no deberían verse libres de ser el blanco de los malignos ataques sobrenaturales? En absoluto.

El profesor de un seminario y su esposa me contaron acerca de su hija, que se rebeló contra Dios durante dos años. Hubo momentos en que ellos casi perdieron toda esperanza de que regresara a Dios y al hogar. "Pero", dijeron, "nosotros conocíamos la *fuente* de su tentación y rebelión... *y orábamos y pedíamos con oraciones de guerra espiritual.* Ahora ha vuelto a nosotros, está estudiando en una universidad cristiana... ¡y tiene una profunda relación con el Señor!"

Cuando Jan y Skip se casaron, estaban pasando la noche en el apartamento en los altos de la casa de abuela Moss (mi madre). En medio de la noche sonó nuestro teléfono y escuché la voz de Jan que decía: "Mamá, ¡ora! Sabemos que no estamos solos aquí arriba!" Les dije que clamaran por el nombre y la sangre de Jesús. "¡Ya lo hicimos!" Entonces les dije que bajaran y les pidieran a abuelo y abuela que oraran, porque sus oraciones tenían tremendo poder espiritual. "¡Ya lo hicimos también!"

Jan y Skip habían hecho todo lo correcto y orado como debían. Así que les dije que se fueran a la cama reclamando la victoria de

Jesús sobre Satanás. Y añadí: "Y cuando despierten por la mañana, se asombrarán de la dulce paz de Jesús que experimentarán. Tendrán incluso lágrimas en los ojos!"

A la mañana siguiente Jan llamó otra vez y dijo: "¡Tenías razón, mamá! Hay una paz increíble. Si todavía no tuviera puesto mi albornoz, con el cual me quedé dormida, no podría creer que algo malo haya sucedido anoche!"

Nadie es inmune a los ataques de Satanás. El llegó a entrar en el corazón de Ananías, un miembro de la primera iglesia cristiana en la tierra, tentándolo para que le mintiera al Espíritu Santo. Y lo hizo. También Pedro, el discípulo de Jesús, que habría de convertirse en el líder de la primera iglesia, fue sacudido por Satanás hasta el punto de negar a su Señor. Por otra parte, nuestro servicio al Señor parece provocar a Satanás para tratar de neutralizarnos y derrotarnos; o si le es posible, busca que perdamos nuestra credibilidad debido a problemas familiares.

(Palabras de advertencia: no culpe a Satanás si se ha buscado problemas porque usted o alguien de su familia ha quebrantado las leyes de Dios. Ustedes mismos se han abierto a Satanás.)

¿POR QUE LIBRAR BATALLAS ESPIRITUALES DESPUES DE LA CRUZ?

Puesto que Jesús vino a deshacer las obras del diablo (1 Juan 3:8) y dijo en la cruz: *Todo esta consumado* (Juan 19:30), ¿por qué nuestras familias son atormentadas todavía por el mal que Satanás trajo a la tierra? ¿No libró Jesús la batalla final contra el maligno en la cruz... y no ganó Jesús? ¡Por supuesto que sí! Entonces, ¿por qué todavía se libra una batalla tan violenta contra el mal en nuestras familias?

La siguiente historia verídica ilustra claramente por qué la batalla continúa en la época en que estamos viviendo desde la cruz. Es una historia acerca de una pitón, una enorme serpiente de la India que alcanza hasta veinte pies, y que es capaz de comerse animales grandes, como una cabra o una oveja. Es tan fuerte que se enreda alrededor de su víctima viva y la estruja para romperle los huesos de forma que le sea más fácil tragársela y digerirla. (Traje a casa a mi regreso de la India un artículo de un periódico acerca de una pitón que se había tragado a una madre y su bebé, mas después escupió a la madre.)

El hombre que me contó esta historia es P. K. Das, el esposo de mi anfitriona en Bangalore, India. Durante muchos años el señor Das ha sido el asesor jefe en Asia de las Naciones Unidas, para verificar sus niveles de tecnología, sistemas de energía y productividad. Quedé fascinada cuando él me contó una experiencia con una pitón que su padre le había relatado.

El padre del señor Das había sido un funcionario de alto rango del gobierno británico durante el dominio colonial británico de la India a principios de este siglo, que viajaba extensamente con una gran cantidad de sirvientes. Los británicos, me explicó el señor Das, habían construido casas en el bosque para que en ellas descansaran sus administradores cuando tenían que pasar la noche. En una de aquellas casas en el bosque al sur de Calcuta, un sirviente que estaba aprestando la casa para ocuparla, corrió hacia su padre, blanco como una sábana murmurando incoherencias. Al seguirlo hasta el salón, el cuidador le señaló muy agitado una enorme pitón enroscada bajo una mesa.

Así que ellos cerraron todas las puertas y ventanas, y su padre fue a chequear su caja de municiones. Encontró que no tenía más que una sola bala lo bastante potente como para matar a una pitón de aquel tamaño, siempre que le diera en plena cabeza. Por lo que tomó puntería muy cuidadosamente y disparó.

Pero, para su asombro, la serpiente no murió. En lugar de eso, se volvió loca con aquella bala en la cabeza. El señor Das y su sirviente se quedaron paralizados de horror afuera durante hora y media, mientras la pitón se enroscaba y desenroscaba en poderosas convulsiones, haciendo añicos todas las piezas del mobiliario y las instalaciones de electricidad.

Después de aquella hora y media de terror, de pronto la pitón se desmadejó en el suelo y murió.

Me contó el señor Das: "Mi padre era un gran predicador, que a su retiro llegó a ser el rector de la Universidad Teológica de Serampore. El explicó la historia de la pitón así:

Tal como nosotros teníamos una sola bala para matar la serpiente, también Dios tiene una sola bala para matar a la serpiente, Satanás. La única bala de Dios es su propio Hijo Jesucristo. La cabeza de Satanás fue aplastada cuando Cristo lo venció en la cruz.

Y Jehová Dios dijo a la serpiente: Por cuanto esto hiciste, maldita serás entre todas las bestias y entre todos los animales del campo ...

Y pondré enemistad entre ti y la mujer, y entre tu simiente y la simiente suya [Jesús]; ésta te herirá en la cabeza.

Génesis 3:14-15

El golpe fatal —dijo el padre del señor Das—, ya le ha sido dado a la serpiente Satanás. Ya está herido de muerte, y todos los estragos y los sufrimientos que ahora está causando son únicamente las convulsiones de la muerte. El final del diablo llegará cuando Jesús regrese. Se necesita el segundo advenimiento de Jesús para que veamos el desenlace final de Satanás. En el Primer Advenimiento se cumplió lo que Dios había planeado: se descargó el golpe fatal. ¡Pero los ataques y zarpazos de Satanás no cesarán hasta que Jesús regrese!

Eso explica por qué nuestras familias todavía están sufriendo los ataques de Satanás después que Jesús lo venció en la cruz. Estamos viviendo la "hora y media" de Dios entre la cruz y el regreso de Jesús. Y Satanás, loco por la herida mortal, nos está golpeando y atacando con violencia en el tiempo que le queda.

ES IMPRESCINDIBLE USAR LA ESCRITURA

Hace veinticinco años descubrí la fuente de tantos problemas en nuestra familia, y desde entonces he mantenido una batalla activa contra Satanás mediante la oración. Pero he aprendido que lo que da poder contra Satanás a mi oración es el usar las Escrituras. Le he lanzado Escrituras a él como parte de mi armadura cristiana.

Por tanto, tomad toda la armadura de Dios... y la espada del Espíritu, que es la Palabra de Dios.

Efesios 6:13,17

He clavado los talones en mi terreno mientras he resistido sus ataques contra mi familia.

Someteos, pues, a Dios, resistid al diablo, y huirá de vosotros.

Santiago 4:7

A través de mis dientes apretados he retado colérica a Satanás a que salga cuando ha estado causando sufrimiento y dolor a mis seres queridos.

Sed sobrios y velad; porque vuestro adversario el diablo, como león rugiente, anda alrededor buscando a quien devorar; al cual resistid firmes en la fe.

1 Pedro 5:8-9

He reclutado el respaldo en oración de mi cadena de oración y de otros miembros de la familia, de acuerdo con la última parte de la armadura de Dios.

Orando en todo tiempo con toda oración y súplica en el Espíritu, y velando en ello con toda perseverancia y súplica por todos los santos.

Efesios 6:18

Incluso el mismo Señor Jesucristo, el verdadero Hijo de Dios, citó las Escrituras en su batalla de cuarenta días contra Satanás en el monte de la Tentación (ver Mateo 4:1-11).

RECLAMANDO EL NOMBRE Y LA SANGRE DE JESUS

Pero también he aprendido a través de los años que mi propio nombre, el nombre de nuestra familia o el nombre de mi iglesia o denominación no tienen efecto sobre Satanás. No hay poder en ellos para librar esta batalla sobrenatural. Así que he reclamado el victorioso nombre de Jesús:

Por lo cual Dios también le exaltó hasta lo sumo, y le dio un nombre que es sobre todo nombre, para que en el nombre de Jesús se doble toda rodilla de los que están en los cielos, y en la tierra, y debajo de la tierra; y toda lengua confiese que Jesucristo es el Señor, para gloria de Dios Padre.

Filipenses 2:9-11

También he reclamado el irresistible poder de la sangre derramada por Jesús en el Calvario contra Satanás:

Y fue lanzado fuera el gran dragón, la serpiente antigua, que se llama diablo y Satanás, el cual engaña al mundo entero; fue arrojado a la tierra, y sus ángeles fueron arrojados con él ... Y ellos le han vencido por medio de la sangre del Cordero y de la palabra del testimonio de ellos.

Apocalipsis 12:9,11

Un día Nancy llamó diciendo: "Mamá, Cindy ha desarrollado la más horrible personalidad, y no importa lo que hagamos —darle más amor, regañarla, atenderla mejor o castigarla— nada da resultado. Si la mandamos a su habitación, grita histéricamente hasta que cae rendida. Hemos tratado todo lo que se nos ha ocurrido. *Por favor, ¡ora por ella!*"

Cinco días después, cuando la llamé para despedirme porque me iba a Italia, Nancy me contó: "Mamá, inmediatamente después que te pedí que oraras por Cindy, cambió de pronto. Se ha convertido en la niña más dulce y bien educada que pude desear nunca. El polo opuesto a lo de antes. ¿Qué pediste para Cindy?"

"Nancy —contesté—, me fui a orar inmediatamente. Y mientras estaba orando, Dios me dijo: 'Satanás'. Así que luché contra Satanás, reclamando la sangre de Jesús en el nombre de Jesús".

Al día siguiente en Italia, durante mi lectura devocional de la Biblia, leí en Lucas 4:36 este versículo reafirmativo acerca del poder de Jesús sobre el mal:

> *Con autoridad y poder manda [Jesús] a los espíritus inmundos, y salen.*

A mi regreso de Italia, le dije a Nancy: "Yo no estaré siempre cerca para orar, así que es importante que tú aprendas qué orar en estas circunstancias". Dándome cuenta de que vacilaba, le insistí: "Queridita, a mí tampoco me gusta este tema. En realidad, lo detesto. Pero es de suma importancia que los miembros mayores de la familia sepan cómo orar escrituralmente reclamando la sangre y el nombre de Jesús, y conozcan por experiencia propia el poder que los cristianos tienen sobre Satanás y sus cohortes. Con el victorioso Jesús viviendo en ti, puedes tener una actitud de autoridad inconmovible sobre Satanás... vivida frente a tus hijos en todas las escaramuzas contra Satanás".

LIMPIANDO NUESTRO HOGAR

Satanás ataca a nuestra familia trayendo confusión, opresión, susceptibilidad excesiva, y una pesada sensación negativa en la atmósfera de nuestro hogar. Con frecuencia, forcejeo bajo estos ataques por un tiempo antes de darme cuenta del origen de todo. Entonces me dirijo inmediatamente a Satanás, ordenándole en el nombre de Jesús que salga de nuestra casa. Después, tras pedirle a

Dios que limpie la casa con la sangre de Jesús, le pido que la llene de El mismo, de su pureza y cualidades positivas. Y da resultado. Pero es asombroso con cuánta frecuencia sucede esto, sobre todo cuando estoy trabajando en algún material que amenaza a Satanás. Pero ya conozco el origen... ¡y qué hacer para remediarlo!

Hace unos pocos días, mientras escribía este capítulo, empecé a sentir muchas de esas cosas. Justo en ese momento llamó Skip, y oró por teléfono pidiéndole a Dios que limpiara nuestra casa, reclamando la sangre y el nombre de Jesús. Es difícil describir lo que sentí, pero fue como si me hubieran quitado un peso de encima, y el aire pareció aclararse, como el agua después que se eliminan las impurezas.

LA GUERRA ESPIRITUAL DE SKIP

Nuestro yerno Skip ha descubierto el poder de Dios sobre la influencia de Satanás en su propio hogar. A continuación describe cómo:

Hace años cayó en nuestras manos un protocolo de una iglesia litúrgica que nos sirvió de inspiración para usarlo cuando varios miembros de nuestro "Grupo Agape" se mudaron a nuevas casas: recorríamos todos juntos las distintas habitaciones de la casa, deteniéndonos incluso en el cuarto de calderas, y en cada habitación hacíamos una corta lectura bíblica y orábamos. Al tiempo que limpiábamos cada habitación con la Palabra de Dios y la oración, creíamos en hacer una declaración en los cielos que en la nueva casa no se admitiría más que la presencia, los propósitos y el Espíritu de Dios.

El año pasado mientras nos preparábamos para la Pascua, decidí construir una cruz para nuestro hogar. La sierra eléctrica empezó a funcionar y a poco tiempo tenía ante mí una cruz de seis pies de alto. Mientras martillaba los clavos para levantarla, me abrumó la emoción de pensar que mi pecado había requerido que se construyera una cruz para que Jesús fuera crucificado en ella. Con lágrimas en los ojos y la cruz que había hecho en mi hombro, la llevé a la casa. Me recibió un coro de gritos de mis tres hijos, incluido Brett, el bebé de tres meses. Nos dimos cuenta de que el origen de los gritos era maligno, y oramos, pidiéndole a Dios que expulsara la influencia extraña de nuestra Pascua y restaurara la paz en ellos.

El ritual de meter a nuestros niños en la cama es uno de los momentos más importantes del día para nosotros. Mientras los abrazamos, les preguntamos si tienen peticiones de oración y algún asunto que alabar. En tanto nos ocupamos de las solicitudes específicas, hacemos hincapié en encerrar a nuestros hijos en *el capullo de protección de Dios.* Le pedimos que sSus ángeles estén presentes en su función protectora. Pedimos que *un cerco de protección de Dios* se levante alrededor de nosotros y que *la sangre de Jesús* nos cubra. Sostenidos por su poder, como creyentes en Jesucristo, *tomamos autoridad sobre Satanás y su reino* y *lo reprendemos en el nombre de Jesús.* Pedimos que los *planes y propósitos de Satanás* para nosotros queden cancelados y reprendidos, y en su lugar se cumplan *los planes y propósitos de Dios.*

A veces, quizás a las 2 a.m., escuchamos un golpe seco y el ruido de piececitos que corren. Uno de nuestros niños anuncia que ha tenido un "sueño de miedo" y se acurruca contra nosotros pidiendo: "Papito, por favor, ora para que mi sueño de miedo se vaya". Una de las bendiciones más ricas de un padre es sentir que desaparecen la tensión y el miedo cuando Dios contesta siempre esa oración.

PERMANECER EN EL LADO VICTORIOSO

Permanezca siempre en el lado victorioso en sus oraciones. Nunca se pregunte quién es el más fuerte, Jesús o Satanás. Jesús siempre ha sido Dios, Satanás simplemente un ser creado. Y nunca sucumba a la mentira de que Satanás puede ganar. No hay nada en los versículos referentes a la "armadura" de Efesios 6 que siquiera insinúe una caída, solamente estar en pie... *si* seguimos las instrucciones de Dios y usamos su armadura espiritual.

La primera vez que recuerdo haber pronunciado una muy importante oración de guerra espiritual fue por mi hija adolescente Nancy, a principio de los años setenta. Fue entonces que ella se decidió a confiarme que durante años había tenido pesadillas con un rostro aterrador en un espejo que le decía que ella era, de algún modo, la heredera de la sanguinaria reina María de Inglaterra. Sintiéndome como la madre de una niña atacada por un perro rabioso, me precipité a la batalla sin saber a derechas lo que estaba haciendo. Pero me senté con ella en la mesa del comedor, y oramos reclamando la sangre de Jesús en el nombre de Jesús hasta que sentí que alcanzábamos la victoria. Utilicé toda cuanta Escritura pude recordar, arremetiendo con la "espada del Espíritu". Estaba demasiado furiosa para tener miedo. Demasiado encolerizada para ser prudente.

Y dio resultado. Después de aquellas oraciones, Nancy me contó que aquel rostro apareció en su espejo una sola vez; pálido y desdibujado y como si se reflejara sobre un espejo rajado, y le dijo que ya no podría volver más. Y no volvió.

Lo mejor de todo es que Dios no solamente la libró de esos ataques horrendos, sino que los ha borrado por completo de su memoria. Ni tampoco me han perseguido a mí, y he tenido que revisar las notas que escribí en aquel entonces para estar segura de describir correctamente los detalles en este libro. *¡Victoria en Jesús!*

Otra cosa que pone en fuga a Satanás es la música de alabanza. A menudo me mezo en un sillón de mi terraza cantando "En el nombre de Jesús, en el nombre de Jesús, obtengo la victoria... ¡y Satanás tendrá que huir!" Y me encanta sentarme al piano tocando con deleite y decisión: "Hay poder en la sangre del Cordero". Cuando estoy en medio de la batalla, canto —en el auto, en la cocina, en la oficina o dondequiera que esté— el coro basado en la Escritura en la cual me planto firmemente: 1 Juan 4:4:

Mayor es el que está en vosotros que el que está en el mundo.

Skip me ha contado del uso que ellos hacen de cintas de alabanzas: "Muchos dicen que nuestra casa está 'tan llena de paz'. Nosotros creemos que Dios *habita en medio de la alabanza de su pueblo* (Salmo 22:3). Tenemos una gran colección de música de alabanza que casi siempre está puesta. Durante varios años Jenna ha tenido una cinta especial de alabanza, oyendo la cual se duerme cuando se acuesta. Cantando alabanzas con nuestros hijos en el auto —termina Skip—, los kilómetros son más cortos y nuestras vidas se enriquecen en la unión con el Espíritu Santo".

Muchas veces he entrado en la casa de Skip y Jan mientras la música de alabanza cargaba la atmósfera de la presencia de Dios. Satanás no puede resistir los cantos de alabanza a Dios y a la victoria de Jesús.

ATAQUES DE SATANAS RELACIONADOS CON EL MINISTERIO

En 1972 empecé a enseñar en grupos de jovencitos, escuelas y universidades acerca de la experimentación con lo oculto que nuestra juventud estaba practicando; y disfruté de una maravillosa protección y paz de Dios gracias a mi "cadena de oración oculta". Sin embargo, un pastor local —que encontró a Jesús después de haber salido de una niñez en un hogar regido por un increíble poder oculto— me advirtió: "Evelyn, creo que usted será lo bastante fuerte para enfrentar a Satanás, pero él la atacará entonces a través de sus hijos. A usted como madre le será muy difícil combatirlo a expensas de sus propios hijos". Y he comprobado que lo que me dijo era verdad.

Nuestra hija Nancy me ha contado que ella siempre sabe cuando el Señor se está moviendo con especial efectividad en mi ministerio, porque en esos momento ella y su esposo, Dan, siempre tienen discusiones en su familia. Durante años, me dijo, se dieron cuenta de esto, y al final se convencieron de que no podía ser coincidencia. "Por lo regular no se trata de nada importante —dice, aunque a veces sí lo es—, sino una sucesión de cosas extremadamente mortificantes que uno sabe que no pueden suceder... pero que suceden. La mayoría no son peligrosas, pero van más allá de las incomodidades normales de la vida. Pero la enorme cantidad de estos incidentes exige dedicarles demasiado tiempo, y me fuerzan a gastar energía que podría dedicar a las cosas importantes de la vida. Además de que provocan ansiedad y convierten hasta la vida rutinaria en un reto.

"Por otra parte —continúa Nancy—, parecen tener un patrón, al venir siempre que Dios está bendiciendo tu ministerio. Dan y yo estamos convencidos de que no provienen de Dios, sino de Satanás, que quiere disipar el efecto de tu ministerio. Así que los llamo 'demonios de enredos'".

Sí, es muy duro para mi corazón de madre aun sospechar que mi ministerio puede causarle problemas espirituales a mis hijos. Y he orado mucho por eso durante años. Muchas veces he conversado de esto con Dan y Nancy, y una y otra vez les he preguntado si desean que abandone mi ministerio. Pero estoy abrumada y humillada por su altruismo y por el sacrificio que están dispuestos a hacer para que se cumpla la voluntad de Dios. Su vibrante respuesta a esta pregunta siempre es: "¡No! ¡Estamos dispuestos a resistir cueste lo que cueste!"

Mi cuerpo oficial y yo también hemos notado la correlación. Cada vez que salgo para un nuevo continente, publico un nuevo libro o estreno algún otro aspecto de mi ministerio, no sólo mi familia y yo experimentamos los redoblados ataques de Satanás, sino también ellos. Incluso llegan a informar que sus familias se deshacen al mismo tiempo. Y los problemas familiares absorben tanto de nuestro tiempo, energía y oración, que nuestro tiempo de oración disminuye drásticamente. Es como la frustración de sus planes que experimentó Pablo por causa de Satanás cuando quiso ir a Tesalónica (ver 1 Tesalonicenses 2:18).

Cuando mi primera cinta de oración salió a la venta, Kurt, nuestro benjamín de secundaria, dejó escapar un gran suspiro de alivio: "Ahora quizás pueda dormir por las noches, Mamá". Y Jan, lejos en la universidad, con frecuencia llamaba y decía: "¡Sé de lo que hablaste anoche, Mamá!" Y siempre estaba en lo cierto: la batalla espiritual. La última vez que regresé de la India, inquirió Nancy: "Mamá, se salvaron muchas almas en la India ¿verdad?" Le contesté: "Sí, ¿por qué?" Y me dijo: "¡Por todos los problemas que hemos tenido que soportar aquí!"

Leyendo en Santiago 1:1-4 el 14 de febrero de 1990, acerca de las pruebas que experimentan los creyentes, anoté: "Hoy terminé de escribir el libro "Battling the Prince of Darkness" (Combatiendo al príncipe de las tinieblas). He experimentado gran regocijo a lo largo de todo el tiempo, desde que lo comencé en julio de 1989. Pero los problemas provocados por Satanás han sido los ataques sobre mi familia, que me han hecho perder el equilibrio y me han consumido orando por ellos". La más dura prueba que he tenido que soportar han sido los ataques de Satanás a mi familia.

¿EMBISTIENDO MOLINOS DE VIENTO?

Una noche Jenna y Crista estaban durmiendo cada una en su "nidito" predilecto de mantas y almohadas en el suelo, a ambos lados de nuestra cama. De pronto, en medio de la noche, Chris se echó hacia atrás en la cama y rugió: "¡Sal inmediatamente de aquí, bandido!" Mientras él tiraba golpes a lo loco hacia un objeto blanco que parecía flotar en el aire en la habitación oscura, dos caritas soñolientas aparecieron por sobre los lados de la cama, boquiabiertas de asombro.

Pero cuando encendimos la luz, vimos que se trataba solamente de una bata de felpa que alguien había colgado por su capucha como una cabeza sobre la puerta cerrada... con las mangas en un ángulo abierto como unos brazos. Todos nos reímos mucho, y nos acomodamos para disfrutar el resto de la noche de un sueño reparador.

Desearía que todas las batallas que se han librado en nuestro hogar hubieran sido sólo como las de Don Quijote, combatiendo contra molinos de viento. Desearía que todas hubiesen sido contra un enemigo imaginario como ese. Pero, desgraciadamente, son verdaderas batallas con un verdadero ser sobrenatural... que ha escogido a nuestras familias como su principal —y más productivo— campo de batalla para sus malignos planes diabólicos.

* * *

UNAS PALABRAS FINALES...
¿ORAR O REFLEXIONAR?

Mucho de lo que creemos es orar, en realidad es sólo reflexionar. Incluso cuando estamos de rodillas en nuestro rincón de orar, es fácil darle vueltas en la mente a nuestros pensamientos y nuestras propias respuestas, sin incluir para nada a Dios. Eso no es orar, sino sólo reflexionar.

Mi diccionario define "reflexionar" de este modo: "Considerar algo de forma profunda y exhaustiva; meditar sobre ello, sopesar con cuidado en la mente; examinar a conciencia; pensar, meditar, deliberar, rumiar". Este es un proceso saludable, pues nos ayuda a descubrir los porqués, develar enigmas intrigantes, llegar a conclusiones e incluso, dejar en paz sucesos dolorosos. Pero la gente a menudo piensa que han orado cuando se han pasado un tiempo reflexionando. *Reflexionar no es orar.* Unicamente cuando implicamos a Dios en este proceso se convierte en oración.

En la batalla sobrenatural por nuestras familias, es inadecuado reflexionar. No tiene poder para resolver los problemas familiares acerca de los cuales estamos deliberando.

En la reflexión nos limitamos a revolcarnos en nuestros propios sentimientos y reacciones, dominados por todos nuestros prejuicios e incomprensiones humanas. Cuanto más, la reflexión puede darnos respuestas humanas a nuestros dilemas, que pueden ser correctas o no. No añade guianza o sabiduría divinas a las necesidades de la familia.

Pero cuando incluimos a Dios, nuestra reflexión de pronto implica al omnisciente Dios del universo, que todo lo sabe. El Dios que jamás se equivoca, que conoce todos los porqués, todas las consecuencias, todo el perfeccionamiento que El procura lograr a través de todas las cosas que les suceden a nuestras familias. Cuando Dios se mezcla personalmente en nuestra reflexión, llegamos a conclusiones acertadas y asumimos actitudes correctas en y para nuestra familia; suministradas por un Dios amoroso, misericordioso, que todo lo sabe.

Cuando nuestra reflexión se convierte en oración, también contamos con la información correcta proporcionada por el omnipotente, todopoderoso Dios del cielo, quien tiene el poder de intervenir sobrenaturalmente en los problemas de nuestra familia. Y también El desea proporcionarnos todo el poder que necesitamos para enfrentarnos con las necesidades de nuestra familia, maniobrar con ellas y resolverlas.

Unicamente cuando incluimos a Dios en nuestra reflexión estamos orando.

Examine con cuidado lo que usted ha estado llamando su "tiempo de oración". ¿Qué proporción de él es en realidad oración? ¿Ha aprendido a dirigirse a Dios con un propósito... y escuchar después su respuesta? ¿O se dedica usted básicamente a reflexionar? ¡Asegúrese!

Acercaos a Dios, y él se acercará a vosotros.

Santiago 4:8

Entonces el cielo se les abrirá, y Dios en su trono sintonizará su oído con ustedes... ansioso de suministrarles todo lo que de sí mismo necesiten ustedes y sus familias. ¡Porque han orado!